다큐멘터리와 사실의 재현성

※ 이 저서는 2013년 정부(교육부)의 재원으로 한국연구재단의 지원을 받아 수행된 연구임
(NRF-2013S1A6A4018198).
This work was supported by the National Research Foundation of Korea Grant funded
by the korean Government(NRF-2013S1A6A4018198).

Documentary and the Representation of Reality

다큐멘터리와 사실의 재현성

최현주 지음

한울
아카데미

일러두기

1 되풀이해서 나오는 주요 인명과 영화 제목, 학술 용어는 필요하면 가장 먼저 나오는 곳에 원어를 같이 표기했다.

2 본문에 등장하는 영화, 방송 프로그램, 도서, 신문 등의 표기에서 영화 제목과 방송 프로그램 제목에는 〈 〉, 단행본 제목에는 『 』, 단편이나 논문 제목에는 「 」, 신문이나 잡지 제목에는 ≪ ≫을 사용했다.

3 맞춤법과 외래어 표기는 국립국어원 표준국어대사전과 외래어표기법을 따랐다.

들어가며

　이 책에서는 다큐멘터리의 탄생과 발전 과정을 초창기부터 가장 최근에 등장한 '애니메이션 다큐멘터리'와 '웹 다큐멘터리' 등 21세기 다큐멘터리의 새로운 양상까지 통시적으로 접근했다. 하지만 단지 연대기적으로 기술하는 것이 아니라, 다큐멘터리의 가장 핵심적인 개념인 '사실의 재현성'이라는 개념을 중심으로 하여 다큐멘터리의 역사적 변화의 흐름을 고찰했다. 사회적·역사적·기술적 요인들에 의해 다큐멘터리의 가장 핵심적인 키워드인 '사실의 재현성'이라는 개념이 어떻게 변화하게 되었는지를 살펴본 것이다. 다큐멘터리의 생성과 발전에 대해 서구 중심의 세계적인 흐름만 파악한 것이 아니라, 한국의 상황을 별도로 정리함으로써 이 한 권의 책으로 다큐멘터리의 세계사적 흐름과 한국의 흐름을 함께 비교·고찰할 수 있도록 했다.

　제1부에서는 다큐멘터리의 역사를 서구 세계를 중심으로 하여 통시적으로 고찰하며, 다큐멘터리의 핵심 개념인 '사실의 재현성'에 대한 인식론적 변화를 살펴보았다. 제1장에서는 1920년대 다큐멘터리 역사가 시작될 때 사실의 재현성은 어떤 개념이었는지 고찰했다. 세계 최초의 내러티브 다큐멘터리로 일컬어지는 로버트 플래허티의 다큐멘터리, 초기 다큐멘터리의 양대 산맥으로 일컬어지는 존 그리어슨의 다큐멘터리 등을 중심으로 초기

다큐멘터리에 내재되어 있는 사실의 재현성 개념을 살펴보았다.

제2장에서는 1930년대에서 1950년대에 이르기까지 미국과 유럽을 중심으로 한 세계의 다큐멘터리가 어떻게 발전하고, 사실의 재현성 개념이 이들 다큐멘터리에서 어떻게 확대·발전했는가를 살펴보았다.

제3장에서는 1960년대 다큐멘터리의 두 조류에 대해 고찰하며, 이들 다큐멘터리에서 사실의 재현성 개념이 어떻게 변화했는지 살펴보았다. 1960년대에는 그 당시 새로운 기술의 등장으로 즉흥적이고 예측할 수 없는 순간들의 포착이 가능해졌다. 즉, 촬영 장비의 성능 향상으로 유연한 기동성을 갖게 된 제작진이 새로운 양식의 다큐멘터리를 만들게 된 것이다. 미국에서는 객관적인 관찰을 강조함으로써 사람들의 외적 진실을 포착하려는 '다이렉트 시네마Direct Cinema'의 경향으로, 유럽에서는 사람들의 내적 진실을 포착하려는 '시네마 베리테Cinema Verite'의 경향으로 나타났다. 이러한 새로운 양식의 등장으로 다큐멘터리의 진실성 개념은 크게 변화하게 되는데, 이러한 변화가 갖는 의미와 한계에 대해 고찰했다.

제4장에서는 1980년대 이후 등장한 다큐멘터리에서 사실의 재현성 개념이 다큐멘터리 작가의 주관성과 충돌하며 어떻게 수정되는지를 보여주었

다. 1980년대 이후에는 전지적이고 객관적인 전통적 방식에서 벗어나 감독 자신의 주변 소재를 주관적인 입장에서 다룬 다큐멘터리가 등장했다. 객관적인 진실이 존재하는가에 회의懷疑를 하게 되며, 다큐멘터리 작가인 자신('나')을 드러내며 영상을 제작하는 것이 보다 진실된 접근이라고 본 것이다. 그동안 진실을 객관적으로 전달하는 장치로 받아들여졌던 여러 가지 관습들의 사용을 거부하고, 다큐멘터리 속에 제작자의 시각이나 특정한 이데올로기가 숨어 있다는 것을 의도적으로 드러내어, 관객들이 능동적·주체적으로 진실을 구성할 수 있도록 하는 '성찰적 다큐멘터리'가 등장하게 된 것이다.

1980년대 이후 새롭게 등장한 다큐멘터리 중의 또 다른 하나는 감독 자신이 하나의 '가설' 또는 '계획'을 세우고 이를 수행하는 과정을 담아내는 '수행적 양식'이다. 수행적 다큐멘터리는 객관적인 지식의 결과물을 전달하는 것이 아니라, 감독이 체계적이고 치밀한 상황을 계획하여 연출하고, 감독 스스로 그 계획을 수행하는 과정을 담아내는 것이다. 그러한 수행적 과정을 통해 관객 스스로 진실을 구축하도록 하는 것이다. 이와 같이 1980년대 이후에 등장한 성찰적 다큐멘터리와 수행적 다큐멘터리는 객관적인 사실의 재현성을 부정하고, 주관적인 사실의 재현성을 노골적으로 드러내는 것인데, 이러한 변화에 대해 구체적으로 살펴보았다.

제5장에서는 2000년대 이후 다큐멘터리가 '사실'과 '허구'의 경계를 무너뜨리며 그 영역을 확장해가고 있음을 보여주었다. 21세기에 접어들면서 다양한 다큐멘터리가 등장하는 가운데 주목해야 할 점은 '사실의 재현'을 기본 토대로 하는 다큐멘터리에서 '허구'와 결합한 다큐멘터리가 등장했다는 것이다. 모큐멘터리와 애니메이션 다큐멘터리가 바로 그것이다. 사실의 재현을 목표로 하는 다큐멘터리가 '허구적 내용'과 결합한 것이 모큐멘터리이며, '허구적 표현 형식'과 결합한 것이 애니메이션 다큐멘터리이다. 즉, 다큐멘터리의 기본 토대라고 할 수 있는 '사실성'과 그 대척점에 있는 '허구성'이 모순적으로 결합한 형태의 다큐멘터리가 등장한 것이다.

21세기에 접어들면서 새롭게 부상하고 있는 또 다른 유형의 다큐멘터리가 바로 '웹 다큐멘터리'이다. 웹 다큐멘터리는 발전된 인터랙티브interactive 인터페이스를 통해 웹을 기반으로 한 인터랙티브 다큐멘터리로 진화하고 있다. 인터랙티브 다큐멘터리의 텍스트는 순차적인 구조가 아닌, 비순차적인 방식으로 접근할 수 있도록 구성됨으로써, 사용자의 선택에 따라 각기 다른 방식으로 텍스트를 경험할 수 있게 해준다. 이와 더불어 생생한 체험을 제공하는 가상현실virtual reality: VR 기술이 다큐멘터리 영역에 도입되면서 관객들에게 강력한 몰입감을 제공하는 VR 다큐멘터리가 등장하기 시작했다. 이와 같이 새로운 기술에 기반을 둔 새로운 유형의 다큐멘터리는 이전과는 다른 완전히 새로운 방식의 리얼리티 경험을 제공한다. 이러한 상황에서 사실의 재현성 개념은 어떻게 변화되고 확장되어가는지 고찰했다.

이를 토대로 제2부에서는 한국의 상황에서 다큐멘터리의 생성 및 변화를 살펴보며 '사실의 재현성' 개념이 어떻게 변화하고 있는지 고찰했다. 제6장에서는 1960년대 한국 다큐멘터리가 어떤 사회문화적 상황에서, 그리고 어떤 방송 환경에서 등장했는가를 살펴보았다.

제7장에서는 다큐멘터리가 본격적으로 성행하기 시작한 1980년대 이후 다큐멘터리가 어떠한 변화를 거치고 있는지에 대해 장르별로 좀 더 구체적으로 살펴보았다. 텔레비전 다큐멘터리 프로그램은 일반적으로 소재에 따라 하위 장르가 구분되는데, 여기서는 주된 다큐멘터리 장르라고 할 수 있는 시사, 역사, 인간, 자연의 네 개 장르에 초점을 맞춰 살펴보았다. 그뿐만 아니라, 한국 독립 다큐멘터리가 등장한 사회문화적 배경 및 그 역할에 대

한 고찰도 함께 했다. 다양한 한국 다큐멘터리 장르의 변화에 대해 대표적인 프로그램을 중심으로 개략적으로 탐색하며, 이러한 역사적 발전 과정 속에서 '사실의 재현성' 개념은 어떻게 변화했는지 살펴보았다.

제8장에서는 2000년대 이후 한국 다큐멘터리에 나타난 새로운 변화들을 살펴보았다. 2000년대에 접어들면서 디지털 기술의 비약적인 발전으로, 그간 영상화할 수 없어서 주제 또는 소재로 채택할 수 없었던 것들을 다큐멘터리로 제작할 수 있게 되었다. 이로 인해 새로운 다양한 장르의 다큐멘터리가 등장하게 되었는데, 이에 대해 살펴보았다. 그뿐만 아니라, 미디어 기술의 발달로 수많은 미디어와 채널이 등장하고, 수많은 프로그램들과 경쟁하면서 다큐멘터리에는 어떤 변화가 생겨나고 있는지 탐색했다. 즉, 21세기에 접어들면서 나타난 기술적·방송 환경적 변화를 고찰하며, 이로 인해 야기된 '사실의 재현성' 개념 변화에 대해 논의했다.

제9장에서는 제1부와 제2부에서 논의한 방대한 내용들을 '사실의 재현성'이라는 개념을 중심으로 정리해 보았다.

다양한 유형의 다큐멘터리에 대해 역사적 변천과 발전 과정을 살펴보는 것은 매우 방대한 작업이었다. 따라서 각 시기별·장르별로 모든 다큐멘터리를 다루기보다는 대표적인 작품들을 위주로 살펴보며, 시기별·유형별 특징을 파악할 수 있도록 노력했다. 그리고 이러한 작업을 통해 '사실의 재현성' 개념에 대한 고민과 성찰을 할 수 있도록 했다. 이런 노력이 다큐멘터리에 대해 좀 더 다각적인 측면에서, 다층적으로 이해하는 데 작은 도움이 되기를 기대해 본다.

이 책이 출간될 수 있도록 저술 지원을 해준 한국연구재단, 그리고 부족한 원고를 꼼꼼히 읽어주고 출간을 위해 수고해준 조인순 팀장님과 한울 편집진에게 깊은 감사를 전한다. 그리고 무엇보다 늘 따뜻한 격려와 사랑으로 오늘의 내가 이 자리에 있을 수 있도록 이끌어주신 부모님께 깊은 감사의 마음을 전하고 싶다. 내 삶의 든든한 울타리가 되어주신 부모님께 봄꽃향기 가득한 사월에 이 책을 바친다.

2018년 4월
최현주

차 례

14

제**1**부

다큐멘터리의 역사와
사실의 재현성

다큐멘터리 역사의 시작

다큐멘터리와 사실의 재현

1. 미국 로버트 플래허티의 다큐멘터리

1895년 프랑스의 뤼미에르 형제Louis & Auguste Lumiere가 영화를 발명한 그 순간부터 다큐멘터리의 역사는 시작되었다고 할 수 있다. 뤼미에르 형제는 자기 집안이 운영하는 사진건판 공장 앞에 카메라를 세워 놓고 퇴근하는 노동자들의 모습을 그 당시 필름 길이(1~2분 정도)가 허용하는 대로 촬영했다. 노동자들이 퇴근하는 모습, 플랫폼에 기차가 도착하는 모습, 아기에게 음식을 먹이는 모습 등과 같이 뤼미에르 형제가 현실을 있는 그대로 기록해 상영한 것은 세계 최초의 영화이자 다큐멘터리의 기원이 되었다.

하지만 본격적인 다큐멘터리는 로버트 플래허티Robert Flaherty의 〈북극의 나누크Nanook of the North〉(1922)에서 시작되었다고 할 수 있다. 이 영화는 현실의 단면을 있는 그대로 기록한 것을 넘어선다. 감독인 플래허티는 에스키모 이티비뮤트Itivimuit 종족의 유명한 사냥꾼인 나누크Nanook를 주요 인물로 선택하고, 1년이 넘는 기간 동안 나누크의 가족과 동고동락하면서 북극의 추위와 황량함에 맞서 싸우는 에스키모의 삶을 하나의 이야기로 담아냈다. 따라서 〈북극의 나누크〉는 내러티브narrative[1]를 가진 최초의 다큐멘터리로 일컬어진다.

미국의 미시간주에서 태어난 플래허티는 광산 기사인 아버지의 영향으로 캐나다 광산촌을 다니며 에스키모의 문화를 접하게 된다. 1910년 26세가 된 플래허티는 캐나다 철도 건설가인 윌리엄 매켄지William Mackenzie 경에게 고용되어 북극과 가까운 캐나다 허드슨만Hudson Bay 지역의 광물 탐사를 하게 된다. 이 무렵 캐나다 정부가 캐나다 북부의 허드슨만에서 철광을 캐내어 철도를 통해 수송하기로 함에 따라 광물 탐사대가 파견되었던 것이다. 그는 북극 지방을 여러 차례 다녀오게 되는데, 이때 그의 고용주인 윌리엄 매켄지 경은 그에게 극지대의 사람과 동물을 영화로 찍어볼 것을 제안하게 된다. 이것은 곧 플래허티가 평생을 다큐멘터리에 바치게 된 동기가 되었다.

플래허티는 뉴욕주의 로체스터에서 3주 동안 영화촬영술cinematography을 배운 후, 1914년에서 1915년까지 두 번의 탐험을 하면서 에스키모인들의 생활상에 대한 필름을 많이 찍었다. 탐험에서 돌아온 그는 이 기간에 찍은 많은 양의 필름을 모아 편집했는데, 편집 작업 중 마룻바닥에 있는 필름들에 담뱃불이 실수로 떨어지면서 불이 났다. 그는 그 불을 끄기 위해 안간힘을 쓰다가 심하게 화상을 입어 병원에 입원하게 되었고, 3만 피트에 달하는 필름들은 그 불로 인해 전부 소실되고 말았다.

---

1   실제 혹은 허구적인 사건들이 시·공간의 인관관계로 연결된 이야기 또는 그러한 이야기의 구조적 형식을 의미한다.

극도의 좌절 속에서 그는 다시 필름을 찍기로 했다. 사실 플래허티는 불타버린 그 필름에 만족하지 않고 있었다. 이곳저곳의 풍경들을 그냥 찍은 것이다 보니 장면들 간의 연결성이 없어 그 필름은 단지 '여행기록 필름 travelogue'에 지나지 않았던 것이다. 그는 북쪽 지방으로 되돌아가서 에스키모에 대한 새로운 영화를 만들기로 했다. 한 에스키모 가족에 초점을 맞추고, 그들 삶의 특징적인 생활상을 담기로 한 것이다.

플래허티는 새로운 탐사와 작품 제작을 위해 자금 지원을 받고자 노력했으나, 제1차 세계대전(1914~1918) 중이라 자금을 지원받기가 여의치 않았다. 그럼에도 포기하지 않고 플래허티는 북극에 관한 기사를 쓰거나 강연을 하며 기금을 조성했고, 1차 대전이 끝난 후인 1920년에는 모피 회사인 레비용 프레레Revillon Freres의 지원을 받게 되었다. 그리하여 플래허티는 1920년 마침내 북쪽 지방을 향해 떠나게 되었다.

플래허티는 캐나다의 허드슨만에서 16개월 동안 머물렀다. 그는 필름의 주요 인물로 에스키모 이티비뮤트 종족의 유명한 사냥꾼인 나누크Nanook를 선택했다. 플래허티는 1년이 넘는 기간 동안 나누크의 가족과 동고동락하면서 그들의 생활상을 담았다. 당시 북극에서 영화를 완성한다는 것은 거의 불가능한 일이었다. 추운 날씨 때문에 필름이 얼어서 부서지거나 눈보라에 발이 묶여서 아사 직전까지 가는 일이 다반사였다. 사냥에 실패하고 돌아오는 길에선 추위 때문에 어쩔 수 없이 필름으로 불을 때기도 했다고 한다.

플래허티는 에스키모인들의 도움 없이는 이 영화를 완성할 수 없다는 것을 알고 친한 몇몇 에스키모인들에게 카메라 장치에 대해 가르쳤다. 이들은 후에 플래허티보다도 카메라를 잘 다루게 되었고, 카메라가 바다에 빠졌을 때 에스키모인들이 카메라를 분해하여 부분 부분 닦아주기도 했다고 한다. 필름에 대한 나누크의 열정은 대단했는데, 심지어 그들의 식량인 사냥감을 놓치는 상황에서도 필름 찍는 것을 우선으로 여겼다고 한다(Barsam, 1992).

플래허티의 영화 〈북극의 나누크〉의 주제는 북극의 추위와 황량함에 맞서 싸우는 인간, 즉 '생존을 위해 자연과 투쟁하는 인간'이라고 요약할 수 있다. 이 영화는 끝없이 펼쳐진 눈 덮인 극지방의 황량함과 그 속에서 자연과 함께 살아가는 에스키모인들을 담아내고 있다. 그 과정에서 자연과 싸우는 인간의 의지를 장엄하게 표현한 것이다. 이 영화는 크게 전반부와 후반부로 나뉘는데, 전반부는 좀 더 따뜻하고 경쾌하며 평화로운 정경 속에서 물고기를 잡는 여름 장면들이고, 후반부는 황량한 벌판에 몰아치는 눈보라 속에서 식량을 찾아 짐승들을 사냥하는 겨울 장면들로 구성되어 있다.

이 영화의 특징들 중 하나는 발견의 기쁨the joy of discovery을 준다는 것이다. 물개 사냥 장면에서는 나누크가 바다 얼음 밑에서 작살harpoon로 무언가를 사냥하는 모습을 보여준다. 나누크가 얼음 구멍을 통해 보이지도 않는 동물에게 작살을 쏘고 난 뒤 그것을 끌어당기는 모습을 보여주면서 관객들의 궁금증을 증폭시킨 후 나중에야 그것이 물개seal임을 보여준다. 이글루igloo를 짓는 과정에서는 그림 1-1과 같이, "지금 오직 한 가지 더 필요한 것이 있다Now only one thing more is needed"라고 쓰인 자막이 제시된다. 그리고 이글루가 거의 완성된 모습을 보여준 뒤, 나누크가 꽁꽁 언 바다로 가서 얼음 한 덩어리를 잘라내는 모습을 보여준다. 이때까지도 관객들은 '한 가지 더one more thing'가 무엇인지 아직 모른다. 곧 이글루로 돌아온 나누크는 눈 한 덩어리를 잘라내고, 거기에 투명한 얼음덩어리를 놓는다(그림 1-2 참조). 그 투명한 얼음덩어리가 이글루의 창문으로 이용되는 것을 보며 관객은 그제야 감탄을 자아내게 된다. 이러한 예들에서 볼 수 있듯이 플래허티는 관객들의 궁금증, 호기심을 유발하는 장치를 효과적으로 사용했다.

이 영화의 또 다른 특징은 촬영된 영상 사이사이에 교차편집 방식으로

그림 1-1 궁금증을 야기하는 자막
자료: 〈북극의 나누크〉(1922).

그림 1-2 이글루에 창문을 만드는 장면
자료: 〈북극의 나누크〉(1922).

제시된 자막을 통해 단편적인 이야기들을 하나의 내러티브로 엮어내고 있다는 점이다. 플래허티는 카메라를 가지고 현장에서 기다리며 관찰한 영상과 문학적인 자막을 통한 설명으로 영화를 완성했다. 이 영화에서는 자막을 통해 단편적인 이야기들을 자연스럽게 연결할 뿐만 아니라, 소리나 상황에 대한 정보를 적절히 알려주어 상황에 대한 이해와 더불어 긴장감을 주기도 한다.

바다코끼리walrus 사냥 장면에서는 멀리서 바다코끼리 무리가 헤엄을 치다가 잠을 자기 위해 해안가 육지에 자리를 잡는다. 다른 바다코끼리들이 잠을 자는 동안 한 마리는 주변을 두리번거린다. 이때 "경계를 서는 보초가 항상 한 마리 있다. 왜냐하면 바다코끼리는 물속에서는 사납지만 육지에서는 무력하기 때문이다"라는 자막이 제시된다. 그리고 잠자고 있는 바다코끼리를 향해 세 명의 에스키모인들이 몸을 웅크린 채 기어서 다가간다. 이 상한 낌새를 알아챈 바다코끼리들이 도망가는데, 이때 에스키모인들이 바다코끼리 한 마리의 등에 작살을 꽂는다. 작살을 맞은 채 바다로 돌아가려는 바다코끼리와 에스키모인들 사이에 힘겨루기가 이어진다(그림 1-3 참조). 이때 "몸무게가 자그마치 2톤이나 되고 거의 꿰뚫어지지 않는 가죽으로 무

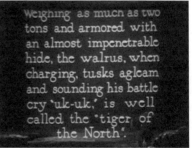

그림 1-3 바다코끼리와 사투하는 장면
자료: 〈북극의 나누크〉(1922).

그림 1-4 바다코끼리에 대한 정보 제공
자료: 〈북극의 나누크〉(1922).

장한 바다코끼리는 공격을 할 때 엄니를 번쩍이면서 '억-억-' 하는 소리를 내어 '북극의 호랑이'로 불리운다"(그림 1-4 참조)라는 자막이 제시된다. 바다로 돌아간 바다코끼리 무리를 보여준 뒤, "성난 바다코끼리 떼가 도전적인 콧김을 내뿜고 있는 가운데, 작살에 맞은 바다코끼리의 짝이 구조하러 다가와서 엄니를 걸어서 포획당한 동료를 풀어주려고 애쓴다"라는 자막을 제시한다. 이와 같이 사냥하는 과정에 대한 정보와 사냥하는 상황이 얼마나 위험한 것인지 자막으로 알려줌으로써 극적 긴장감을 주고 있는 것이다.

하지만 플래허티의 다큐멘터리는 몇 가지 점에서 비판을 받는다. 우선, 살아 있는 문화를 필름에 담기보다는 이미 사라져버린 문화를 담았다는 것이다. 바다코끼리 사냥 장면에서, 에스키모인들은 이미 사냥에 소총을 사용하고 있었지만 플래허티는 전통적인 작살을 이용한 사냥을 필름에 담았던 것이다. 해안가에서 잠을 자고 있는 바다코끼리의 무리에게 나누크가 작살을 들고 다가갔을 때 바다코끼리들은 놀라서 바다 쪽으로 도망쳤다. 그중 한 마리의 등에 나누크의 작살이 날아가 꽂혔고 나누크 일당은 바다로 도망치려는 바다코끼리의 작살 줄을 필사적으로 끌어당겼다. 그림 1-3에 제시된 바와 같이, 무게가 2톤에 가까운 바다코끼리가 남자 세 명이 끌어당겨도 좀

처럼 끌어당겨지지 않자, 그중 한 사람은 카메라 쪽을 쳐다보기도 한다. 이 장면에서 에스키모인들은 자기들이 바다로 끌려들어갈 것 같아 소총을 사용하자고 플래허티에게 요구했지만, 플래허티는 이 호소를 무시하고 촬영기만 계속 돌렸다고 한다. 이처럼 플래허티는 이미 오래전에 사라져 현실에 존재하지 않는 사냥법인 작살로 바다코끼리를 사냥하는 전통적인 생활양식을 찍은 것이며, 이러한 촬영 방법은 현재의 문화가 아닌, 사라져버린 문화를 복원해 담았다는 점에서 논란을 불러일으켰다. 이에 대해 한편에서는 고유한 부족 문화가 완전히 사라지기 전에 영상 기록으로 남겨놓은 플래허티의 노력을 높게 평가하기도 한다.

또한 현실을 있는 그대로 담아내는 것이 아니라 '재연re-enactment'을 사용했다는 점에서 논란이 되기도 했다. 이글루를 짓는 장면에서는 이글루가 너무 작아서 그 안에서 필름을 찍을 수가 없게 되자, 나누크와 에스키모인들은 커다란 영화용 이글루를 새롭게 만들었다. 그러나 이 커다란 이글루도 내부에서 필름을 찍기에는 너무 어두웠다. 그래서 그 커다란 이글루의 반을 허물어, 나누크와 그 가족은 찬바람이 몰아쳐 들어오는 반쪽짜리 이글루에서 촬영을 했던 것이다. 이는 현실을 있는 그대로 담아내는 것이 아니라 재연을 한 것이다. 이와 같이 옛 생활 방식을 복원하거나 촬영을 위해 재연하는 것에 대해 플래허티는 필름에 담는 내용 그 자체가 사실이라면, 진실의 표현을 위해 재연과 같은 다양한 방법을 사용할 수 있다고 믿었다.

플래허티는 등장인물들을 극도의 위험에 노출시켰다는 점에서 윤리적인 면에서 비판을 받기도 했다. 〈북극의 나누크〉에서 가장 유명한 장면으로 꼽히는 바다코끼리 사냥 장면은 촬영 시 가장 위험이 많이 따랐던 장면 중의 하나였다. 앞서 설명한 바와 같이, 나누크의 가족들 모두가 달라붙어서 바다코끼리를 끌어올리는데, 이들의 힘은 턱도 없이 모자랐고 자칫하면 모두 바다로 끌려들어갈 판이었다. 그러나 카메라를 돌리고 있던 플래허티는 이들이 도움을 요청하는 소리를 들은 척도 하지 않고 촬영에만 집중했다고 한다. 바로 이 점에서 플래허티는 등장인물들을 극도의 위험에 빠뜨렸다는 비난을 받았다.

〈북극의 나누크〉는 상영에서 난관에 부딪히기도 했다. 파라마운트 Paramount를 비롯한 미국 내 배급회사 다섯 곳 가운데 어느 영화사도 이 영화의 배급에 나서지 않았다. 잘생긴 배우가 아니라 에스키모인을 주연으로 하는 영화에 사람들은 관심이 없을 거라 여겼던 것이다. 가까스로 프랑스의 빠테영화사Pathe organization가 배급을 맡아주어 이 영화는 뉴욕의 캐피털 극장에서 개봉되었다. 이로써 〈북극의 나누크〉는 일반 극장에서 흥행 목적으로 상영된 최초의 장편 다큐멘터리 영화가 되었다. 이 영화는 상영 직후 관객들의 큰 호응을 얻었다. ≪뉴욕타임스The New York Times≫에서는 "이 영화에 비하면 일반적인 극영화는 보잘것없게 보인다"(Barnouw, 1993: 43)라고 극찬했다. 이후 이 영화는 미국과 캐나다 전국에 배급되어 상업적인 성공을 거뒀고 유럽, 러시아, 일본 등 전 세계에서 상영되었다.

이 작품은 극영화 이상으로 상업적인 흥행에 성공했다. 독일의 베를린에서는 아이스크림 샌드위치의 포장지에 나누크의 웃는 얼굴이 등장하기도 했으며, 영화 개봉 2년 뒤 나누크가 사냥hunting trip하다가 죽었을 때 이 사건이 전 세계에 보도되기도 했다. 또한 이 작품은 다큐멘터리 영화에 대한 관심을 고조시키는 데 큰 기여를 하게 된다. 약 40년 후, 1964년 만하임 필름 페스티벌Mannheim film festival에서 다큐멘터리 필름메이커들에게 가장 훌륭한 다큐멘터리가 무엇인가 물었을 때, 〈북극의 나누크〉가 1위로 꼽힌 바 있다(Barnouw, 1993). 이 영화는 세르게이 에이젠슈테인Sergei Eisenstein을 비롯한 당대의 러시아 영화인들로부터 1960년대의 다큐멘터리 감독들에 이르기까지 많은 이들에게 영향을 끼쳤다.

〈북극의 나누크〉가 1920년대 관객들에게 큰 호응을 얻을 수 있었던 것은 이 영화가 낯선 풍물과 이국적인 삶에 대한 대중의 호기심을 충족해주었기 때문이다. 더군다나 1910년대에는 이미 극영화에서 관객들을 이야기 속으로 몰입시킬 수 있는 다양한 기법들이 개발되어 사용되고 있었는데, 〈북극의 나누크〉는 바로 이러한 극영화 기법을 다큐멘터리에 사용함으로써 관객들을 몰입시킬 수 있었다. 이 영화에는 관객들의 관심을 끌고 가는 주인공(순박하고 유능한 에스키모인 나누크)이 있고, 쉽게 공감할 수 있는 주제(혹독한 자연에 대한 인간의 투쟁)가 있으며, 유머러스한 장면, 긴장감을 주는 장면, 호기심을 자극하는 장면 등으로 엮어진 흥미로운 줄거리의 전개가 있었던 것이다.

〈북극의 나누크〉가 성공을 거두자 곧 플래허티에게 제작비를 대주겠다는 영화사들이 쇄도하기 시작했다. 〈북극의 나누크〉의 배급을 거절했었던 첫 번째 영화사인 파라마운트 영화사는 플래허티에게 또 다른 나누크를 가져올 수 있다면 어디든 보내줄 수 있다고 제안하기도 했다. 이에 플래허티는 남태평양South Seas 사모아섬에 가서 모아나라는 청년의 몸에 문신을 새기는 통과의례를 중심으로 이곳 사람들의 삶과 풍속을 기록해 〈모아나Moana〉(1926)를 제작하게 된다. 〈모아나〉는 개봉된 이후 〈북극의 나누크〉를 잇는 훌륭한 작품이라는 호평을 받지만 흥행에는 실패한다. 남태평양 원주민의 삶을 그대로 재현한 〈모아나〉에는 〈북극의 나누크〉만한 감동이 없었기 때문이다. 즉, 열대과일이 풍성한 이 섬의 원주민들에게서 에스키모처럼 치열한 자연과의 투쟁을 엿볼 수 없기 때문이다.

〈모아나〉가 흥행에 실패하고 난 뒤 플래허티에게는 몇 건의 기회가 더 있었으나 모두 성사되지 못했다. 이 시기에 플래허티는 영국의 사회운동가인 존 그리어슨John Grierson을 만난다. 플래허티는 그리어슨에게 자신이 가지고 있는 다큐멘터리 제작에 관한 기술과 태도를 전수해주었고, 그리어슨은 이를 받아들여 '고전적 다큐멘터리', 혹은 '교육적 다큐멘터리'들을 영국에서 제작한다. 그러나 그리어슨은 플래허티가 다큐멘터리의 선구자임을 인정하면서도 그가 이국적인 풍물과 아름다운 장면에만 집착하는 사실을 못마땅해하며 다음과 같이 꼬집기도 했다. "플래허티는 이 시대 위대한 영화 스승 중의 한 사람이며, 우리 중 그 어느 누구도 그의 선례를 따라 발전하지 않은 사람은 없다. 그러나 우리는 그의 선례를 따르지 않음으로 해서 더 발전해왔다"(Barnouw, 1993: 97).

이러한 비평은 플래허티가 오랜만에 다큐멘터리 〈아란 섬의 사람Man of Aran〉(1934)을 제작한 이후 더욱 심해졌다. 플래허티 일행은 아일랜드의 외딴 섬인 아란 섬에서 2년 정도 머물면서 영화를 만들었는데, 그 결과 〈아란 섬의 사람〉은 '생존을 위한 투쟁'이라는 주제 의식을 이전보다 훨씬 세련되고 웅장하게 풀어냈다. 아란 섬 주민들이 바다와 투쟁하는 모습을 그린 이 영화에는 〈북극의 나누크〉 못지않은 감동과 서정성이 담겨 있으나 바로 그 이유로 혹평받았다. 그리어슨과 그의 동료들이 '아일랜드가 가난과 불황에 시달리는 상황에서 어떻게 그런 안일한 영화를 찍을 수 있단 말인가'라며 비난하고 나선 것이다. 또한 이 작품에서도 사라져버린 문화에 대한 복원은 이루어졌다. 아란 섬의 주민들은 이미 오래전부터 상어잡이에서 작살을 사용하지 않고 있었다. 그러나 그들 고유의 전통문화를 보여주고 싶었던 플래허티는 전문가를 데려다가 주민들에게 옛 사냥법을 가르친 후 촬영한 것이다. 이런 비난 속에서도 〈아란 섬의 사람〉은 베니스 영화제 최우수상을 수상했다.

10여 년이 흐른 뒤에 플래허티는 장편 다큐멘터리를 제작할 마지막 기회를 갖게 된다. 플래허티의 영화로서는 유일하게 기업 스폰서로 만들어진 작품 〈루이지애나 스토리The Story of Louisiana〉(1948)가 그것이다. 루이지애나주에서 석유 시추에 열을 올리던 스탠더드 오일 회사Standard Oil Co.로부터 루이지애나의 자연을 담은 영화를 제작해달라는 부탁을 받은 그는 루이지애나 늪지대와 그곳에 살고 있는 토착민인 케이준족(캐나다에서 건너온 아카디안 족의 자손들)의 생활을 둘러보았다. 늪지대 특유의 신비스러움과 일체의 제약을 두지 않는 계약 조건이 마음에 들었던 플래허티는 〈루이지애나 스토리〉를 제작하여 격찬을 받았다. 스폰서인 스탠더드 오일은 석유 시추가 자연을 해치지 않는다는 기업의 메시지를 전달하려고 한 것이지만 플래허티가 만들어낸 서정적인 자연의 영상 속에는 현대 문명의 침입에 대한 두려움이 분명히 담겨져 있다. 플래허티가 이전과 달리 〈루이지애나 스토리〉에서는 사회적 관심을 영화 속에 반영한 것이다.

〈북극의 나누크〉, 〈모아나〉, 〈아란 섬의 사람〉과 같은 일련의 작품들을 제작함으로써 로버트 플래허티는 낯선 풍물과 이국적인 삶을 대상으로 한 다큐멘터리의 전통을 세웠다. 플래허티는 실제 존재하는 사람들의 삶 속에서 실제로 일어나거나 또는 일어났었던 일들을 보여줌으로써 그들의 존재와 전통을 보여준 것이다.

2. 영국 존 그리어슨의 다큐멘터리

다큐멘터리라는 명칭을 처음 도입하고 그 개념을 확립한 사람은 영국의 사회운동가이자 다큐멘터리 이론가인 존 그리어슨John Grierson이다. 스코틀랜드 출신인 그리어슨은 1924년 미국 시카고대학교로 유학을 갔다. 유학생활을 하면서 미국 사회의 여러 가지 문제를 보게 되는데, 정작 시민들은 이러한 문제에 대해 관심을 갖지 않는다는 것을 알게 되었다. 이에 그는 영화를 통해 시민들이 사회의 문제를 인식하도록 해야 한다고 생각하게 되었다.

그러던 중 그리어슨은 플래허티의 다큐멘터리 〈모아나〉를 본 후, 프랑스어 도큐망테르documentaire에서 영감을 얻어 이러한 영화를 '다큐멘터리'라고 일컬었다. 그리어슨은 플래허티를 '다큐멘터리의 아버지'로 여기면서도 그가 주변의 삶이 아닌 이국적인 삶에만 집착하는 사실을 못마땅해했다. 그는 "지구의 끝으로 향하고 있는 사람들의 눈을, 지금 현재 일어나고 있는, 사람들 자신의 이야기로 이끌어와야 한다"고 주장했다(Barnouw, 1993: 85). 그리하여 그리어슨은 다큐멘터리의 '사회적 책임'을 강조하며, 민주사회를 지탱하는 데 필요한 시민교육의 도구로서 다큐멘터리 영화를 바라보았다.

1927년 초, 영국으로 돌아온 그리어슨은 제국통상국The Empire Marketing Board: EMB 국장을 만나 무역을 촉진시키고, 식민지와 영국 본토 간의 일체감을 고양하여 대영제국의 기반을 튼튼히 하기 위해서는 영화를 이용해야 한다고 주장했다. 제국통상국EMB 국장도 이에 동의했지만, 재무장관은 산업에 영화가 별 도움이 되지 않는다고 판단해 반대했다. 이에 그리어슨은 청어산업에 관한 영화를 제작해보자고 재무장관을 설득하여, 2500파운드의 제작비를 지원받게 된다. 이렇게 만들어진 작품이 바로 〈유망선流網船, Drifters〉(1929)이다.

〈유망선〉은 그리어슨이 직접 감독한 유일한 영화로, 스코틀랜드 청어잡이 어부들의 일상생활을 생생하게 그린 15분짜리 무성영화이다. 영화에서 청어잡이 어부들은 항구에 정박해 있는 트롤리 어선에 승선하여 북해 어장으로 항해한 후, 청어를 잡기 위한 그물을 내리고, 폭풍이 몰아치는 와중에서도 그물을 끌어올리고, 항구에서 펼쳐지는 경매를 위해 다투어 육지로 향한다. 험한 바다 위 뱃일의 위험에 직면한 상황에서도 생존을 위해 싸우는 용감한 인간의 모습을 그린 것이다. 그는 이 영화를 통해 거친 파도 속에서 그물을 끌어올리는 힘든 현장, 미끄러운 갑판, 낚싯바늘 하나하나까지 세심하게 훑어가며 식탁에 올라온 청어 한 마리에 어부의 땀과 노동이 있다는 의미를 전달한다. 원래 청어잡이는 후미진 어촌에서 영세하게 이루어졌으나, 그리어슨은 어촌의 가난한 모습이 아니라 '증기와 강철'에 의해 발전된 청어잡이의 모습에 초점을 맞췄다. 그리하여 그리어슨은 영화에서 소용돌이치는 물과 흔들리는 배 안에서의 '인간과 기계의 맞물림'을 잘 묘사해낼 수 있었다. 마지막 장면에 강기슭에서 벌어지는 청어의 경매 광경을 보여주고, "이리하여 그 어획물은 지구의 끝까지 간다"라는 자막을 제시한다. 이는 어부들의 노동이 당대 영국의 경제 현실 속에 자리 잡고 있으며 그들의 어업이 세계 시장으로 뻗어나가고 있음을 보여준다(Barnouw, 1993).

〈유망선〉이 큰 성공을 거둔 이후, 그리어슨은 영화감독의 일보다는 총지휘자의 임무를 맡게 되었다. 그는 제국통상국EMB 내에 필름 유니트film unit라는 영화 관련 부서를 만들고, 사람들을 모집해 영화 제작을 지휘했는데, 1930년대에만 약 300편의 영화를 제작 지휘했다. 그리어슨 그룹의 영화는 영국 생활, 정부 기구, 사회적 문제에 대해 대중들을 교육할 목적으로 제작되었는데 일반적으로 미학적이기보다는 대체로 계몽적인 내용을 담고 있었다. 그는 영국의 계몽적·교육적 다큐멘터리를 주도하며, 본격적으로 다큐멘터리 운동을 일으킨 주인공이라고 할 수 있다.

그리어슨의 지휘하에서 제작된 다큐멘터리는 사회문제를 다루고 있다. 〈주택문제Housing Problems〉(1935), 〈먹기에 충분한가?Enought to Eat?〉(1936), 〈공해의 위협 The Smoke Menace〉(1937), 〈학교의 어린이들Children at School〉(1937)

그림 1-5 빈민 주택에 불만을 토로하는 주민 인터뷰
자료: 〈주택문제〉(1935).

그림 1-6 새집에 만족하는 주민 인터뷰
자료: 〈주택문제〉(1935).

과 같은 작품은 런던 동쪽 빈민 지역의 여러 사회문제를 다룬 다큐멘터리들로, 사회 현실의 개선과 대중 계몽을 목적으로 한다. 이는 주변의 삶 속에 내재한 사회적인 문제를 다루는 다큐멘터리의 전통이 되었다.

아서 엘턴Arthur Elton과 에드거 앤스테이Edgar H. Anstey가 공동으로 연출한 〈주택문제〉는 그리어슨의 노력으로 민간의 후원을 얻어 만든 영화로, 런던 동쪽 빈민 지역의 여러 문제점을 다룬 연작들 중 한 편이다. 〈주택문제〉는 슬럼가의 노후한 주택에 거주하는 노동자들이 얼마나 위험하고 비위생적이며 불편한 거주 환경 속에서 살아가고 있는가를 다룬다. 영화는 낡은 주택의 문제점에 대한 전문가의 해설과 함께 시작한다. 곧이어 해설자의 보이스오버 내레이션(내레이션을 하는 주체가 화면에 등장하지 않은 채, 화면 밖에서 목소리만 등장하는 내레이션)으로 이야기가 이어지다가 빈민가의 한 사람이 등장하여 카메라를 쳐다보며 그가 사는 곳의 문제점에 대해 이야기한다. 그는 자신의 주택이 건강을 해칠 정도로 열악한 상태라서 자신의 두 아이가 죽었다고 말한다. 또 다른 빈민가 사람은 "벽 속에 해충들이 득실댄다. 우리는 너무 불행해"라고 말한다(그림 1-5 참조).

그리고 리드Leed 지역에 건설 중인 새로운 주택 개발 현장을 보여준다.

해설자는 "자, 이제 리딩턴 부인의 말을 들어볼까요?"라고 말하며 새로 개발된 주택에 사는 한 주민을 소개한다. 그녀는 새로운 집에서 그녀의 가족들이 얼마나 행복해하는지, 특히 그들이 새로운 욕실을 얼마나 좋아하는지 이야기한다(그림 1-6). 새롭게 지은 주택에서 살고 있는 노동자들이 그들의 삶이 어떻게 변화했는지 이야기하는 것을 보여주면서 정부가 주거 환경의 개선을 위해 노력하도록 촉구한 것이다.

〈주택문제〉는 내레이션에 의한 설명으로 현실을 재현하고 있다. 보이스오버 형식의 내레이션은 슬럼가의 심각한 주거 문제와 개선의 필요성을 논리적으로 설명했다. 또한 내레이션의 주장과 논리를 뒷받침하는 증거들로 주거 전문가의 진단 내용과 현장 거주민의 인터뷰가 활용되었다. 빈민가의 주민들이 화면에 직접 등장하여, 쥐가 기어 다니는 부엌과 무너질 것 같은 복도를 안내하고 설명했다. 이와 같은 직접 인터뷰 방식을 사용함으로써 쌍방의 의견을 들어보고 분석 자료를 통해 개선책을 제시한 것이다. 이 영화에서 사용된 빈민의 인터뷰와 해설자의 내레이션에 이은 주택 관계자의 인터뷰는 오늘날에는 당연시되는 진행 방식이지만 당시에는 커다란 센세이션을 일으켰다. 이 영화는 편집을 통해 의미를 창조하고 전달하며 관객들을 설득하고 있는 것이다. 내레이션과 인터뷰를 삽입한 최초의 다큐멘터리인 〈주택문제〉는 예술성은 떨어지지만 내용면에서는 시사적인 사회문제를 일정한 형식으로 담아냈다는 점에서 의미가 있다.

이와 같이 어떤 관점 또는 문제를 제시하고 이에 대한 주장을 내레이션으로 전개하는 다큐멘터리를 '설명적expository 다큐멘터리'라고 한다(Nichols, 1991). 내레이션을 하는 주체가 화면에 등장하지 않은 채, 화면 밖에서 목소리로만 등장하는 내레이션을 보이스오버 내레이션이라고 하는데, 설명적 다큐멘터리 양식에서는 대체적으로 이러한 보이스오버 내레이션을 사용한

플래허티와 그리어슨의 다큐멘터리 비교

플래허티와 그리어슨은 초창기 다큐멘터리 전통의 커다란 두 축을 형성하고 있다. 플래허티와 그리어슨은 기본적으로 다큐멘터리의 소재와 주제를 현실 속에서 가지고 온다는 점에서 공통점을 찾을 수 있지만, 다큐멘터리를 바라보는 관점, 소재 선택 및 소재를 다루는 방법에서는 큰 차이를 보였다.

플래허티는 다큐멘터리에 대해 사실을 발견하여 전달하는 것, 즉, '발견과 폭로의 예술'로 규정했다. 즉, 플래허티는 그가 바라본 세상을 관객들에게 보여주는 것에 관심을 가졌던 것이다. 반면에, 그리어슨은 다큐멘터리를 '현실 세계의 창조적 처리'라고 정의했다. "나는 영화를 설교로 간주하고 선전·선동가로서 그것을 사용한다"(엘리스·멕레인, 2011)라는 그리어슨의 말에서 알 수 있듯이 그리어슨의 다큐멘터리는 교육적·사회적 목적을 가지고 있다. 즉, 그리어슨은 있는 사실을 토대로 새로운 의미를 창조하여 선전이나 교육과 같은 목적을 실현하는 도구로 다큐멘터리를 이용한 것이다.

소재의 선택에서, 플래허티는 낯선 곳에 사는 사람들의 삶과 이국적인 풍물을 다룬 반면, 그리어슨은 자기 주변 가까운 이웃의 삶에 관심을 가지고 그들이 겪고 있는 사회적인 문제를 다루었다.

또한 소재를 다루는 방식에서, 플래허티는 상황을 있는 그대로 관찰하며 촬영하는 방식을 중요하게 여겼으며 과도한 편집은 가능한 절제했다. 그는 사실성을 높이기 위해 상황을 가장 사실적이고 객관적으로 전달할 수 있는 롱테이크long-take(샷shot의 길이를 길게 잡는 것)를 주로 사용했다. 이와 달리 그리어슨은 편집을 통해 의미를 생산하는 것이 중요하다고 여겼다. 즉, 의미를 생산함에 있어서 촬영보다는 오히려 편집이 더 중요하다고 생각한 것이다.

다. 이때 내레이션은 모든 것을 다 아는 전지적 시점의 권위적인 내레이션을 사용하고, 이처럼 화면에 보이지 않은 채 전지적 시점에서 권위적인 방식으로 하는 내레이션을 '신의 목소리voice of God'라 일컫는다. 즉, 설명적 다큐멘터리에서 권위적인 내레이션은 특정 메시지를 관객에게 직접 호소하거나 설득하려고 하며, 영상은 내레이션의 내용을 보완하는 증거적 기능을 할 뿐이다.

설명적 다큐멘터리 양식은 '신의 목소리'라 불리는 내레이션에 의존하게 되는데, 내레이션의 내용이 특정 이데올로기를 내포할 수도 있다는 점, 그리고 내레이션이 과도하게 많을 수 있다는 점이 이러한 다큐멘터리의 약점이기도 하다. 이를 보완하기 위한 방식으로 활용하는 인터뷰는 내레이션에서 주장하는 논리를 뒷받침함으로써 신뢰성을 배가시켜주고, 인터뷰어의 얼굴 표정이나 몸짓 등을 통해 사실성을 재현한다. 하지만 인터뷰의 내용은 작품의 논리에 부합되는 것만 취사선택하게 되기 때문에 편향성의 문제가 있을 수 있다. 또한 제작자의 의도에 부합하는 음악 등을 통해 관객들에게 제작자가 의도하는 감성을 주입할 수 있다. 이러한 다큐멘터리 형식은 이후 나타나는 텔레비전 다큐멘터리의 기본 형식으로 자리 잡게 된다(엘리스·맥레인, 2011).

그리어슨의 다큐멘터리 운동은 다큐멘터리라는 용어가 지니고 있던 선입견을 몇 년 안에 뒤바꿔놓았다. 당시까지 다큐멘터리의 대명사로 간주되던 플래허티의 작품들은 세계 외딴곳에 거주하는 인물들을 인간적인 친밀감으로 의의 부각시킨 장편 영화들이었다. 반면 그리어슨의 다큐멘터리는 사회문제를 주제로 해설을 이용하여 다룬 단편 영화로서 어떤 입장인지를 분명히 내세우는 형태였다. 플래허티가 이국적 삶의 탐험과 관찰에 기초한 다큐멘터리를 만든 반면, 그리어슨은 사회 현실과 일상생활에 기초한 다큐멘터리를 만든 것이다.

그리어슨은 다큐멘터리를 '현실 세계의 창조적 처리Creative Treatment of Reality'라고 정의했다. 다큐멘터리는 사실을 다루지만 단순한 사실의 나열이 아니라 그것을 재해석하고 의미를 부여하는 도구라는 것이다. 이 개념은 지금도 다큐멘터리의 특성을 논의할 때 자주 인용되는 주요한 개념이다. 하지만 이 개념 정의는 상당히 유용하면서도 한편으론 대단히 모호한 것이다. '현실 세계의 창조적 처리'에서 '현실 세계'의 실제성 개념을 강조하게 되면 다큐멘터리의 영역이 대단히 좁아지게 되고, 반면에 '창조적 처리'의 개념을 강조하게 되면 허구조차도 다큐멘터리의 영역에 포함될 수 있기 때문이다.

3. 러시아 지가 베르토프의 다큐멘터리

러시아는 19세기에 접어들어 세 차례의 혁명을 통해 세계 최초로 사회주의 정권을 수립하게 되었다. 이에 러시아의 혁명 지도자들은 그들이 왜 혁명을 일으켜야 했는지, 새롭게 수립한 사회주의 이념은 무엇인지에 대해 국민에게 알리고 지지를 얻어야 했다. 대중의 상당수가 문맹이고 서로 다른 방언을 사용하는 상황에서 세계 최초의 사회주의 정권이 그 혁명 이념을 전파하기 위한 이상적인 도구를 영화라고 보았던 것이다. 러시아 혁명의 '선전매체'로서 영화의 중요성을 깨달은 블라디미르 레닌Vladimir Lenin은 1922년 "모든 예술 중에서 영화가 우리에게 가장 중요하다"라고 선언했다(엘리스·멕레인, 2011: 45). 따라서 그에게 있어 영화는 러시아의 현실을 반영하는 것이어야 했다.

지가 베르토프Dziga Vertov는 영화가 러시아의 현실을 반영해야 한다는 레닌의 생각에 동의하며, 혁명적 예술로서 영화의 가능성을 다큐멘터리를 통해 보여준 영화감독이다. 폴란드 태생의 베르토프는 제1차 세계대전이 일어나자 가족 모두 지금의 상트페테르부르크(레닌그라드)로 피난했다. 이 무렵 의학과 심리학을 공부하던 그는 본명인 데니스 카우프만Denis A. Kaufman에서 그 스스로 새로운 이름인 지가 베르토프Dziga Vertov로 개명하고 이후 영화에 전념한다.

1917년 10월 혁명 직후 베르토프는 모스크바 영화위원회의 뉴스 분야에서 작가 및 편집기사로 활동했고, 1918년에는 당시 영화감독 레프 쿨레쇼프Lef Kuleshov[2]가 이끌고 있던 〈주간영화Kino-Nedelia, Film Weekly〉의 편집 책임자가 되어 영화로 주간 뉴스를 제작하게 된다. 1917년 10월 혁명 이후 볼셰비키의 붉은 군대와, 미국, 영국 등의 자본주의 국가로부터 무기와 돈을 지원받는 러시아 자본가 군대이자 반反혁명세력들의 연합체인 하얀 군대 간의 전투가 1922년까지 이어져 혼란스러운 가운데, 베르토프는 연합군에 대항하는 러시아의 투쟁을 뉴스영화로 제작한 것이다. 베르토프는 그에게 보내진 투쟁 내용의 필름들을 체계적으로 편집하여, 거기에 자막을 붙이는 일을 했다. 그가 편집한 뉴스영화는 열차와 기선汽船을 이용하여 러시아의 각 지역으로 보내졌다. 열차와 기선에서는 영화를 상영하곤 했는데, 기선에는 영화 상영을 위한 800석의 좌석이 갖추어져 있었다고 한다. 그 배에 탑승한 전속 카메라맨은 각지를 돌아다니며 필름을 촬영해 베르토프에게 보내고, 베르토프는 이를 가지고 치열한 전투 상황을 뉴스로 만들어 보급했다(Barnouw, 1993).

---

2   레프 쿨레쇼프는 영화감독이자 국립영화학교의 교수이다. 1919년 당시 경제 상태가 극히 어려워 필름조차 제대로 구할 수 없었다고 한다. 영화 제작자들은 영화를 제작하고 난 뒤 남은 조각 필름이나, 헌 필름의 표면을 긁어내고 새로이 유제를 입혀서 사용하기도 했다. 이러한 어려움 속에서도 볼셰비키 정부는 국립영화학교를 건립했는데, 이는 정부가 영화를 통한 선전을 얼마나 중요하게 여겼는가를 잘 보여준다(Barnouw, 1993).

러시아 혁명

러시아 영화를 이해하기 위해서는 러시아 혁명에 대한 이해가 있어야 한다. 1900년대에 접어들어 러시아에서는 세 차례에 걸쳐 혁명이 일어난다. 로마노프 왕조가 통치하는 제정 러시아에서는 1900년대에 들어서면서 극심한 경제 공황을 겪게 된다. 1861년 농노해방으로 수많은 사람이 신분상으로는 농노 상태에서 해방되었지만, 경제적으로는 낮은 임금과 실업자 증가로 중산계급 으로 성장하지 못하고 있었다. 이로 인해 노동자의 반정부운동이 격심해지기 시작했으며, 한편에서는 자유주의자들의 입헌운동이 고조되었다. 설상가상 으로 1904년 발발한 러일전쟁에서 패하게 되자 이를 계기로 이들의 요구는 폭발하기 시작했다.

1905년 1월 9일 일요일 페테르부르크*에서 노동자 14만 명이 8시간 노동제 와 최저임금제 등 최소한의 생존권을 요구하며 왕궁을 향해 평화적 시위를 하고 있었다. 군대가 총을 겨누며 해산 명령을 했지만, 시위대는 이를 무시하 고 계속 궁전을 향했다. 이에 군인들이 발포하여 수백 명이 죽고 수천 명이 부상을 당했다. 이를 '피의 일요일' 사건이라고 일컫는데, 이것이 제1차 러시 아 혁명의 시발점이 되었다. 이 사건이 러시아 전국에 알려지게 되면서, 전국 적인 총파업과 시위로 발전하여 혁명은 고조에 달했다.

이에 니콜라이 2세 Aleksandrovich Nikolai II는 신교信敎·언론·집회·결사의 자유 와 같은 국민 기본권의 보장과 입법권을 갖는 의회의 창설을 약속하는 '10월 선언'을 발표했다. 1906년 5월에는 최초로 간접선거에 의해 제헌의회인 두 마Duma가 구성되었다. 이에 입헌정부를 요구해온 중산층과 일부 혁명세력은 자신들의 요구가 실현되었다는 판단하에 투쟁을 중지했다. 이로 인해 혁명세 력이 분열되기 시작하면서, 제1차 러시아 혁명은 실패로 끝나게 되었다.

1차 혁명 이후에도 러시아의 경제적 상황이 나아지지 않는 가운데, 러시아 는 1914년 제1차 세계대전에 참전하게 된다. 대전 중 차르tsar(러시아 황제를 일컫는 칭호)의 계속된 장병 및 가축 징발, 군수물품의 생산 강화로 민중의 생활은 더욱 곤궁해졌다. 1917년에 접어들면서 러시아의 상황은 대내외적으로 더욱 악화되었다. 러시아 군대의 계속된 패배로 수백만 명에 이르는 병사들이 죽어갔으며, 이로 인해 러시아인들의 삶은 완전히 피폐해져갔다. 1000건이 넘는 파업이 발생했고, 2월 중순부터 상트페테르부르크에서는 식량 부족으로 인해 배급제를 실시했다. 그러나 2월 23일(러시아 구력), 영하 20℃의 추위에 식량배급을 받기 위해 줄을 서 있는 시민들에게 식량이 더 이상 없다고 하자 격분한 시민들은 '빵을 달라'는 구호를 외치며 시위했다. 시위 이틀째에는 20만여 명이 '빵을 달라'는 구호 외에도 '전제체제 타도' '전쟁 반대'를 외치며 시위에 참여했다. 니콜라이 2세는 군에게 진압할 것을 명령했으나 군은 이를 거부했으며, 3일째부터는 군부마저 반란을 일으켜 시위에 가담하기 시작했다. 시위대가 무기고에서 무기를 탈취하고 감옥에서 정치범을 석방했으며 관청을 점거했다. 이로 인해 니콜라이 2세가 퇴위하고 임시정부가 구성됨으로써 로마노프 왕조의 시대는 막을 내렸다. 이것이 바로 '2월 혁명'이다.

 '2월 혁명' 후 정치권력을 잡은 러시아의 임시정부는 전쟁을 계속했다. 따라서 굶주림과 생활의 불안정으로 대중의 불만은 더욱 높아졌다. 사회주의 정당 중 볼셰비키는 임시정부에 대항하여 전쟁을 반대했다. 그러던 중 스위스에서 망명 중이던 레닌이 독일의 지원**으로 귀국하여 '자본주의의 타도 없이 종전은 불가능하다'는 등 10개 항에 걸친 4월 테제April Theses를 발표했는데, 이것은 곧 볼셰비키(러시아 사회민주노동당의 과격 정통파로 레닌이 중심)의 방침이 되었다. 볼셰비키가 수도의 군대와 노동자들의 무장시위운동을 조직하자, 정부는 전선으로부터 군대를 소환하여 이를 진압하고 멘셰비키(러시아 사회민주노동당의 우파, 온건파)의 알렉산드르 케렌스키Aleksandr Kerensky가 수상이 되어 급진적인 볼셰비키를 탄압했다. 레닌은 탄압을 피해 한때 핀란드로 피신했으나, 그의 강력한 요청 아래 1917년 10월 24일(러시아 구력) 봉기가 시작되었고, 볼셰비키 혁명군은 거의 무혈로 수도의 중요 거점들을 점령했다. 이것이 바로 '10월 혁명' 또는 '볼셰비키 혁명'이며, 이로 인해 레닌을 의장으로 하는 인민위원회를 정부로 선임함으로써, 세계 최초의 사회주의 정권이 러시아에 들어서게 되었다.

---

* 　제정 러시아 때는 '페테르부르크Peterburg'라고 불렸으나, 1914년 '페트로그라드Petrograd'로 명칭이 변경되었다가, 1924년 레닌이 죽자 그를 기념하여 '레닌그라드Leningrad'라고

불렸다. 그러다가 1991년 러시아어의 옛 이름인 상트 페테르부르크Saint Peterburg로 다시 개칭했다. 이 도시는 200년간 로마노프 왕조의 수도였으며, 러시아에서 두 번째로 큰 도시이다.

** 독일은 레닌의 안전한 귀국을 위해 봉인열차를 제공했는데, 봉인열차란 문을 잠그고 국경을 지나기 때문에 여권 검사를 하지 않는 열차를 말한다. 스위스에서 망명 중이던 레닌이 러시아로 가려면 독일을 지나야 하는데, 당시 독일은 러시아와 전쟁 중이라 열차 안을 검사하게 되면 레닌이 위험할 수 있었다. 따라서 봉인열차를 제공한 것인데, 러시아의 적인 독일이 봉인열차를 마련해준 것은 레닌이 돌아가면 러시아는 혁명을 계속하게 될 것이고, 그렇게 되면 러시아가 독일과의 전쟁을 멈출 것이라고 생각했기 때문이다.

1919년에 이 일을 그만둔 후 베르토프는 여러 편의 편찬 영화compilation film를 제작하게 된다. 편찬 영화란 이미 만들어졌던 기록 영화들을 특별한 목적에 맞게 재편집하여 새롭게 만든 기록 영화를 말한다. 1921년에 베르토프는 러시아 내전이 거의 끝나갈 무렵, 전선의 상황을 보도한 뉴스영화에 사용되었던 수많은 필름을 편집하여 장편 영화 〈내전의 역사History of the Civil War〉(1921)를 제작하기도 했다.

1922년에서 1925년 사이에 지가 베르토프는 정부의 지원을 받아 뉴스 연속물인 〈키노-프라우다Kino-Pravda〉를 제작했는데, 이는 '영화-진실Film-Truth'을 의미한다. 한 편에 5~6개의 주제를 다루었는데, 도시의 일상적이고 평범한 모습을 통해 새로 지어지고 있는 도시의 역사적인 순간의 모습들을 담아냈다. 예를 들면, 모스크바의 한 거리에서 오랫동안 운행이 중지되었던 전차가 다시 움직이는 모습, 트럭 대신 탱크가 비행장 부지를 정리하는 모습, 소아과 병원에서 전쟁고아들에 대한 구호 활동을 벌이는 모습 등이 그것이다. 베르토프는 매달 나오는 〈키노-프라우다〉라는 뉴스필름에 1920년대 소련의 변화를 기록해나간 것이다. 이는 '선동 열차'를 통해 전국을 돌아다니며 순회상영되었다.

러시아 내전(1917.10.25~1922.10.25)

1917년 10월 혁명 이후에 볼셰비키가 페트로그라드(현재 상트 페테르부르크)를 장악하고 소비에트 정권을 수립하자, 소비에트 권력을 타도하기 위해 자본가와 지주계급, 온건파 사회주의자들이 중심이 된 반反혁명군이 형성되었다. 세계 여러 나라에서는 러시아에서 노동자와 농민이 혁명으로 권력을 수립하자 위협을 느끼며 러시아의 반혁명군을 지원했다. 당시 독일군을 비롯해서 미국, 프랑스, 영국, 일본, 오스트리아-헝가리 제국, 오스만 제국, 핀란드, 루마니아 등 연합군이 러시아에 들어와 혁명을 진압하고 있었는데, 이들은 볼셰비키 혁명 정부를 제거해 공산주의 정부의 확산을 막고 러시아를 자본주의 나라로 만들어 이익을 얻기 위해 참전했다. 미국, 영국 등의 자본주의 국가로부터 무기와 돈을 지원받는 반反볼셰비키 연합체이자 러시아 자본가 군대는 '하얀 군대(백색군)'라고 일컬어졌다. 반면에 볼셰비키의 군대는 공산혁명을 일으키면서 혁명정신을 고취하는 색으로 강한 의욕과 정열을 나타내는 붉은 색을 사용하여 군대도 '붉은 군대(적색군)'라고 불렸다. 옛 러시아 제국 영토를 둘러싸고 이들 간에 벌어진 전쟁을 러시아 내전이라고 하며, 붉은 군대와 하얀 군대의 전쟁이라는 점에서 적백 내전赤白內戰이라고도 불린다.

내전이 진행되는 과정에서 대다수의 중농층은 소비에트 권력을 지지하게 되었다. 반혁명 세력이 승리하면 지주가 복귀하여 토지를 다시 빼앗고 국가 권력도 옛 지배자들이 다시 장악하며 국가의 대외적인 독립도 보장받지 못하리라는 것을 알게 된 것이다. 결국 하얀 군대는 러시아인들의 지지를 잃게 되어 볼셰비키의 붉은 군대가 내전에서 승리하게 된다.

1920년대 중반에는 에이젠슈테인, 푸도프킨Vsevolod Pudovkin, 도프젠코 Alexander Dovzhenko 등이 제작한 극영화에 사람들이 열광하게 되면서, 베르토프는 새로운 다큐멘터리 영화의 제작을 시도했다. 베르토프는 실험적인 다큐멘터리 〈카메라를 든 사나이The Man with a Movie Camera〉(1929)를 제작·발표

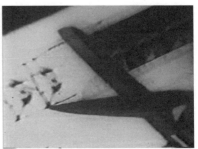

그림 1-7 영화 속에 등장하는 촬영 장면
자료: 〈카메라를 든 사나이〉(1929).

그림 1-8 영화 속에 등장하는 편집 장면
자료: 〈카메라를 든 사나이〉(1929).

했는데, 이는 국내외에서 큰 반향을 불러일으켰다.

지가 베르토프의 영화 중 가장 많이 알려진 작품인 〈카메라를 든 사나이〉는 베르토프가 각본을 쓰고 연출·편집까지 1인 3역을 담당한 영화이다. 베르토프는 이 영화를 시나리오나 배우, 세트 등을 사용하지 않고 현상을 시각적으로 전달하는 실험이라고 했다.

이 영화는 러시아 혁명 이후 어느 카메라맨이 어깨에 카메라를 짊어지고 도시의 이곳저곳을 돌아다니며 해가 뜰 때부터 질 때까지 모스크바 사람들의 일상생활과 다양한 도시의 모습을 촬영하는 이야기를 다룬 다큐멘터리이다. 이 영화는 혁명 이후 민중들의 삶을 활기차고 낙관적으로 묘사했다. 이 영화의 주인공이자 촬영을 맡은 미하일 카우프만Mikhail Kaufman(베르토프의 동생)은 다리 위나 굴뚝, 지붕 꼭대기에서 촬영을 하기도 하고 때로는 땅에 누워서 카메라를 통해 기차나 차량, 사람들의 모습을 올려다보기도 한다. 영화에는 간간이 촬영 장면(그림 1-7)과 편집 장면(그림 1-8)이 끼워 넣어져 있어 촬영, 편집 등 영화 제작 과정이 드러나 있다. 이 영화에서 베르토프는 카메라맨의 존재를 자기 반영적으로 노출시키는데, 이로 인해 관객은 그 카메라맨을 계속 의식하게 된다. 또한 관객이 보고 있는 영화를 보고 있는 사람들이 이 영화에 나타나기도 한다. 이는 영화와 현실과의 관계를 계속적으로 관객에게 인식시키며, 끊임없이 자신이 '영화'임을 드러내는 것이다.

베르토프는 '키노 아이Kino-Eye(영화의 눈) 선언'을 통해 영화에 대한 자신의 생각을 천명했다. 그는 선언을 통해 다음과 같이 밝힌다.

> 나는 영화의 눈이다. 나는 기계의 눈이다. 이제부터 나, 곧 기계는 오직 나만이 볼 수 있는 세계를 당신에게 보여줄 것이다. 이제부터 영원토록 나는 인간의 정체성을 탈피하여 끊임없이 움직인다. 나는 대상에 다가가기도 하고 물러나기도 한다. 나는 대상 아래에 기어가기도 하고 질주하는 말을 따라 움직인다. 나는 군중 속으로 파고들어 가기도 하고, 돌격대의 앞에서 달려가기도 한다. 나는 뒤로 눕기도 하고, 비행기를 타고 날기도 한다. 나는 쓰러지기도 하고 일어서기도 한다. 나는 필름을 통해 시간과 공간의 제약에서 벗어나 모든 대상을 기록해낸다. 나의 사명은 세계에 대한 새로운 인식을 만드는 것이다. 나는 당신들에게 미지의 세계를 새로운 방법으로 보여줄 것이다(Barnouw, 1993: 58).

그는 '키노 아이'라고 부른 카메라가 여러 면에서 사람의 눈에 비해 월등히 우수하다고 믿었다. 카메라의 눈은 기계이기 때문에 인간의 눈처럼 선택적으로 인식하는 것이 아니라, 대상을 정확하고 정밀하게 관찰하고 있는 그대로 객관적으로 기록하면서 인간의 시각을 확대한다고 베르토프는 생각했다. 또한 카메라는 먼 거리를 보고, 슬로우모션 촬영이나 패스트모션 촬영이 가능하여 인간의 눈으로는 인지되지 않는 것, 불분명한 것, 보이지 않는 것을 볼 수 있게 해준다는 점을 들어 카메라의 눈이 인간의 눈보다 우수함을 지적했다. '키노 아이'인 카메라가 '인간의 불완전한 눈'이 세상을 인식하는 것보다 더 정확하게 인식하고, 시공간을 이동하면서 사건을 기록할 수 있으며, 기록된 사실이 기억이란 장치에 의해 왜곡되지 않고 그대로 기록·보전된다는 점에서 완벽한 눈이라는 것이다. 이러한 점에서 카메라는 "사람들이 모르는 사이에 삶을 포착하는to catch life unaware" 능력을 지닌다고 보았다.

베르토프는 이 선언을 통해 카메라에 잡힌 사실들의 기록이 중요함을 강조한다. 그는 픽션을 통해 감동을 주는 것보다, 가능한 한 눈치채지 못하게 실제 상황과 사람을 촬영한 다큐멘터리 영화를 통해 감동을 주는 것을 더 높이 평가한 것이다. 그는 찍히는 대상이 알아차리지 못하게 카메라가 사람들의 일상생활을 방해하지 않는 방법으로 사람들에게 접근해야 한다고 주장했다. 그의 이런 정신은 1960년대 프랑스를 중심으로 일어난 '시네마 베리테Cinema Verite' 운동과 미국을 중심으로 시작된 '다이렉트 시네마Direct Cinema' 운동의 모태가 된다.

이와 같이 지가 베르토프에게 다큐멘터리는 삶에 대한 진실을 있는 그대로 포착해서, 다양한 편집 방법을 통해 의미 있게 표현하는 것이다. 즉, 그는 사실을 객관적으로 제시하기보다는 편집 기법을 적극적으로 이용해 진실의 정수만을 보여줌으로써 관객에게 감정적인 충격을 배가시켜주고자 했다. 베르토프도 에이젠슈테인과 푸도프킨처럼 영상예술의 기초는 몽타주, 즉 편집의 기술에 있다고 생각한 것이다.

베르토프는 그의 작품에서 제정 러시아의 황제 니콜라이 2세의 화려한 의전 장면과 셔츠 차림을 한 레닌의 노동자 연설을 연결한다. 이를 통해 레닌은 노동자의 친구이자 강력한 새로운 지도자의 이미지로 다시 태어난다. 그의 이런 편집 방식이 바로 몽타주montage 기법인 것이다. 몽타주란 그 자체로는 별다른 관련이 없는 두 개의 컷을 연결하여 완전히 새로운 이미지나

의미를 만들어내는 편집 기법을 말한다. 몽타주 기법에 의해 영화는 감정적
으로 몰입하며 가볍게 즐기는 '오락물'에서 의미를 유추해내는 '지적인 예
술'로 변화하게 되었다.

또한 베르토프는 관객이 능동적이고 주체적으로 영화를 수용할 수 있도
록 영화 기법과 제작 과정을 드러내야 한다고 주장한 이론가였다. 〈카메라
를 든 사나이〉에서 베르토프는 촬영하는 사람, 촬영 및 편집 과정, 그리고
그것이 상영되는 장면을 관객에게 보여 줌으로써, 관객들에게 그들이 보고
있는 것은 현실 그 자체가 아니라 편집에 의해 조작된 영상이라는 것을 일
깨워준다. 즉, 제작 과정을 은폐하기보다는 의도적으로 드러냄으로써 관객
이 영화의 조작 가능성에 대해 성찰할 수 있도록 이끄는 것이다. 그의 영화
에 나타나는 이와 같은 형식적 실험성과 사상은 1960년대 초 프랑스 영화
운동인 시네마 베리테에 큰 영향을 미치게 된다.

4. 1920년대 유럽의 실험적 다큐멘터리

1920년대 유럽에서는 도시화의 눈부신 장관을 찬양하는 서정적 다큐멘
터리가 제작되었다. '도시 교향곡'이라고도 불리는 이 작품들은 일면 다큐
멘터리이기도 하고, 일면 실험영화이기도 하다. 왜냐하면 인구 과밀과 가난
에 찌든 사람들이 살고 있는 도시에서 도시 풍경의 리듬과 패턴을 강조하며
촬영해 도시를 시적으로 표현했기 때문이다. 분주한 일상생활과 가난하고
답답한 도시생활을 독특하고 인상적인 촬영과 편집으로 매우 낭만적으로
보여주어, 이들을 '시적 다큐멘터리'라고도 일컫는다. 빌 니콜스Bill Nichols에
의하면, 다큐멘터리에서 시적 양식poetic mode이란 "연속 편집이라는 관습이

나 사건에 수반되는 시공간의 구체적인 현장감을 버리고 시간적 리듬과 공간적 병치가 이루어지는 패턴 및 연결을 탐구한다"(니콜스, 2005: 172)고 정의했다.

이러한 시적 다큐멘터리는 1920년대에 프랑스와 독일을 중심으로 일어난 다다이즘dadaism의 영향을 받아 등장했다. 다다이즘은 과거의 전통적인 예술 형식과 가치를 부정하고 관습을 파괴하는 예술운동이다. 다다이즘에 영향을 받은 시적 다큐멘터리는 논리적인 기승전결 구조를 탈피해 시각적인 패턴과 리듬을 연결한 비非서사 구조의 방식으로 제작한 것이다. 발터 루트만, 알베르토 카발칸티, 요리스 이벤스 등은 '도시 교향곡'이라고 일컫는 실험적 다큐멘터리를 제작한 대표적인 감독들이다.

대표적인 작품은 발터 루트만Walter Ruttman의 〈베를린: 도시의 교향곡 Berlin: The Symphony of a Great City〉(1927)이다. 이 영화는 도시의 하루 생활, 즉 새벽녘부터 해질 무렵까지의 하루를 묘사하고 있다. 루트만은 기하학적 모양으로 영화를 시작하여, 이른 아침 기차가 도시로 들어가는 이미지와 매치시킨다. 도시에 들어서면 텅 빈 거리의 조용한 장면을 보게 된다. 이어 도시는 셔터, 블라인드, 커튼, 창문, 문들의 소리로 깨어난다. 기계, 빌딩, 가게 쇼윈도의 추상적인 형태를 보여주기도 하고, 걷는 군중, 행진하는 병사들, 이동하는 소떼 등 닮은 형체들을 함께 구성해 보여주기도 한다. 올라가는 것과 내려가는 것, 열리는 것과 닫히는 것과 같은 대조적인 움직임을 함께 제시한다. 형체들이 모양을 형성하는 패턴과 그것들이 움직이며 만들어내는 리듬에 매료되어, 시각적인 요소들의 병치와 대조를 리드미컬하게 제시한 것이다. 이 영화는 이후 이와 유사하게 도시의 모습을 새벽에서 황혼까지 시적으로 표현한 '도시 교향곡'을 유행시켰다.

거의 같은 시기에, 브라질 사람인 알베르토 카발칸티Alberto Cavalcanti는 프

그림 1-9 비에 의해 만들어지는 아름다운 패턴
자료: 〈비〉(1929).

랑스에서 루트만과 매우 비슷한 영화를 만든다. 〈시간들만이Only the Hours〉
(1926, 프랑스어 제목은 Rien que les heures)는 파리에서의 아침부터 저녁까지의
하루를 그린다. 주로 시간에 따라 변화하는 파리의 모습을 보여주는데, 대
조적인 장면들을 많이 사용했다. 예를 들면, 이른 아침, 밤새 술을 마시고
그때까지 술에 취한 사람들과 일하러 가는 노동자들의 모습이 대조된다. 루
트만의 작품에서처럼 시각적인 요소들의 패턴과 디자인에 주목하며, 와이
프wipe(앞 화면을 밀어내면서 뒷 화면이 나타나는 장면전환 기법), 분할 화면, 회전
이미지 등의 특수효과를 사용하여 예술적 실험도 시도했음을 보여준다(엘
리스·멕레인, 2011).

네델란드인 요리스 이벤스Joris Ivens의 〈비Rain〉(1929)는 소나기가 내리는
암스테르담의 모습을 표현하고 있다. 암스테르담에서 한차례 지나가는 소
나기를 묘사하는 것처럼 보이지만, 실제 그 영화를 찍는 데는 4개월이 걸렸
다고 한다. 이 영화는 운하와 항구, 지붕, 하늘, 비행기, 전차와 교통수단,
빨랫줄에 걸려 있는 시트 등의 이미지로 시작한다. 그리고 한 사람이 등장
하여 그의 손을 뻗어 떨어지는 빗방울을 느낀 후 그의 코트 깃을 세운다. 우
산은 펼쳐지고, 창문은 닫힌다. 처음에는 잔잔하게 내리던 비가 서서히 강
하게 쏟아진다. 이 비가 웅덩이로, 도랑으로, 강으로 흘러간다. 도랑, 통, 우
산살, 조각물의 손과 발에서 떨어지는 빗방울의 모습은 아름답게 영상화되

었다. 비에 의해 만들어지는 아름다운 패턴을 가지고 대도시의 모습을 표현한 이 작품은 '도시 교향곡' 가운데 가장 뛰어난 작품으로 일컬어진다(그림 1-9 참조).

5. 초창기 다큐멘터리에서 '사실의 재현성' 개념

초창기 다큐멘터리에서는 이국적인 풍물을 담아내는 플래허티류의 다큐멘터리와 현실적인 사회문제를 다루는 그리어슨류의 다큐멘터리가 주류를 형성했다. 앞서 살펴본 러시아 베르토프의 다큐멘터리, '도시 교향곡'과 같은 유럽의 실험적 다큐멘터리도 등장했으나, 이들은 다큐멘터리의 흐름에서 주류를 형성한 것이 아니라 하나의 시도로서 다큐멘터리의 아방가르드 avant-garde라고 할 수 있다. 따라서 초창기 다큐멘터리에서 '사실의 재현성' 개념에 대한 고찰은 플래허티와 그리어슨을 중심으로 살펴보고자 한다.

초창기 다큐멘터리에서 '사실의 재현성'이라는 개념은 현실의 한 단면을 있는 그대로 보여주는 것에 한정되지 않는다. 영화를 창시했던 뤼미에르 형제는 현실의 단편을 있는 그대로 기록함으로써 '현실의 단편에 대한 즉시적인/현재적인 재현'을 이루어냈다. 하지만 최초로 내러티브를 가진 다큐멘터리를 제작한 플래허티에게 사실의 재현이라는 것은 촬영 당시의 현재적 시점에 국한되지 않는다. 과거에 존재했었던, 현재에는 이미 사라진 것도 그 내용이 사실이라면 재연을 통해 표현했다는 점에서, 플래허티에게 사실의 재현은 과거나 현재라는 시점의 한계를 넘어서 전달하고자 하는 내용의 '사실성'을 담보로 한 재현으로 확장된다.

그리어슨은 플래허티와 상당히 다른 양식의 다큐멘터리를 만들었지만,

사실의 재현이 현재적 사실에 국한되지 않는다는 점에서는 유사한 생각을 갖고 있음을 알 수 있다. 즉, 사실들을 나열하고 의미를 부여하는 과정에서 현실의 재현만 고수하는 것이 아니라 과거의 기록, 과거에 재현된 사실의 기록도 의미 있는 자료로 사용한 것이다. 따라서 플래허티와 그리어슨에게 '사실의 재현성'이라는 개념은 과거와 현재라는 시점의 한계를 넘어 재현하고자 하는 내용이 사실이라면 과거 사실의 기록 또는 재연까지도 포괄하는 개념이라고 할 수 있다.

1930년대~1940년대 세계의 다큐멘터리

사실의 재현, 기존 개념의 고수

1930년대는 설득의 목적을 가진 다큐멘터리가 지배하던 시기라고 할 수 있다. 독일은 히틀러 정권이 들어서면서 전체주의에 대한 자국민의 충성을 얻기 위해 〈의지의 승리Triumph of the Will〉와 같은 다큐멘터리를 제작했다. 미국에서는 경제대공황과 극심한 가뭄과 같은 자연재해로 고통을 받는 사람들의 고통을 보여주며 이들을 위한 정책 실현이 필요함을 설득하는 페어 로렌츠Pare Lorentz의 〈대평원을 황폐화시킨 경작The Plow That Broke the Plains〉, 〈강 The River〉과 같은 다큐멘터리가 등장했다. 이와 같은 선전·홍보의 설득 다큐멘터리는 1940년대 제2차 세계대전을 치르면서도 지속적으로 제작되었다.

1. 1930년대 미국의 정책홍보 다큐멘터리 미국 경제대공황 시기

1929년 주가의 대폭락으로 시작된 미국의 경제대공황 시기에, 대통령에 당선된 민주당의 프랭클린 루스벨트Franklin Roosevelt는 대공황을 극복하기 위해 기존의 자유방임식 경제체제를 버리고 연방 정부가 적극적으로 개입해야 한다고 주장하며 '뉴딜New Deal' 정책을 펼치게 된다.

루스벨트 대통령은 실업자에게 일자리를 주기 위해 정부 투자로 대규모의 공공사업public works을 벌였다. 정부는 1933년 5월에 테네시 계곡 개발공사TVA를 설립하여, 테네시강과 그 지류에 댐과 발전소를 건설하도록 했다. 또한 농민들과 빈민들의 구제사업을 실시했다. 이처럼 농업뿐 아니라 다양한 방면에서 실시된 정부의 뉴딜 정책을 실현하기 위해서는 국민의 이해와 협조가 절대적으로 필요했다. 따라서 정부는 국민의 관심과 협조를 위해 다양한 방법으로 노력했고 그중 하나가 다큐멘터리 제작(FSA 사진운동)을 지원하는 것이었다.

이렇게 미국의 경제대공황 시기에 정부 지원을 받아 만들어진 다큐멘터리 영화가 페어 로렌츠의 〈대평원을 황폐화시킨 경작〉(1936)과 〈강〉(1937)이다.

〈대평원을 황폐화시킨 경작〉은 미국 대평원 지대를 황폐화시킨 농업의 오용 문제를 고발한 작품이다. 1930년대 전반에 걸쳐서, 그리고 특히 1935년부터1938년까지 3년간 미국의 중부 지역에 있는 광활한 평원지대인 대평원 지역Great Plains에는 극심한 가뭄이 들고 '모래 폭풍Dust Bowl'이라고 알려진 강풍과 모래 바람이 휩쓸었다. 4년이 넘는 장기간의 가뭄으로 인해 농작물은 다 말라버리고 풀도 제대로 자라지 않게 되자 황무지로 변해버린 땅에는 바람만 불어도 토양이 날리는 사막화 현상이 일어났다. 그렇게 황무지 사막으로 변해버린 지역에 폭풍이 불어닥치면 이는 거대한 모래 폭풍이 되었다.

지독한 가뭄과 모래 폭풍dust storm으로 척박해진 농장을 운영하기 위해 농부들은 집, 농장, 가축 등을 저당 잡혀 대출을 받았다. 그런데 가뭄이 계속되어 도저히 대출을 갚을 수 없는 상황이 되자, 미국 중부 지역 상당수의 농장들이 은행에 차압되었다. 은행에서 대출을 받아 농사를 짓고 겨우 생활을 유지했던 농부들은 이제 땅과 가축 등 모든 것을 은행에 빼앗기고 일부 가재도구만 챙긴 채 서부로 떠난다. 농장과 삶의 터전을 잃고 서부로 온 이들 이주자들은 서부에서도 일자리가 부족하여 곤궁한 삶을 살게 된다. 이와 같은 일련의 상황을 다루면서 영화는 '모래 폭풍'의 역사적 근원과 문제의 심각성을 보여주었다.

〈강〉은 미시시피 계곡과 테네시 계곡의 공공사업에 대한 다큐멘터리로, 미시시피강과 그 유역의 역사, 그리고 테네시강 개발이 미치는 영향을 다루었다. 황폐화된 대지와 경제적으로 공황 상태에 빠진 지역이 되살아날 수 있는 방안으로 정부는 1933년 5월에 테네시 계곡 개발공사TVA를 설립하여, 테네시강과 그 지류에 댐과 발전소를 건설하도록 했다. 그에 따라 수많은 실업자가 일자리를 얻고, 테네시와 켄터키를 비롯한 7개 주가 풍부한 전력을 공급받게 되었다. 또 그것은 홍수를 막고, 수로水路를 개량하며, 토지와 삼림을 보호하고, 질소 비료를 생산하게 했다. 〈강〉은 베니스 영화제의 최우수 다큐멘터리 상을 포함해 여러 상을 수상하며, 개봉되었을 당시 엄청난 찬사를 받았다.

1930년대 '뉴딜' 정책에 관한 이들 영화는 현실의 한 측면에 대해 관객을 특정한 시각으로 설득하기 위해 제작된 설득 다큐멘터리라고 할 수 있는데, 이들은 흥행에서도 성공했다. 이에 페어 로렌츠(1905~1992)는 미국 기록영화의 거장이 되었으며 특히 뉴딜 정책을 홍보하는 다큐멘터리의 대가로 유명해졌다.

미국의 경제대공황

1920년대 말, 미국 사람들의 소득은 증가했으나 투자할 만한 곳은 마땅치 않았기 때문에, 돈을 가진 사람들은 주식 시장으로 몰려들었다. 1929년에 접어들면서 주식 시장은 지나치게 과열되었고, 이를 감지한 투자가들은 주가가 떨어지기 전에 주식을 팔려고 했다. 주식을 팔려는 사람들이 갑자기 많아지자, 10월에는 뉴욕 증권 거래소의 주식 가격이 폭락했고, 그에 따라 군소 투자가들이 파산했다. 미국의 주식 시장이 흔들리자, 유럽의 은행들은 뉴욕 증권가에서 20억 달러의 단기 자금을 빼가게 되었고, 그 결과, 뉴욕 월가Wall Street는 10월 29일에 붕괴되었다. 미국의 경제대공황Great Depression이 시작된 것이다.

당시 미국은 만성적인 과잉생산의 문제를 갖고 있었다. 미국은 유럽에서 발발한 제1차 세계대전(1914~1918)으로 직접적인 피해를 입지 않았을 뿐만 아니라, 오히려 유럽에 많은 물자를 거래하게 되어 막대한 이익을 거두었다. 따라서 전쟁 기간 그리고 전쟁 직후, 유럽에 물자를 공급하던 미국은 산업 생산력이 매우 높아진 상태였다. 하지만 전쟁이 끝나고 유럽에서 제반 산업이 재건되면서 유럽으로의 수출이 점점 줄어들게 되었다. 그뿐만 아니라, 생산 기술의 비약적인 발전으로 미국은 자국 국민이 구매할 수 있는 양보다 훨씬 많은 제품을 생산하게 되어, 과잉생산으로 고통받고 있었다. 이런 상황에서 10월의 주가 대폭락은 연쇄적으로 사회 각 부문에 큰 영향을 끼치며 급속도로 퍼져나갔다. 팔리지 않아 창고에 쌓인 제품들이 늘어가고, 제반 물가가 폭락했다. 경제활동은 거의 마비가 되어 기업들은 파산하게 되었고, 이로 인해 수백만 명의 실업자가 생겼다.

그에 따라 사회 전역에서 분노와 좌절감이 팽배했고, 그 불만은 1932년 여름부터 폭발하기 시작했다. 디트로이트에서는 실업자들이 경찰과 충돌하여 많은 사망자가 발생했고, 아이오와의 농민들은 폭락해버린 농산물을 내놓지 않기 위해 '농장 휴업farm holiday'에 들어갔다. 수도 워싱턴에서는 제대 장병들이 천막 농성을 벌이며 연금 지급을 요구했다. 지방 은행의 거의 절반이 문을

닫으며 은행의 파산이 절정에 이르게 되자, 루이지애나와 뉴욕에서는 은행의
파산을 막기 위해 주지사가 은행 업무를 중단시키는 '은행 휴업bank holiday'을
선포했다. 공식적인 실업자 수만도 전체 노동력의 3분의 1인 1700만 명에 이
르렀다.

2. 1930년대 독일의 선전 다큐멘터리

1930년대에 독일에서는 아돌프 히틀러Adolf Hitler의 등장과 함께 나치 정
권의 선전[1]·선동의 다큐멘터리가 등장했다. 인류 역사상 가장 잔혹했던
히틀러의 나치정권체제를 옹호하는 대표적인 선전 다큐멘터리로, 레니 리
펜슈탈Leni Riefenstahl의 〈의지의 승리Triumph of the Will〉(1935)와 〈올림피아
Olympia〉(1938)를 들 수 있다.

히틀러는 1932년 독일 대통령 선거에서 패배하지만, 이듬해 의회 제1당
인 나치당의 당수로서 총리에 임명되었다. 대통령 선거에서 히틀러를 누른
힌덴부르크Paul von Hindenburg가 대통령에 당선되지만, 86세 고령의 대통령
은 젊고 강력한 총리인 히틀러에게 실질적인 권력을 내주게 된다. 리펜슈탈
은 1932년에 히틀러의 연설을 처음 듣고 매료되었으며, 곧바로 그에게 편
지를 보내 만남의 자리를 갖고 그와 인연을 맺었다.

〈의지의 승리〉(1935)는 1934년 9월 5일부터 10일까지 뉘른베르크에서 열
린 제6회 나치 전당대회를 기념하기 위해 만들어졌다. 이 대회는 히틀러가

---

1   영화의 주장이 정치·사상을 바탕으로 정보나 가치관을 전달하며, 현실을 현저히 왜곡하
     면 선전 영화가 된다.

권력을 잡은 뒤 처음으로 가진 대규모 집회이다. 히틀러는 리펜슈탈에게 1934년의 뉘른베르크 나치 전당대회의 기록영화를 제작해줄 것을 의뢰한다. 몇 차례 사양하던 그녀는 히틀러의 요청을 거절할 수 없어 〈의지의 승리〉라는 영화를 만들게 된다. 히틀러는 리펜슈탈에게 영화 제작에 관한 전권을 부여했으며, 가능한 모든 지원을 해주었다. 그녀는 16명의 베테랑 카메라맨들을 포함한 수많은 기술 전문가로 이루어진 120여 명에 이르는 스태프를 거느렸으며, 카메라 30대, 사운드 트럭 4대, 자동차 22대를 제공받았다(Barnouw, 1993).

이 영화는 1934년 독일 뉘른베르크에서 열린 나치당 전당대회의 모습을 자세하게 묘사한다. 구름 사이에서 언뜻언뜻 비행기가 비행하는 장면으로 영화는 시작된다. 이어서 하늘에서 내려다본 뉘렌베르크 도시의 광경, 도시의 상공을 나는 비행기, 그 아래로 열을 지어 행군하는 군인들의 모습이 펼쳐진다. 비행기가 착륙하고, 히틀러가 내리면 사람들이 열렬히 환영한다. 이튿날, 전당대회가 시작되고 히틀러는 격정적인 연설을 한다. 3일째에는 히틀러가 소년단의 집회에서 연설하는 모습을 보여준다. 4일째에 새로운 당의 깃발이 선보이고 히틀러는 수십만 명의 군중 앞에서 마지막 연설을 시작한다.

〈의지의 승리〉에서는 히틀러의 위대함을 표현하기 위해 모든 영화의 기술을 동원했다. 도입 장면에서 감독인 리펜슈탈은 히틀러를 '독일 국민을 구제하기 위해 지상에 내려온 신'(Barnouw, 1993: 104)처럼 묘사하기 위해 모든 연출 기법을 동원했다. 오프닝 신scene에서, 구름 위 하늘을 날고 있던 비행기가 착륙하고, 사람들이 손을 들어 열렬히 환영하는 가운데 아돌프 히틀러가 비행기에서 내린다. 히틀러가 호텔로 가는 길목에 길게 줄지어 선 군중들은 히틀러를 보고 열광적으로 환호한다. 이렇게 하늘에서 내려온 영웅으로서의 히틀러와 환호하는 군중 모습을 연결하여, 히틀러에게 신의 이미지, 영웅의 이미지를 부여한다.

이 영화는 4일에 걸쳐 진행된 전당대회의 진행 과정을 전반적으로 시간 순서에 따라 기록하고 있다. 하지만 때때로 개별 사건들의 시간적 순서를 조작함으로써 사실관계를 의도적으로 왜곡하기도 한다. 예를 들면, 첫 번째 날 히틀러가 숙소 창문으로 얼굴을 내밀고 환영 인파에 화답하는 장면 다음에, 전당대회 마지막 날 있었던 군악대 콘서트 장면을 이어 붙인 것이다. 이러한 편집에 의해 이 군악대 콘서트는 히틀러를 위한 환영행사인 것처럼 보이게 된다(강태호, 2011: 246~248).

리펜슈탈 감독은 작은 체구의 히틀러를 영상에 담을 때 세심하게 연출했다. 카메라를 밑에서 위쪽으로 잡는 로우앵글low angle을 많이 사용했는데, 이는 관객이 히틀러를 우러러보게 하는 효과를 갖게 되어 시각적으로 히틀러를 영웅화시킨다. 또한 히틀러가 연설하는 장면에서는 연단 주위에 레일을 둥글게 깔아 카메라가 히틀러 주위를 돌며 촬영했는데, 이는 그의 연설 모습을 위엄 있으면서도 신비스럽게 보여주는 효과를 갖는다. 클로즈업 close-up도 자주 사용되는데, 히틀러에 대한 클로즈업은 히틀러의 얼굴을 대중에게 각인시키는 역할을 한다. 반면에 나치에 환호하는 독일 시민들의 표정을 클로즈업한 장면들은 히틀러와 나치 정권에 대한 열망을 표현한다(강태호, 2011: 251~253). 리펜슈탈은 200여 대의 카메라를 동원하여 대규모 군중 신scene을 촬영했으며, 약 40m(120피트) 정도까지 올라갈 수 있는 카메라용 엘리베이터를 설치하여, 제복을 입은 채 정확하게 대열을 맞추어 서 있는 엄청난 규모의 군인들을 높은 곳에서 익스트림 롱샷extreme long-shot으로 담아냈다(그림 2-1 참조; Barnouw, 1993: 102).

이렇듯 히틀러의 요청으로 만들어진 이 영화에는 히틀러를 독일의 영웅

그림 2-1 대규모 군중 신(scene)
자료: 〈의지의 승리〉(1935).

으로 부각시키기 위한 치밀한 계획과 의도가 숨겨져 있었던 것이다. 현실을 있는 그대로 기록한 것과 같은 외양을 취하고 있지만, 현실에 대한 왜곡과 조작이 은밀히 숨겨져 있다. 촬영에서 히틀러를 영웅화시키는 시각적 기법들을 적극적으로 활용함으로써 해설적인 내레이션이 없이도 나치와 히틀러에 대한 정치선전의 도구로서 크게 기여하고 있다. 따라서 이 영화는 영화 역사상 가장 강력한 선전영화로 평가받게 된다.

5개월간의 편집 작업 끝에 나온 〈의지의 승리〉는 공개 당시 독일뿐만 아니라 유럽 각국에서 찬사를 받았다. 1930년대에 촬영한 다큐멘터리 영화인데도 불구하고 촬영 기법과 영상이 혁신적이고 아름다워 다큐멘터리의 수준을 크게 높인 수작이라는 평가를 받은 것이다. 심지어 이 영화는 베니스 영화제와 파리 영화제에서 최우수상을 수상했다. 그러나 다른 한편에서는 나치의 노골적인 선전용 다큐멘터리라는 악명을 얻었다. 영화예술이 나치 전당과 히틀러를 미화하는 데 이용되었다는 비판을 받은 것이다. 이와 같이 영웅의 힘과 군중의 심리를 묘사하는 뛰어난 미학적 기법들을 가지고 히틀러를 우상화하고 나치 정권을 미학적으로 포장하며 그에 동조했던 예술작품을 일명 '뉘른베르크 미학'이라 부르기도 한다.

감독으로 유명해진 리펜슈탈은 제11회 베를린 올림픽의 기록영화 제작 의뢰를 받아 〈올림피아〉(1938)를 제작하게 된다. 독일의 나치는 대중의 비판적인 의식을 다른 곳으로 돌리기 위해 올림픽을 유치했다. 올림픽을 통해 사람들의 관심을 스포츠로 돌릴 수 있고, 게르만 민족의 우수성을 전 세계에 알릴 수 있다고 판단한 것이다. 1936년 베를린 올림픽을 치르면서 리펜슈탈은 당대 최고의 영화 촬영기사를 총동원하고, 경기장을 직접 돌아보며 카메라 위치를 지정하는 등 촬영에 완벽을 기하며 엄청난 분량의 영상을 촬영했다. 그리고 1년 반이 넘는 편집 과정을 거쳐서 1부 '민족의 제전'과 2부 '미의 제전'으로 이루어진 사상 최초의 올림픽 기록영화 〈올림피아〉를 완성해 또다시 격찬을 받는다.

　〈올림피아〉는 촬영과 편집 등의 여러 측면에서 획기적인 작품이었다. 독일 최고의 기술자들을 동원해 스타디움에 강철로 된 카메라 탑을 세우고 촬영했으며, 트래킹 샷tracking shot을 위한 플랫폼을 설치하여 레일 위의 기구에 카메라를 올려놓고 촬영함으로써 운동선수들의 움직임을 자연스럽게 그리고 흔들림 없이 따라가게 만들었다. 이러한 노력에 의해 〈올림피아〉는 당시에는 통상적이지 않은 카메라 앵글, 트래킹 샷, 익스트림 클로즈업 extreme close-up 등과 같은 기법을 사용하여 매우 획기적인 영상을 구사할 수 있었다. 반복적인 경기를 보여줄 때에는 변화를 주어 시각적인 흥미를 잃지 않도록 했으며, 극적인 장면의 포착을 위해서는 경기가 끝난 뒤 쉬고 있는 선수들을 모아 재촬영하기도 했다. 이렇게 촬영·편집된 영상인 〈올림피아〉는 올림픽에 참가한 선수들의 육체적 건강함과 바이마르 공화국의 건강성을 찬양하도록 잘 짜여 있다. 특히 그 속에는 영웅 히틀러에 대한 숭배와 게르만 순혈주의에 대한 동경이 들어 있다. 따라서 이 영화 역시 나치 이념을 영화적인 언어로 바꿔놓은 것이라고 할 수 있다.

전쟁이 끝난 뒤, 나치의 조력자로 지목된 리펜슈탈은 미군과 프랑스군에게 연이어 체포되어 심문을 받았다. 그녀는 자신이 그저 나치의 '기록자'에 불과했다고 변명했으며, 나치 당적이 없다는 등의 이유로 결국 무죄 선고를 받고 풀려난다. 하지만 리펜슈탈과 히틀러의 애정 관계를 폭로한 위작 "에바 브라운의 일기"가 공개되고, 그녀가 '나치의 핀업 걸pin up girl'이었다는 신문 기사가 회자되며 여론은 더욱 악화되었다.

　레니 리펜슈탈은 세계 역사상 가장 악랄하다고 여겨지는 히틀러의 나치 정권을 위해 일하며 매우 탁월한 두 편의 다큐멘터리 영화를 만들었다. 그녀는 예술적인 측면에서 보면 그녀가 구사한 한 장면 한 장면이 모두 명장면으로 일컬어질 정도로 탁월한 실력을 지닌 영화인이었다. 하지만 그녀는 '정치권력을 위해 예술을 이용한 사람', '히틀러를 만든 여인'이라는 비난을 받아야만 했다.

3. 1940년대 영국과 미국의 전시 다큐멘터리

　제2차 세계대전 동안에는 각국에서 다큐멘터리를 정치적 목적으로 이용했다. 정부의 제작 지원을 받아 애국심을 고취하는 선전적인 다큐멘터리가 다수 제작되었던 것이다. 대표적으로는 영국에서 만들어진 험프리 제닝스Humphrey Jennings의 〈전쟁의 불길은 시작되었다Fires Were Started〉(1943), 미국에서 만들어진 존 휴스턴John Huston의 〈산 피에트로 전투The Battle of San Pietro〉(1945)와 프랭크 캐프라Frank Capra의 〈우리는 왜 싸우는가Why We Fight〉 시리즈와 같은 전시 다큐멘터리들이 있다. 이들 다큐멘터리들은 애국적 목적을 위해 정부의 지원으로 제작되었지만, 선전·선동보다는 실제적 사실을 솔직한 스타일로 기록하여 교화하고자 하는 경향이 더 강하게 나타난다.

험프리 제닝스의 〈전쟁의 불길은 시작되었다〉는 런던 공습이 한창이던 어느 날, 소방대의 하루 일과를 보여준다. 아침이 되자 사람들은 일상적인 업무를 떠나 전시 동안 맡은 임무를 시작한다. 밤이 되자 적의 공습으로 공습경보가 울리고, 소방대원들이 강변 창고에 난 화재 진압을 위해 출동한다. 부두에 정박 중인 탄약 선박에 발생한 화재를 진압하는 과정에서 한 소방대원이 목숨을 잃는다. 아침이 밝아오자 배는 출항한다. 이처럼 영화의 스토리는 대부분의 선전영화가 지니고 있는 '적국 타도'와 같은 메시지가 나타나지 않는다. 비록 애국적인 목적에서 정부 지원으로 제작되었지만, 영화는 전쟁 영웅이 아닌 소방대원이 공습으로 인해 처참하게 타 죽은 시체에 둘러싸여 열심히 작업하고 있는 모습을 보여준다. 적의 공습에 대한 분노보다는 묵묵히 자신의 일을 하는 사람들에게 작은 존경을 표현한 것이다(앤더슨, 2013: 201~213).

일본의 진주만 기습과 독일의 대미 선전포고로, 미국도 선전용 전쟁영화를 제작하기 시작한다. 프랭크 캐프라, 존 휴스턴, 존 포드John Ford, 윌리엄 와일러William Wyler 등 미국의 유명 극영화 감독들이 제2차 세계대전 동안 정부가 지원하는 다큐멘터리를 제작하게 되었다.

존 휴스턴은 세 편의 다큐멘터리를 제작했는데, 그중 〈산 피에트로 전투〉(1945)는 매우 사실적이며 감동적인 전쟁영화 중의 하나이다. 이 영화는 미국민에게 왜 이탈리아에서 미군의 진격이 상당히 지체되고 있는지를 알려주기 위해 제작되었다. 따라서 〈산 피에트로 전투〉는 잘 조직된 독일군에게서 이탈리아 남부의 산피에트로 지역을 연합군이 탈환하는 과정을 그리며 전투가 난항을 겪는 이유와 연합군이 전투에서 승리하게 되는 과정을 보여주었다. 이러한 과정에서 전투의 공포와 참혹함을 사실감 있게 보여주어 큰 충격을 주었다. 이 영화의 마지막 장면에서는 전우들을 위해 무덤을 파는 병사들의 모습을 보여준다. 이 장면에 "앞으로 1000개도 넘는, 더 많은 산 피에트로가 있을 것이며, 여기서 당신이 보고 있는 살아 있는 이들의 상당수가 죽을 것이다"라는 말과 함께, "전쟁의 상처가 남아 있는 대지는 재생의 힘을 간직하고 있고, 시간이 흐른 뒤 그곳의 아이들은 유혈의 참상을 잊을 것이다"라고 하며 끝을 맺는다(해먼, 2013: 197).

프랭크 캐프라의 〈우리는 왜 싸우는가〉 시리즈 또한 의미 있는 전시 다큐멘터리 중 하나이다. 제2차 세계대전의 발발로 유럽 전역은 전쟁의 혼돈을 겪고 있었지만, 미국 본토에서는 전쟁의 위협을 거의 느끼지 못하는 실정이었다. 일본군의 진주만 기습으로 미국에서도 전쟁에 대한 열기가 솟구치긴 했지만, 소집된 병사들의 전투 의지는 부족할 수밖에 없었다. 따라서 그들에게 전쟁이 왜 발발했으며, 그들이 왜 전투에 참여해야 하는지에 대해 알려준다면 그들도 용감하게 싸울 수 있을 것이라고 생각했다. 이에 1930년대 할리우드의 가장 인기 있는 감독 중 하나인 프랭크 캐프라를 설득하여 영화 제작에 들어갔다. 실제적 사실을 기록한 다큐멘터리 시리즈물을 만들어 미국 병사들에게 왜 우리가 싸우는지 그리고 우리가 무엇을 위해 싸우는지를 설득하고자 한 것이다.

캐프라는 독일, 이탈리아, 일본 등의 전쟁 뉴스영화나 다큐멘터리 필름을 입수했고, 비공식적인 경로를 통해 소련과 다른 여러 나라의 뉴스영화 자료를 손에 넣었다. 그는 곧 〈우리는 왜 싸우는가〉 시리즈인 일곱 편의 작품 〈전쟁의 서곡Prelude to War〉(1942), 〈나치의 공격The Nazis Strike〉(1942), 〈분할과 정복Divide and Conquer〉(1943), 〈영국의 전투The Battle of Britain〉(1943), 〈러시아의 전투The Battle of Russia〉(1943), 〈중국의 전투The Battle of China〉(1944),

1950년대 주목할 만한 다큐멘터리   대학살 다큐멘터리의 등장 〈밤과 안개〉

1950년대 다큐멘터리에서는 새로운 양식이 등장하거나 뚜렷한 변화가 나타나진 않았다. 따라서 주목할 만한 다큐멘터리 한 편을 소개하고자 한다.

프랑스 영화감독 알랭 레네Alain Resnais의 〈밤과 안개Night and Fog〉(1955)는 제2차 세계대전 당시 나치에 의한 인종대학살Holocaust이라는 역사적 아픔을 고발한 최초의 영화이다. 이 영화는 1955년에 프랑스에서 제2차 세계대전 역사위원회의 지원으로 만들어졌는데, 이는 진지하게 홀로코스트를 다룬 최초의 영화이다. 상영 시간 32분의 단편영화로, 아우슈비츠Auschwitz 유대인 강제수용소의 과거와 현재를 병치시키며 유대인 학살을 충격적으로 묘사했다. 작품 제목 '밤과 안개'는 1941년 11월 히틀러가 시행했던 '밤과 안개Nacht und Nebel'라는 작전명에서 따온 것인데, 이는 나치 정권에 저항하는 자들은 누구나 밤과 안개 속으로 흔적도 없이 사라질 수 있음을 의미하는 것이다.*

〈밤과 안개〉는 평화로운 경치를 담은 컬러의 긴 트래킹 샷으로 시작한다. 엄청난 규모의 유대인 대학살 작전이 수행되었던 강제수용소의 현재 모습을 카메라는 길고 차분한 트래킹 촬영을 통해 보여준다. 이어서 과거 유대인 수용소의 모습을 담은 흑백 필름을 보여준다. 이와 같이 컬러 영상과 흑백 영상이 교차편집으로 제시되어 있는데, 거친 입자의 흑백 다큐멘터리 사진과 뉴스 릴 영상은 유대인 강제수용소의 은밀한 풍경과 희생자들을 보여주는 반면, 컬러로 된 영상은 10년이라는 세월이 흐른 뒤 폐허가 된 수용소의 풍경을 보여준다. 뼈만 앙상하게 남은 몸을 겨우 움직이는 사람들, 알몸인 채 일렬로 걷는 사람들, 가시 철조망에 걸려 있는 시체, 층층이 쌓여 있는 시체 더미, 목이 잘린 채 일렬로 놓인 시체들, 시체들을 집단 무덤에 밀어 넣는 불도저, 가스실과 인간 소각장 등 처참한 살육이 행해지던 당시의 수용소를 찍은 흑백 필름과 푸른 잔디로 덮인 현재의 수용소 모습을 찍은 컬러 필름을 교대로 보여주며 영화는 나치의 잔학한 행위를 고발하고 있는 것이다. 즉, 이 영화는 유대인 학살을 직접 재연하는 것이 아니라, 흑백의 과거를 현재의 컬러 화면과 병치시키며 유대인 대학살에 대해 이야기 한다.

수용소의 과거와 현재를 동시에 진행시키는 '교차편집cross cutting' 기법과 실제의 참혹한 현장을 보여주는 듯한 카메라의 '트래킹 샷'은 이 작품의 주요 특징이다. 알랭 레네는 현재 폐허가 된 평화로운 수용소의 풍경과 과거의 참혹한 살육 현장을 교차시키면서 대학살의 잔혹함에 대해 이야기하고 아우슈비츠가 이미 사라져버린 역사적 사실로 끝나는 것이 아니라 언제든 다시 나타날 수 있음을 경계하라고 한다.

수용소 생존자인 장 카이롤Jean Cayrol이 내레이션을 한다. 그는 실제로 유대인 수용소에서 살아남은 사람으로서, 그가 실제 경험을 바탕으로 직접 내레이션을 쓰고 전달함으로써 다큐멘터리의 진정성을 배가시켰다. 이 영화는 "과거의 기억이 희미해지더라도 우리는 다시 한 번 주장을 관철시켜야 한다. 설상 우리가 평화롭더라도 캠프의 재앙에 대해서라면 그 시간과 장소에 오직 한 번만 일어났다고 생각하는 건 착각이다. 우리는 의식이 있는 맑은 눈으로 우리 주위를 제대로 보고 귀를 열어 인간애의 끊이지 않는 통곡 소리를 들어야만 한다"라는 내레이션으로 마친다. 내레이션은 전쟁과 살육의 공포가 기억 속에서 희미해지더라도, 그 공포를 만든 인간의 잔학함은 또다시 나타날 수 있는 것임을 알고 경계해야 한다는 메시지를 던진다.

〈밤과 안개〉의 마지막 장면에서 처형장을 관장하던 나치들이 모두 "나는 책임자가 아니었다"라고 말하며 자신들의 죄를 부인한다. 또한 이러한 집단 처형장이 고립된 외딴 지역이 아니라 주로 가까운 대도시에 존재했다는 점을 들어 그곳에서 일어난 일들이 어느 정도는 민간인들의 공모 또는 묵인하에 이루어진 것임을 지적한다. 그리고 나치의 유대인 학살에 대한 과거의 기억을 불러내며 이를 망각하면 우리 모두 과거에 대한 책임에서 벗어날 수 없다고 말한다. 즉, 과거와 현재를 살아가는 우리 모두에게 책임을 묻는 것이다.

---

* 송효정, 『세계영화작품사전: 다큐멘터리영화』, 씨네21, http://terms.naver.com/entry.nhn?docId=2052819&cid=42621&categoryId=44425

〈전쟁은 미국에도War comes to America〉(1945)를 제작했다.

초기의 세 영화 〈전쟁의 서곡〉(1942), 〈나치의 침략〉(1943), 〈분할과 정복〉(1943)은 1918년부터 1941년까지의 시기를 다루고 있다. 아시아 지역에서 일본의 침략이 증가하고, 유럽에서는 독일과 이탈리아의 전체주의가 부상하는 현상을 보여주고, 미국은 자유를 수호하기 위해 일전을 준비하고 있음을 담아냈다. 〈영국 전투〉(1943), 〈러시아 전투〉(1943), 〈중국 전투〉(1944), 〈전쟁은 미국에도〉(1945)는 나치를 물리치기 위해 미국과 소련이 동맹한 상황, 지난 20여 년 동안 미국의 외교 정책과 여론이 어떻게 변해왔는지를 그려내고 있다. 이 전쟁영화 시리즈는 뉴스 릴news reel 자료, 연합군과 적군의 전투 기록, 미국 극영화 그리고 나치 선전 영화 등 이미 촬영된 장면들을 바탕으로 편집과 해설을 통해 논리적으로 설명하면서도 사람들의 감정을 자극했다(엘리스·멕레인, 2011: 171~177).

〈우리는 왜 싸우는가〉 시리즈는 국외 파병에 앞선 모든 부대 구성원에게 필수적으로 상영되었다. 미 육군은 역사상 처음으로 몇 백만 명에 달하는 미군에게 사상 교육을 시키기 위해 의무적으로 영화를 감상하게 한 것이다. 하지만 이 영화 시리즈는 작품이 탁월하여 극장 상영을 통해 일반인들에게도 공개했다. 또한 외국어로 번역되어 해외에서 상영되기도 했다(Barnouw, 1993). 그리고 이 영화는 이후 등장하는 역사적인 내용을 담은 편찬 영화들(자료 화면의 재편집으로 구성된 영화compilation film), 특히 텔레비전 다큐멘터리에 많은 영향을 끼치게 된다(엘리스·멕레인, 2011: 171~177).

4. 1930~1940년대 다큐멘터리에서 '사실의 재현성' 개념

이 장에서는 1930년대에서 1950년대에 이르기까지 미국과 유럽을 중심으로 한 세계의 다큐멘터리가 어떻게 발전하고, 사실의 재현성 개념이 이들 다큐멘터리에서 어떻게 확대, 발전했는가를 살펴보았다.

1930년대에서 1950년대에 이르기까지 전 세계는 대공황과 제2차 세계대전의 소용돌이 속에 휘말리게 되는데, 이러한 역사적 상황 속에서 세계 각국에서는 정부 정책의 홍보, 정치체제에 대한 선전, 애국심을 고취하기 위한 선전 등 설득을 목적으로 하는 다큐멘터리가 주로 제작되었다. 사실의 재현을 기본 바탕으로 하지만, 국가적인 차원에서 정부가 국민들의 관심과 협조를 얻기 위한 설득의 방편으로 다큐멘터리를 이용한 것이다. 이들 선전·홍보를 위한 설득의 다큐멘터리에서 '사실의 재현성'이라는 개념은 초창기 영국의 존 그리어슨의 다큐멘터리에서 정립된 개념을 이어가고 있다. 영국의 존 그리어슨, 미국의 페어 로렌츠, 독일의 레니 리펜슈탈의 다큐멘터리는 모두 자국 정부의 제작 후원을 받아 당시의 정부 정책이나 정치적 이데올로기 등을 지원하기 위해 제작된 것이다. 이들 영화에서 다큐멘터리의 개념은 전달하는 내용이 사실이라면 과거 사실의 재현이냐 현재 사실의 재현이냐에 상관없이 '사실의 재현'으로 받아들이는 것이다.

1960년대 다큐멘터리의 두 조류

엄밀한 사실의 재현성 추구

1960년대에는 기술의 발전에 의해 기동성 있는 카메라, 동시녹음기 등과 같은 새로운 기술이 등장함으로써 새로운 형식의 다큐멘터리가 나타나게 된다. 어깨에 올려놓고 찍는 16mm 카메라는 카메라 내의 금속의 움직임 장치를 플라스틱으로 교체하면서 훨씬 더 가벼워져 카메라맨이 어느 곳이나 쉽게 가서 촬영할 수 있게 했다. 사운드의 경우, 크리스털 동시녹음 기기 Crystal sync recording units[1]가 개발되어, 여러 대의 카메라와 녹음기가 분리되어 있는 상황에서도 이미지와 사운드를 정확하게 일치시킬 수 있을 뿐만 아니라, 이들 기기가 케이블로 연결되어 있지 않기 때문에 각각 원하는 위치에서 자유롭게 촬영·녹음할 수 있게 되었다.[2] 이와 더불어 유연한 줌렌즈zoom

---

1   크리스털 동시녹음 기기란 카메라와 녹음기를 케이블로 연결하지 않고도 필름의 이미지와 마그네틱테이프의 사운드를 동조시키는 장치를 말한다. 즉, 사운드와 이미지가 동시에 기록될 수 있게 하는 장치인 것이다.

2   1930년대에는 필름에 광학 사운드트랙이 더해지면서 제작 장비의 부피가 더욱 커져 야

lens[3]의 개발은 멀리서도 피사체가 의식하지 못한 채 촬영할 수 있게 했고, 빛에 매우 민감한 고감도 필름high sensitivity film의 개발은 실내와 같은 어두운 곳에서도 명확한 이미지를 얻을 수 있게 했다.

이러한 촬영 장비의 성능 향상과 유연한 기동성은 장소에 구애됨이 없이 어느 곳에서든지 카메라와 마이크 앞에서 벌어지는 행위를 방해하지 않은 채 포착할 수 있게 해주었다. 예측할 수 없는 순간들까지도 즉흥적으로 포착할 수 있게 해준 촬영기술의 발달은 제작진이 진실성의 개념에 대해 수정을 가하도록 만들었으며, 이로 인해 새로운 양식의 다큐멘터리가 등장하게 되었다. 미국에서는 객관적인 관찰을 강조함으로써 사람들의 외적 진실을 포착하려는 '다이렉트 시네마'의 경향으로, 유럽에서는 사람들의 내적 진실을 포착하려는 '시네마 베리테'의 경향으로 나타났다.

1. 미국의 다이렉트 시네마

미국에서 로버트 드류Robert Drew, 리처드 리콕Richard Leacock, 돈 펜베이커 Don A. Pennebaker와 같은 영화 제작자들은 '다이렉트 시네마direct cinema'라고 불리는 새로운 다큐멘터리 양식을 개발했다. 그들은 사람들을 간섭하거나

외 현장에서의 동시 녹음은 불가능하리만큼 어려워졌다. 당시 일반적인 유성 다큐멘터리 영화 제작 방식은 무성으로 촬영한 다음, 편집된 영상 필름에 대사와 음악, 그리고 음향 효과를 더하는 방식이었다. 1958년에는 나그라The Nagra라는 테이프 방식의 녹음 장치가 개발되어 널리 사용되고 있었다.

3   줌렌즈는 좁은 각도부터 아주 넓은 각도까지 다양한 초점거리를 연속적으로 만들어낼 수 있는 렌즈를 말한다. 즉, 줌렌즈를 사용하면 카메라를 움직이지 않은 채 롱샷long shot 부터 클로즈업close-up까지 다양한 화면 사이즈의 샷을 구사할 수 있다.

방해하는 것 없이 있는 그대로 촬영함으로써 현실 세계를 포착할 수 있다고 생각했다. 즉, '거기에 있다는 느낌을 전달해주는 것to convey the feeling of being there'이 그들이 추구하는 목표였다.

그들은 감독이 '객관적 관찰자'로서 존재해야 한다고 보기 때문에 다큐멘터리에 시청자들에게 직접적으로 설명하는 방식의 내레이션을 사용하지 않는다. 내레이션, 인터뷰, 사운드 트랙 등은 영화에 어떤 의도를 부여하여 현실을 왜곡할 수 있기 때문이다. 관찰자적 속성을 강조하는 다이렉트 시네마는 현실을 있는 그대로 보여줌으로써 '절대적인 객관성'을 얻기를 원하는 것이다.

이러한 목표를 달성하기 위해, 롱 테이크long-take(한 샷의 길이를 길게 찍는 것) 기법으로 촬영하고, 자연 조명과 동시녹음을 선호한다. 최종 완성본은 가능한 한 촬영된 사건들의 실제적 순서를 따라야 한다. 따라서 다이렉트 시네마는 연출되지 않은 영화 제작을 지칭하기도 한다.

다이렉트 시네마는 사전 계획과 대본을 중시하는 그리어슨의 전통을 거부했다. 인터뷰나 내레이션 등 화자의 주관이 개입될 수 있는 장치는 철저히 배제한 것이다. 드류 팀이 만든 다큐멘터리에는 그리어슨 식의 계몽주의적이고 교훈주의적인 설명이 없으며, 상황에 개입하지 않은 채 있는 그대로 기록함으로써 상황과 관련된 장면들의 나열만 있다. 이러한 전달 방식의 산만함으로 인해 작품 속으로의 몰입이 어려울 뿐만 아니라 주제 의식의 파악에도 어려움이 있다. 다이렉트 시네마 작품이 지니는 의미에 대한 해석은 온전히 시청자들의 몫인 것이다. 이러한 다이렉트 시네마의 한계는 흥미로운 소재나 유명한 등장인물의 선정으로 극복될 수 있다.

허버트 험프리Hubert Humphrey와 존 F. 케네디John F. Kennedy 두 상원의원 간의 민주당 예비 경선을 다루는 로버트 드류의 〈예비선거Primary〉(1960),

밥 딜런Bob Dylan의 콘서트 투어를 촬영한 돈 펜베이커의 〈뒤돌아보지 마 Don't Look Back〉(1967), 보스턴 외곽의 정신병자 교도소의 비인간적이고 억압적인 상황을 보여준 〈티티컷 풍자극Titicut Follies〉(1967), 필라델피아 고등학교의 교육 문제를 다룬 〈하이스쿨High School〉(1968), 뉴욕시 병원과 의료의 문제점을 폭로한 〈병원Hospital〉(1970) 등이 대표적인 작품들이다.

〈예비선거〉(1960)는 1960년 허버트 험프리와 존 F. 케네디 두 상원의원 간의 민주당 예비 경선을 다루고 있다. 드류와 리콕은 미국 상원의원인 케네디와 험프리에게 위스콘신에서 열리는 민주당 대통령 후보 지명대회에서 선거 유세를 촬영할 수 있도록 허락해줄 것을 요청했다. 드류 제작진은 두 후보자에게 선거 연설, 선거 전략 회의, TV 대담, 자동차 행진 등에 대한 자유로운 촬영을 요청하며, 그들에게 촬영을 위해 특별한 행동을 하도록 요구하지 않겠다고 약속했다. 드류 제작진은 이와 같은 영상 기록이 갖는 역사적 의미를 강조하면서 두 후보를 설득했고, 이에 두 후보는 촬영을 허락했다.

이렇게 촬영된 다큐멘터리는 정치적 선거 유세의 치열한 과정을 매우 훌륭하게 포착해냄으로써 다큐멘터리 역사에서 하나의 이정표적인 작품이 되었다. 영화는 마치 TV 뉴스처럼 각 후보가 대중 앞에 나서고 활동하는 모습을 교차편집하며 따라갈 뿐만 아니라, 이들이 호텔 방 안에 있는 모습, 다음 일정을 위해 이동하는 차 안에서 보내는 사적인 모습들까지 있는 그대로 보여준다. 이러한 종류의 주제를 다루는 영화에서 흔히 사용하는 인터뷰나 내레이션이 없어서, 관객들은 인물과 사건에 관해 단지 관찰할 수 있을 뿐이다.

로버트 드류는 뉴욕에 있는 타임Time사에서 재정적 지원을 받아 리처드 리콕과 함께 기동성 있는 동시녹음 방식의 실험을 했는데, 이로 인해 그들이 제작한 〈예비선거〉는 타임사 소유의 방송사들에서 방송될 수 있었다. 하지만 당시에 시사 프로그램 및 다큐멘터리는 방송사 내부 인력에 의해 제작되는 것으로, 외부 제작자들이 만든 다큐멘터리는 방영하지 않는 것이 관례였다. 이 때문에 이 작품은 타임사 소유의 방송사를 비롯한 오직 몇몇 방송사에서만 방영되었을 뿐 미국에 전국적으로 방영되지는 못했다. 그러나 이 작품은 미국의 3대 방송 네트워크 중의 하나인 ABC 방송사와 타임사가 계약을 맺는 데 큰 힘을 발휘하여 드류 제작 팀의 다이렉트 시네마 다큐멘터리는 ABC 방송사의 정규 방송 프로그램이 되었다.

제작자의 개입을 최소화하고 해설을 배제하여 현장감을 살리는 양식인 다이렉트 시네마는 작품에 대한 몰입이나 주제 의식의 파악이 어려워서 흥미로운 소재나 유명 인사를 다루는 경향이 있다고 했는데, 다음의 작품들이 대표적인 예이다. 드류 제작 팀의 〈제인Jane〉(1962)은 배우 제인 폰다Jane Fonda가 참여하는 연극의 제작 과정을 담아내고 있다. 이 작품은 리허설 기간부터 시작해서 브로드웨이 초연에서 부정적 평가를 받은 후 공연을 내리자는 결정에 이르기까지의 과정을 보여준다. 돈 펜베이커는 리콕과 함께 유명 포크 가수 밥 딜런의 일대기를 다룬 〈뒤돌아보지 마〉(1967)를 만들었다. 앨버트 메이슬스Albert Maysles와 동생인 데이비드 메이슬스David Maysles는 〈쇼맨Showman〉(1963), 영국의 록 밴드 비틀즈의 미국 방문기를 기록한 〈무슨 일이야! 미국에서의 비틀즈What's happening! The Beatles in U.S.A〉(1964), 〈말론 브란도를 만나다Meet Marlon Brando〉(1965) 등 여러 작품을 만들었다.

그러나 유명인이 아닌 일반인을 다루면서도 좋은 성과를 보여준 작품이 있다. 바로 메이슬스 형제와 즈베린Albert & David Maysles & Charlotte Zwerin의 〈세일즈맨Salesman〉(1969)이다. 〈세일즈맨〉의 등장인물들은 집집마다 방문하여 성경을 판매하는 사람들이다. 네 명이 한 조가 되어 이 도시 저 도시를 떠돌아다니는데, 이 작품은 네 명의 세일즈맨 중 판매 실적이 가장 저조한 폴에게 초점을 맞추었다. 세일즈맨은 미국 자본주의의 최전선에서 뛰고 있는 사람들로, 소비자의 심리를 파악해 구매 욕구를 자극하거나 때론 만들어 내기도 하는 사람들이다. 따라서 이들은 성경책을 판매하기 위해 신앙심을 상술로 이용하기도 하지만 이러한 상술은 다른 사람의 삶에 대한 이해와 공감이 있어야 효과를 발휘한다. 이러한 상황을 효과적으로 표현한 작품이 바로 〈세일즈맨〉이다.

프레더릭 와이즈먼Frederick Wiseman 또한 다이렉트 시네마의 대표적인 감독이다. 그는 다이렉트 시네마 분야에서 섬세하고 감각이 뛰어난 감독으로 미국의 공영 TV 방송국[4]에 의해 후원받고 있었다. 그는 미국의 병원, 학교, 법원 등과 같은 공공기관의 문제를 드러내는 작품을 제작했는데, 해설적인 설명과 논평을 거부하고 객관적 관찰에 기초해 다양한 사회 문제들을 폭로 고발하는 다큐멘터리들을 만들었다. 〈티티컷 풍자극〉(1967), 〈하이스쿨〉(1968), 〈병원〉(1970) 등이 그의 대표적인 작품이다.

〈티티컷 풍자극〉은 매사추세츠주의 주립 정신병자 교도소에서 행해지는 인권유린에 대해 다루고 있다. 그 주립 정신병원은 정신병원과 감옥의 중간 형태로, 정신병으로 인해 범죄를 저지른 죄수들을 수용하고 있다. 제목인 '티티컷 풍자극(티티컷은 인디언들이 이 지역을 부르던 말)'은 그 병원에서 해마다 정기적으로 열리는 연례 공연의 이름이다.

영화는 브리지워터 정신병원에서 매년 거행하는 '티티컷 풍자극'의 모습을 보여주며 시작된다. 이 축제의 장에서 수감된 환자와 간수, 의사 등 관리

---

4   1953년에 연방정부의 재정 지원을 받는 비상업 방송 네트워크인 NET National Education Television가 출범하여, 1970년 미국 공영방송인 PBS Public Broadcasting Service가 되었다.

자는 한 무대에 올라 장기자랑을 펼친다. 본격적으로 영화가 시작되면 새롭게 도착한 환자들이 어리둥절한 표정으로 강압적인 입소 절차에 따라 입소하는 과정을 보여준다.

영화는 특정한 맥락 없이 여러 환자들의 모습을 비춘다. 그중에는 방을 어지럽힌다며 구박을 받는 노인 지미도 있고, 이유 없이 식사를 거부해 튜브를 통해 억지로 영양물을 공급받는 말리노우스키와 치코리도 있다. 자신의 딸에게 성범죄를 저질러 교도소로 갔다가 이곳으로 온 환자도 있다.

환자들은 정신병자 교도소 관리자들의 일상적인 언어폭력에 노출되어 있다. 간수들은 언어장애가 있는 환자에게 거듭 질문을 던지며 조롱하고 성범죄자에게는 가혹한 질문을 하면서 그들을 조롱한다. 더욱이 모든 환자는 옷을 다 벗은 채로 감방에 갇혀 지내야 한다. 이들은 자신의 방에서 나올 때에야 비로소 허름한 옷이라도 걸칠 수 있다. 이곳에서 환자들의 인권이란 존재하지 않는 것이다.

영화 중반부에서 한 환자는 병원 간부와의 면담 중에 차라리 교도소로 돌려보내달라고 강력하게 요구한다. 그는 병원이라는 이름의 이곳보다 차라리 교도소가 훨씬 좋았다면서 퇴원 심사를 신청한다. 그는 이미 이와 같은 신청을 여러 차례 했으나 번번이 퇴짜를 맞아왔다. 퇴원 심사를 하는 병원 간부에게 그는 "이곳의 상황과 환경 때문에 증상이 더욱 악화되었다"라고 주장하지만, 심사 담당관은 관료적인 태도로 그의 요청을 거절한다. 오히려 담당관은 해당 환자의 약물치료를 강화할 것을 논의한다.

후반부에 이르면 한 환자가 사망하는 일이 벌어진다. 병원 직원들은 익숙하게 그의 시신을 염한 뒤 소박하지만 경건한 장례식을 치러준다. 그리고 영화는 '티티컷 풍자극' 무대 공연을 보여주며 마무리된다.

이 영화에서 카메라는 관찰자의 위치에서 그들의 일상을 묵묵히 담아내고 있다. 감독은 이들에게 어떤 질문도 던지지 않으며, 내레이션으로 상황을 해설하려 하지도 않는다. 즉, 상황을 설명하는 내레이션이나 자막, 분위기를 자아내는 음악도 없고, 촬영 대상과의 인터뷰 장면도 존재하지 않으며, 감독 스스로가 등장하는 장면 또한 없다. 이 때문에 이러한 다큐멘터리가 던지는 메시지의 의미는 모호하고 때로 어렵게 느껴지기도 한다. 하지만 이러한 양식의 다큐멘터리는 모순된 실상을 세밀히 관찰하여 촬영 대상의 실체를 있는 그대로 드러내며 강렬한 인상을 남긴다.

〈티티컷 풍자극〉은 1967년 뉴욕 영화제의 '미국에서의 사회적 변화' 부문에서 처음 상연되었는데, 환자의 사생활과 존엄성을 침해했다는 점에서 많은 논란을 야기했다. 하지만 이 영화는 인권을 유린하는 주립 정신병자 교도소의 제도를 고발해 사회적 파장을 일으켰으며, 1967년 만하임 국제 필름주간 최우수상, 1967년 포폴리 영화제(이탈리아 피렌체) 최우수인권영화상을 수상하기도 했다.

다이렉트 시네마의 가장 큰 특징은 제작자의 개입을 최소화하고 해설을 배제해 다큐멘터리의 관찰적 객관성을 추구한다는 것이다. 하지만 하나의 상황을 있는 그대로 기록한다고 해도 카메라를 그 상황의 어느 부분에 들이대느냐를 선택하는 것은 감독이다. 또한 엄청나게 많이 촬영된 필름 가운데 영화에 사용하기 위해 특정 부분을 선택하게 되는데 이러한 선택을 하는 것도 감독이다. 일례로 〈예비선거〉에서 촬영된 필름은 1만 8000피트인데, 최종 상영본에서 사용된 필름은 2000피트이다. 촬영된 영상 가운데서 필요한 부분만 잘라내 사용한 것인데, 이러한 선택 행위에는 이미 연출자의 시점이 반영되어 있는 것이다. 또한 카메라를 완전히 숨기지 않는 이상 관찰 대상들은 언제나 카메라를 의식하게 되고 이는 그들의 행동에 영향을 미치게 된다. 따라서 다이렉트 시네마에서 주장하는 '절대적인 객관성'이라는 것은

⟨티티컷 풍자극⟩을 둘러싼 법적 공방*

⟨티티컷 풍자극⟩은 1967년 뉴욕 영화제에서 처음 상영된 뒤, 독일 만하임 영화제에서 최우수다큐멘터리상, 이탈리아 포폴리 영화제에서 최우수인권상을 수상하며 세간의 주목을 받았지만, 메사추세츠주 법원의 명령에 의해 '인권침해' 문제로 영화의 배급 및 상영이 금지된 영화이다. 이 영화가 환자의 사생활과 인간의 존엄성을 침해했다는 이유로 영화에 등장하는 브리지워터 정신병자 교도소를 관할하는 매사추세츠주가 이 영화의 상영금지 소송을 제기했기 때문이다. 환자의 인권을 보호하겠다는 명분을 내세웠지만, 사실은 환자의 인권을 침해한 자신들의 잘못이 세상에 드러나는 것을 막아보려는 의도에서였다. 와이즈먼은 병원의 감독관과 영화에 등장하는 모든 환자들에게 촬영 전에 촬영 허락을 받았으나, 서면으로 합의서를 받아둔 것이 아니라 구두로만 허락을 받아두었던 터라 이 소송은 치열한 공방을 벌이게 된다.

1년 뒤인 1968년 매사추세츠주 고등법원은 이 영화의 미국 내 배급을 금지하고 영화의 모든 프린트를 파괴하라는 판결을 내렸다. 와이즈먼은 이에 불복하여 상소했지만 1969년 매사추세츠주 대법원 또한 상영금지 처분을 내렸다. 다만 이 영화를 한정된 특정한 대상 – 의사, 변호사, 판사, 의료 전문가, 사회복지사 – 에게만 보여줄 수 있다고 판결했다. 이에 만족할 수 없었던 와이즈먼은 다시 연방 대법원에 상소했지만 또다시 기각당하고 만다. 이로써 ⟨티티컷 풍자극⟩은 국가 안보나 외설 문제가 아닌 인권침해 문제로 법원에 의해 상영이 금지된 최초의 미국 영화가 되었다.

하지만 1987년에 제기된 한 소송에 의해 상황은 변하기 시작했다. 이 정신병자 교도소에서 사망한 환자 일곱 명의 가족이 병원의 잘못된 처우 때문에 이들이 사망했다고 주장하며 병원과 매사추세츠주를 상대로 소송을 제기한 것이다. 이 소송 이후, 1991년 매사추세츠주 대법원은 20여 년 만에 ⟨티티컷 풍자극⟩의 상영을 허락했다. 20년이 넘는 시간이 흘렀기 때문에 개인의 사생활 보호보다는 표현의 자유가 더 중요해졌다는 것이다. 다만 영화를 상영할 때 '1966년 이후 브리지워터 정신병자 교도소의 처우가 개선되었다'라는 내용의 자막을 제시하도록 대법원은 명령했다. 이 판결로 인해, 1967년에 제작된 이 영화는 25년이 지난 1992년 9월이 되어서야 비로소 미국 공영방송 PBS를 통해 방영될 수 있었다.

---

* 문석, 『세계영화작품사전: 다큐멘터리영화』, 씨네21, http://terms.naver.com/entry. nhn?docId=2070065&cid=42621&categoryId=44425

존재할 수 없으며, 이러한 양식은 오히려 관찰이 객관적이라는 착각을 줌으로써 영화에 담겨 있는 제작자의 의도를 간파하지 못하게 할 수 있다는 비판을 받기도 했다.

2. 프랑스의 시네마 베리테

1960년대 프랑스에서는 시네마 베리테Cinema Verite(영화 진실) 운동이 전개되었다. 프랑스에서 장 루슈Jean Rouch는 1920년대 소련의 지가 베르토프가 주장한 '키노 프라우다Kino-Pravda(영화 진실)'의 철학을 존경하는 의미에서 그 용어를 뜻하는 프랑스어 '시네마 베리테'라는 개념을 사용했다.

시네마 베리테는 인터뷰, 토론 등을 통해 촬영 대상자의 내면적인 실제 the inner reality of the subject를 포착하려고 한 것으로, 동시녹음 기술의 발전이 이러한 인간 내면에 대한 탐구의 길을 열어놓았다. 시네마 베리테는 관찰에 그치지 않고 감독이나 관찰자가 사람들의 삶에 직접 개입하여 사람들에게 진실을 묻는다. 이러한 인터뷰 과정이 카메라 앞에 있는 대상들이 자신들의 삶에 대해 생각해볼 수 있는 '촉매제'가 되기를 원한 것이다. 시네마 베리테는 제작자가 촬영 대상과 카메라 앞에서 상호작용하도록 하고 더 나아가 상황에 대한 '촉매자'의 역할을 하도록 한 것이다(래비거, 1997).

영화에서는 영화 제작자가 촬영 대상자와 이야기하는 것이 화면에 나타나는데, 이는 카메라의 존재를 영상물의 한 부분으로 끌어들이는 것이다. 이처럼 영화가 제작되는 과정을 화면에서 보여주는 것을 '반사적인 장치 reflexive device'라고 하는데, 반사적 장치들은 영화에 대한 사실주의적인 환상을 깨트리고, 그것이 영화 제작자의, 그리고 촬영 대상자의 관점을 가진 하나의 영화임을 인식하게 해준다.

또한 시네마 베리테에서는 영화 제작자가 영화를 제작하는 목적에 대해 이야기하기도 하고, 촬영 대상자가 왜 그들이 그 영화에 참여하게 되었는지에 대해 이야기하기도 한다. 따라서 시네마 베리테는 다이렉트 시네마보다 관객들이 그 영화의 목적과 의미를 더 잘 파악하게 해준다.

민속지학자 장 루슈와 영화학자 에드거 모랭Edgar Morin이 제작한 〈어느 여름의 기록Chronicle of a Summer〉(1961)은 시네마 베리테의 대표작이다. 이 다큐멘터리는 1960년 여름, 파리 시민 여섯 명의 인터뷰를 담고 있다. 감독들은 인터뷰나 대화를 통해 촬영 대상의 정치·경제·사회 문제에 대한 견해를 효과적으로 끄집어낸다. 이러한 기법은 당시로는 획기적인 것이었다.

아프리카의 부족 문화를 탐구하던 인류학자 루슈는 왜 자기 자신이 속한 파리의 부족은 다루지 않느냐는 질문을 받고 '파리지안Parisian'에 대한 영화를 영화학자 모랭과 함께 기획한다. 이들이 여름 한 철 동안 파리지안들의 생각과 감정들을 담은 작품이 바로 〈어느 여름의 기록〉이다.

이 영화에서 제작자들은 16mm 동시녹음 카메라를 들고 몇 명의 노동자, 지식인, 학생들을 포함한 파리 시민들에게 "당신은 행복합니까?"라고 질문

그림 3-1 제작진이 제작 회의하는 장면
자료: 〈어느 여름의 기록〉(1961).

그림 3-2 제작진이 직접 인터뷰하는 장면
자료: 〈어느 여름의 기록〉(1961).

한다. 단순하고 평범한 질문처럼 들리겠지만, 1960년대의 프랑스인에게 이 것은 의미심장한 질문이었다. 프랑스와 알제리 간에 일어났던 알제리 전쟁[5]은 프랑스를 분열시켰으며 경제, 인종 문제, 교육에서 위기를 가속화시 켰다. 그렇기 때문에 이 질문은 각각의 사람들에게 서로 다른 생각과 감정 을 이끌어냈다.

그럼 이 영화의 구성과 형식에 대해 좀 더 구체적으로 살펴보도록 하겠 다. 영화의 도입부는 제작진이 영화의 주제나 형식에 대해 이야기 나누는 모습을 그대로 보여준다. 영화감독인 장 루슈와 에드거 모랭은 동시대 사람 들의 삶에 대한 내용을 영화로 담는 것에 대해 상의하고, 루슈는 모랭에게

---

5   1954년부터 1962년까지 8년간에 걸쳐 프랑스의 식민지인 알제리에서 프랑스를 상대로 알제리 독립운동 세력이 벌인 독립전쟁이다. 1954년 11월 알제리민족해방전선FLN이 무 장 투쟁을 시작하면서 이는 전국으로 확산되었고, 1958년에는 그 병력이 13만 명을 넘을 정도로 확대되었다. 이에 대해 프랑스는 병력 80만 명과 군사비 5조 프랑을 투입해 엄청 난 진압 작전을 전개하여, 알제리 인민 약 100만 명이 죽고 70만 명이 투옥되었으며 프 랑스군도 1만 2000명이 전사했다. 프랑스에서는 알제리 문제를 놓고 국론이 분열되었 다. 한쪽에서는 현(알제리의 식민지) 상태를 유지하자고 주장한 반면, 다른 편에서는 알제리의 완전한 독립을 허용하자고 주장했다. 프랑스 군대가 전쟁에서 승리했으나, 정치적 상황 변화로 알제리는 결국 독립하게 되었다(두산백과사전 두피디아 http:// www.doopedia.co.kr/ 참조).

자연스러운 대화 장면을 카메라로 촬영하자고 제안한다. 루슈와 모랭은 작품에서 인터뷰를 진행할 마르셀린에게 영화의 주제 및 형식에 대해 간략히 이야기해주며, 길거리로 나가 지나가는 사람들에게 그들이 행복한지 물어보라고 한다(그림 3-1).

카메라와 마이크를 가지고 길거리로 나간 제작진은 지나가는 사람들에게 '당신은 행복합니까'라는 질문을 던진다(그림 3-2). 뜻밖의 질문을 받은 사람들은 인터뷰를 거절하기도 하고, 회피하기도 하지만 때론 멈춰 서서 이 질문에 대한 답을 곰곰이 생각하기도 한다. 이 간단한 질문에 어떤 사람은 웃기도 하고, 어떤 사람은 울기도 하는데, 질문을 받은 사람들은 자신을 되돌아보며 그들의 내면에 있는 진실을 찾아내려고 한 것이다.

그리고 다양한 사회계층에서 선별된 몇몇 남녀들의 일상을 개별적으로 보여주며 심층 인터뷰를 한다. 자동차 공장의 노동자 앙젤로는 노동자의 일상 그대로의 모습을 보여주며, 프랑스 노동자의 삶에 대해 '허울은 좋지만 고통받고 고된 삶'이라고 말한다. 아프리카에서 유학 온 랑드리는 아프리카에서의 삶, 흑인으로서 프랑스에서 사는 삶에 대해(인종차별과 그 대처법, 프랑스에 대한 동경 등) 이야기한다. 이러한 모습을 통해 1960년대 프랑스 사회의 세태를 보여준다. 철도 회사 직원인 가비용과 그의 아내는 돈이 부족해 집을 구하지 못해 힘들었던 시절에 대해 이야기한다. 서류 없인 아무것도 못하는 사회의 부속품이 된 것 같다는 인터뷰를 통해 회사원으로 사는 현대인의 삶을 소개한다. 이탈리아에서 온 노동자 마릴 루와 학생인 장삐에르는 현재의 무의미한 삶에 대한 환멸과 무기력함에 대해 이야기한다. 마릴 루는 이탈리아에서 부르주아의 삶을 살았지만 프랑스에서는 골방 신세다. 고생을 기꺼이 받아들여 노동자의 삶을 선택했지만 현재 무의미한 삶에 환멸을 느낀다고 인터뷰를 통해 밝힌다. 장 삐에르는 바꿀 수 없는 것은 대체로

그림 3-3 등장인물들과 영화를 시청하는 장면
자료: 〈어느 여름의 기록〉(1961).

그림 3-4 영화 시사회에서 출연자들이 보인 반응에
　　　　 대해 감독들이 얘기하는 장면
자료: 〈어느 여름의 기록〉(1961).

수긍하며 살아가고 있다고 말하며 자신의 삶에 무기력함을 느낀다고 한탄
한다.

　이어서 등장인물들이 모여서 그 당시 중요한 사회적·정치적 이슈였던 알
제리 전쟁과 인종차별이란 주제에 대해 토론한다. 개인적인 문제에서 시작
되었던 주제가 점차 포괄적인 사회문제로 확대되고 있는 것이다. 이 토론
후, 영화의 초반부에 카메라를 메고 나가 행복을 물었던 여인 마르셀린은
유년 시절 유대인 수용소에서 부모를 잃고 혼자 살아남은 지난날에 대해 이
야기한다.

　출연자들은 여름휴가를 떠나고, 프랑스의 바캉스 장소인 '생 트로페Saint-
Tropez'에서 그들과 그 마을에 사는 사람들의 인터뷰를 진행한다. 직업별·환
경별로 차이가 나는 인물들의 다양한 이야기 속에서 그들의 행복에는 어떤
차이가 있는지, 그리고 그들이 바라보는 사회가 어떤 모습인지 보여준다.

　영화의 엔딩은 영화 촬영에 응해주었던 사람들이 극장에 모여 자신이 출
연한 영화를 보는 장면으로 시작한다(그림 3-3). 그들은 자신이 출연한 영화
를 보며 영화의 진실성에 대한 의문을 제기하기도 하고, 촬영 기법에 문제
를 제기하기도 하며 열띤 토론을 펼친다. 어떤 이들은 감동했고, 어떤 이들

은 등장하는 인물들에게 호감을 보였으며, 그와는 정반대의 반응을 보인 사람도 있었다. 화면 속 인물들이 자신들의 실제 감정을 드러냈다고 하더라도 어떤 이들에게는 한낱 연기로 보이기도 했는데, 이는 개인적 감수성에 따라 다르게 나타났다. 이러한 영화 시사회를 마친 후, 장 루슈와 에드거 모랭 감독이 영화 시사회에서 본 출연자들의 반응에 대해 의견을 이야기한다. 장 루슈와 에드거 모랭은 '처음엔 다 공감할 영화라고 여겼는데, 이제는 마릴루나 마르셀린이 오해나 안 샀으면 한다', '사랑에 대한 영화를 만들려고 했는데 인정미 없는 영화가 되어버렸다. 그러나 억지로 반응을 끌어내려고 하지는 않았다' 등 자신들의 작품에 대해 평가하는 장면으로 영화가 끝이 난다(그림 3-4).

이 영화의 주요 특징은 영화 제작자가 영화의 '관찰자'로 머무는 것이 아니라 '참여자'로서 적극적인 역할을 한다는 점이다. 〈어느 여름의 기록〉의 카메라는 등장인물의 삶 바깥에 머무는 것이 아니라 영화의 시작부터 끝까지 지속적으로 개입하고 말을 건넨다. 영화 제작자와 촬영 대상 간의 상호작용이 영화의 주된 구성 방식이라는 점에서 니콜스(Nichols, 1991)는 이를 '상호작용적 양식'이라고 불렀다. 제작진은 카메라 뒤로 자신의 정체를 숨기는 것이 아니라, 카메라 앞에 등장하여 질문을 던지기도 하고, 촬영 대상자들의 진솔한 감정과 목소리를 끄집어내기도 한다. 때로 감독은 촬영한 장면을 해당 인물에게 보여주면서 그 인물이 말했던 내용들을 수정하거나 더욱 깊이 생각하도록 유도하기도 한다. 이런 점에서 영화 제작자는 카메라에 진실이 포착되기를 기다리는 사람이 아니라 내면의 진실을 밖으로 끌어내는, 진실의 노출을 촉진하는 적극적인 참여자가 된다. 즉, 〈어느 여름의 기록〉에서 감독은 카메라 밖에 존재하는 '진실'이나 '사실'을 기록하는 관찰자가 아니라, 현실 세계에 적극적으로 개입하는 주체이며, 감독과 영화 대상

간의 상호작용을 촉진시키면서 진실의 노출을 유발시키는 촉매catalyst의 역할을 하는 것이다.

이 영화의 제작진은 카메라를 단순히 사실을 기록하는 도구로만 본 것이 아니라, 개인 혹은 사회의 표면적인 사실 뒤에 숨어 있는 진실을 밝혀주는 도구로 본 것이다. 장 루슈는 카메라에 의해 만들어지는 새로운 진실을 '영화적 진실,' 즉 '시네마 베리테'라고 불렀다. 이처럼 카메라가 사실의 재현 기능을 뛰어넘어, 보이는 것 이면의 진실까지 깨닫게 해준다는 사고는 영화 전반에 대한 인식을 새롭게 했다. 이는 인간의 생각과 감정을 카메라 앞으로 가져온 것으로서, 인간 외적 환경에만 돌려져 있던 카메라를 인간 내면으로 향하게 했다.

이 영화의 또 다른 특징은 영화의 시작에서 끝에 이르는 제작 과정을 있는 그대로 드러낸다는 점이다. 두 영화감독이 영화를 기획하고 질문을 던지고 의미를 찾아가는 과정, 즉 재현의 구성 과정을 여실히 보여주고 있는 것이다. 제작진이 영화의 주제나 형식에 대해 회의하는 모습, 제작진이 카메라와 마이크를 가지고 길거리로 나가 지나가는 사람들에게 접근하는 모습이 그대로 보여준다. 그뿐만 아니라, '당신은 행복합니까'라는 뜻밖의 질문을 받은 사람들이 회피하거나 거절하는 모습도 여과되지 않은 상태 그대로 제시된다. 이들 중 몇몇은 심층 인터뷰를 하기도 하고, 함께 모여 사회적 이슈를 놓고 열띤 토론을 하기도 하는데, 영화는 평범한 사람들의 일상을 번갈아가며 보여주고, 그들의 삶에 대한 태도나 생각을 드러낸다. 이렇게 영화에 출연했던 사람들은 다시 시사회에 초대되어 이 영화를 본 뒤 이에 대해 토론하는데, 이 과정 역시 영화의 일부가 되었다, 이렇게 이 영화는 영화의 제작 과정, 즉 재현의 구성 과정을 보여주는 '자기반사적 장치'를 사용하고 있는 것이다.

다이렉트 시네마 vs. 시네마 베리테

일반적으로 다이렉트 시네마와 시네마 베리테를 유사한 경향으로 단순화하는 경우가 있지만 사실 둘 사이에는 큰 차이가 있다. 다이렉트 시네마의 목표는 사람들을 간섭하거나 방해하는 것 없이 있는 그대로 촬영함으로써 '순간 포착의 미학'을 보여주는 것이다. 다이렉트 시네마는 '객관적인 관찰'을 통해 주제를 '기록'하고 드러내는 작업에 충실하고자 사건을 해석하거나 설명하는 내레이션이나 인터뷰를 사용하지 않는다. 감독의 입장이나 개입이 전혀 없는 것이다. 반면에 시네마 베리테는 감독이 인터뷰, 토론 등을 통해 사람들의 삶에 직접 개입하여 촬영 대상자의 내면적인 실제the inner reality of the subject를 포착하는 것이 바로 진실이라고 생각했다.

다이렉트 시네마의 감독은 카메라를 상황 속에 배치해놓고 진실이 포착되기를 기다린다. 다이렉트 시네마 감독은 '관찰자'로서 투명 인간처럼 보이지 않는 존재로 자리매김하길 바라는 것이다. 반면 시네마 베리테 감독은 카메라 앞에서 촬영 대상과 인터뷰를 통해 상호작용을 하며 그들이 자신들의 삶에 대해 생각해볼 수 있게 하는 '촉매자'의 역할을 하길 바란다. 즉, 카메라에 진실이 포착되기를 기다리는 사람이 아니라 진실의 노출을 촉진하는 적극적인 '참여자'가 된다.

다이렉트 시네마와 시네마 베리테는 영화 제작에서도 다른 전략을 구사한다. 다이렉트 시네마는 객관적인 관찰을 강조함으로써 영화 제작 과정을 의도적으로 숨긴다. 반면에 시네마 베리테는 감독이 카메라 앞에 종종 등장함으로써 영화 제작 과정을 의도적으로 드러낸다. 이를 통해 이 영화가 제작자의 시각에서 구성된 하나의 영화임을 관객들이 인식하게 해준다.

다이렉트 시네마는 제작자의 개입을 최소화하고 해설을 배제하여 현장감을 살리는 양식으로, 작품에 대한 몰입이나 주제 의식의 파악이 어려워서 이러한 다큐멘터리가 던지는 메시지의 의미는 모호하고 때로 어렵게 느껴지기도 한다. 하지만 이러한 양식의 다큐멘터리는 모순된 실상을 세밀히 관찰해 촬영 대상의 실체를 있는 그대로 드러내 주는 힘이 있다. 반면에 시네마 베리테에서는 영화 제작자가 영화를 제작하는 목적에 대해 이야기하기도 하고, 촬영 대상자가 왜 그들이 그 영화에 참여하게 되었는지에 대해 이야기하기도 한다. 따라서 시네마 베리테는 다이렉트 시네마보다 관객들이 그 영화의 목적과 의미를 더 잘 파악하게 해준다.

비록 이들의 철학과 영화 제작 과정은 근본적으로 다르지만, 이들은 공통적인 목표를 갖는다. '현실을 있는 그대로 포착하는 것catching reality as it is'이 바로 그것이다. 그들은 모두 촬영 대상이 처한 현실을 있는 그대로 포착하는 것을 목표로 하는데, 다이렉트 시네마에서는 '삶의 외적 현실the reality of life'을, 시네마 베리테에서는 '사람들의 내적 진실the truth in people'을 포착하고자 추구했던 것이다.

〈어느 여름의 기록〉은 '시네마 베리테'로 불리게 될 다큐멘터리 영화의 혁명을 시작한 기념비적 영화이며, 편집된 영화에 대한 등장인물들의 평가와 작가 자신들의 토론으로 마무리 지은 구성은 현재의 관객들에게도 참신하게 다가온다. 이 영화는 1961년 칸 영화제 비평가상과 1961년 만하임 영화제 대상을 수상했다.

마르셀 오퓔스Marcel Ophuls의 〈슬픔과 연민The Sorrow and The Pity(1970)도 시네마 베리테의 대표작 중 하나다. 〈슬픔과 연민〉은 나치 치하의 프랑스에서 '영웅적인 저항 활동'이라는 신화에 가려졌던 복잡 미묘한 현실, 즉 용기, 비겁, 부정 등으로 혼합된 혼돈스러운 현실을 끄집어냈다. 영화는 생존자들과의 인터뷰와 기록 필름의 교차편집으로 구성되는데, 여기서 나치 협력자에 대한 금지된 자료 화면 등 다양한 역사적 자료 화면이 사용되었다. 영화에서 작가는 인터뷰어로서 카메라 앞에 빈번히 등장해 질문을 던지는데, 어떤 사람들은 주저하다가 결국 자신의 이야기를 털어놓았다. 이러한 인터뷰는 극적인 드라마가 주는 것과 같은 충격을 관객들에게 던져주며 폭발적인 반응을 불러일으켰다(Barnouw, 1993).

3. TV 다큐멘터리의 등장

이러한 새로운 다큐멘터리는 그 당시 새롭게 등장한 TV라는 매체를 통해 더욱 번성하게 된다. 영화라는 매체가 등장했던 초창기, 영화를 보는 주된 방법은 극장을 통해서만 가능했다. 하지만 16mm 필름이 출시되고, 16mm 영사기가 등장하면서 강당, 강의실 등 극장 외 상영이 상당히 늘어나게 되었다. 특히 제2차 세계대전이 발발하면서 전쟁에 관한 정보 전달과 교육 측면에서 필름의 사용이 증가하여, 당시 다큐멘터리들도 극영화처럼 극장에서 상영되었다. 하지만 전쟁이 끝난 후, 사람들은 다큐멘터리보다는 재미있는 극영화를 더 찾았고, 극장에서는 이를 반영하여 극영화를 주로 상영했다. 다큐멘터리는 상영할 매체를 잃어버린 것이다. 하지만 그 무렵 등장한 TV로 인해 다큐멘터리는 상영할 수 있는 새로운 통로를 찾게 되었다 (엘리스·멕레인, 2011).

1950년대는 텔레비전 방송이 자리를 잡으면서 TV용 다큐멘터리가 등장하기 시작한 시기이다. TV 실험 방송은 1920년대 말 미국의 뉴욕(1928)과 영국의 런던(1929)에서 시작되었지만, 1929년 발생한 미국의 경제대공황은 막 등장하기 시작한 TV의 발전을 가로막게 된다. 경제대공황으로 인해 TV 발달의 본거지가 미국에서 유럽으로 이동하게 되는데, 독일에서는 1933년에 집권한 히틀러 치하에서 경제가 활성화되고 TV가 크게 발달하여, 1936년 베를린올림픽을 중계하는 수준까지 이르렀다. 영국에서는 1936년 BBC가 최초로 매일 TV 방송을 실시한다. 프랑스, 소련, 이탈리아, 일본 등에서도 1930년대에 TV가 발달했다. 경제대공황으로 침체 상태에 있던 미국도 1939년에는 뉴욕 세계박람회 개회식을 중계방송하는 데 이른다.

1940년대에는 미국에서 TV 방송 네트워크가 형성되었다. 1940년에 미국의 NBC-TV 네트워크가 형성되어 1941년 FCC Federal Communications Commission (미국연방통신위원회)에 의해 방송국 인가를 받음으로써 본격적인 TV 방송이 시작되었다. FCC의 압력에 의해 NBC는 두 개의 네트워크 NBC-Red, NBC-Blue 중에서 하나를 처분하게 되었는데, 처분된 NBC-Blue는 1943년 매각되어 1945년 ABC-TV 네트워크로 탄생하게 된다. 1948년에는 CBS-TV 네트워크가 형성되었다. 이로써 미국에서는 3대의 TV 네트워크[6]가 형성되어 본격적인 TV 시대가 개막되었다. 제2차 세계대전 중에는 군사적인 요구로 인해 큰 발전이 이루어지지 않았지만, 전쟁이 끝나고 TV는 비약적으로 발전했다. 전쟁 후 1946년 영국에서도 국영 방송국 BBC가 정규 방송을 시작하여, 정규 텔레비전 방송이 시작되었다(Real, 1996).

1950년대에서 1960년대에 등장한 TV 다큐멘터리의 특징을 엘리스와 멕레인(엘리스·멕레인, 2011)은 크게 세 가지로 정리했다. 첫째, 뉴스 매거진과 같은 형식의 시사 다큐멘터리의 등장이다. 1951년에 CBS에서는 최초의 정규 다큐멘터리 시리즈인 〈씨 잇 나우 See it Now〉가 등장한다. CBS의 에드워드 머로우 Edward R. Murrow와 프레드 프렌들리 Fred W. Friendly가 진행하던 라디오 프로그램 〈히어 잇 나우 Hear It Now〉로부터 비롯된 이 프로그램은 에드워드 머로우가 직접 해설가로 출연하여 프로그램을 진행했다.

1954년에 〈씨 잇 나우〉에서 방송된 '상원의원 조지프 매카시 Joseph

---

6   1940년대 듀몽 DuMont이라는 새로운 방송 네트워크가 생겼으나, 라디오 네트워크가 없던 듀몽은 1955년 문을 닫고 말았다.

McCarthy에 대한 리포트'라는 프로그램을 예로 들어 살펴보자. 이 프로그램은 당시 극단적인 반공운동의 기수 매카시 의원의 정치활동의 문제점을 다루었다. 이 프로그램에서는 교차편집 인터뷰와 여러 가지 영상 자료를 통해 매카시 의원의 편향적인 정치활동과 그의 독단적인 주장을 알려주었다. 이 프로그램은 매카시 의원에게 정치적으로 큰 타격을 주었을 뿐만 아니라 국민들에게 편집적인 반공사상을 알려주는 역할을 했다. 그리고 이 프로그램은 저널리스트적인 접근 방법으로 다큐멘터리를 제작하는 새로운 제작 방법을 보여줌으로써 텔레비전 탐사보도 다큐멘터리에서 하나의 전형이 되었다(유현석, 2007).

1958년 〈씨 잇 나우〉가 종료되고 그 전통은 CBS에서 1968년 첫 방송을 시작한 돈 휴잇Don Hewit의 〈60 미니츠60 Minutes〉로 이어진다. 이 프로그램은 흑인, 여성 등 사회적 소수를 포함한 저널리스트 다섯 명이 여러 주제를 가지고 한 시간 동안 나누어 진행하는 매거진 프로그램이다. 저널리즘의 확고한 자세와 때론 시청자들이 미처 알지 못했던 사실을 폭로함으로써 이 프로그램은 CBS의 대표 프로그램이 되었다. 다만, 이 프로그램 역시 공정성에 대한 지적과 지나친 폭로주의란 비난을 종종 받았다(유현석, 2007). 이들에 필적할 만한 NBC 시리즈에는 1960년 시작된 〈화이트 페이퍼 White Paper〉가 있다.

둘째, 편찬 영화 형식의 다큐멘터리이다. NBC는 1954년에 〈프로젝트 20 Project XX〉 시리즈를 선보였는데, 이 프로그램은 뉴스 릴, 다큐멘터리, 영화 등 이미 존재하는 필름을 사용하여 세기의 역사(그래서 20세기를 뜻하는 XX를 사용함)를 조명하는 편찬 영화 방식을 취했다. 이미 만들어졌던 기록 영화들을 특별한 목적에 맞게 재편집하여 새롭게 만든 기록 영화인 편찬 영화는 1920년대 소련 지가 베르토프의 〈로마노프 왕조의 몰락The Fall of the Romanov

Dynasty〉(1927)까지 그 기원을 거슬러 올라갈 수 있으며, 제2차 세계대전 당시 제작된 전시 다큐멘터리 〈우리는 왜 싸우는가〉 시리즈도 편찬 영화에 속한다. CBS에서는 1957년에 시작된 주간 시리즈 〈20세기〉의 프로그램 대부분도 편찬 영화인데, 〈뉘른베르크의 재판Trial at Nuremberg〉(1958), 〈20년대의 파리Paris in the Twenties〉(1960), 〈서부의 영웅The Western Hero〉(1963)〉이 대표적인 예이다.

셋째, 다이렉트 시네마 형식의 다큐멘터리이다. 다이렉트 시네마 양식의 다큐멘터리를 주도했던 드류사Drew Associate가 ABC 방송의 〈클로즈 업! Close-up!〉 시리즈를 제작함으로써 다이렉트 시네마 형식의 다큐멘터리가 방송 다큐멘터리의 주요 형식으로 자리 잡게 되었다. 이 시리즈의 모든 작품을 드류 팀이 제작한 것은 아니었지만 이들 중 많은 작품을 제작했다. 〈양키 꺼져!Yanki No!〉(1960)는 라틴아메리카에서의 반미주의에 대한 내용이며, 〈아이들이 보고 있었다The Children Were Watching〉(1960)는 뉴올리언스에서 학교 내 인종차별 철폐 직후의 일주일 동안을 기록했다.

4. 1960년대 다큐멘터리에서 '사실의 재현성' 개념

1960년대에는 당시 새로운 기술의 등장에 따라 새로운 형식의 다큐멘터리가 등장하게 된다. 새로운 기술은 즉흥적이고 예측할 수 없는 순간들을 포착할 수 있게 했는데, 이는 진실성에 대한 재개념화와 더불어 새로운 양식의 다큐멘터리가 등장하게 했다. 미국에서는 객관적인 관찰을 강조함으로써 사람들의 외적 진실을 포착하려는 '다이렉트 시네마'의 경향으로, 유럽에서는 사람들의 내적 진실을 포착하려는 '시네마 베리테'의 경향으로 나타났다.

다이렉트 시네마는 사람들을 간섭함 없이 있는 그대로 촬영함으로써 '순간포착의 미학'을 보여주고자 한다. 다이렉트 시네마는 '객관적인 관찰'을 통해 주제를 '기록'하고 드러내는 작업에 충실하고자 사건을 해석하거나 설명하는 내레이션이나 인터뷰를 사용하지 않는다. 인터뷰나 내레이션이 없어서, 관객들은 인물과 사건에 관해 단지 관찰할 수 있을 뿐이다. 다이렉트 시네마의 감독은 투명 인간과 같은 '관찰자'로서 카메라를 상황 속에 배치해놓고 진실을 포착하기 위해 기다린다.

반면에 시네마 베리테는 감독이 인터뷰, 토론 등을 통해 사람들의 삶에 직접 개입하여 촬영 대상자의 내면적인 진실을 포착하고자 한다. 시네마 베리테 감독은 카메라 앞에서 촬영 대상과 인터뷰를 통해 상호작용하며 그들이 자신들의 삶에 대해 생각해볼 수 있게 하는 '촉매자'의 역할을 하길 바란다. 즉, 카메라에 진실이 포착되기를 기다리는 사람이 아니라 진실의 노출을 촉진하는 적극적인 '참여자'가 된다. 따라서 시네마 베리테에서 감독은 카메라 앞에 종종 등장하게 되는데, 이는 이 영화가 제작자의 시각에서 구성된 하나의 영화임을 관객들이 인식하게 해준다.

여기서 '사실의 재현성' 개념은 초창기 다큐멘터리에 내재된 개념과는 다르다. 초창기 다큐멘터리에서는 과거 또는 현재라는 시점보다는 그 내용이 사실인가의 여부가 훨씬 더 중요했다. 따라서 그 내용이 사실이라면 과거 내용을 재연하든, 현재 내용을 재현하든 별 문제가 되지 않았다. 하지만 1960년대 현실을 기동성 있게 포착할 수 있는 촬영 장비가 발달되면서, '사실의 재현성' 개념은 오히려 훨씬 더 엄밀해졌다. 촬영기술의 발달로 '순간 포착'이 가능해지면서, '사실의 재현성'은 현재 시점에서 카메라 앞에서 벌어지고 있는 상황의 기록으로 그 개념이 더욱 엄밀해졌다. 즉, 지금 현재 카메라 앞에서 벌어지는 현실을 있는 그대로 포착하는 것이 이들 작품 속에 내재된 '사실의 재현성' 개념인 것이다.

'현실을 있는 그대로 포착하는 것catching reality as it is', 즉 그들은 모두 촬영 대상이 처한 현실을 있는 그대로 포착하는 것을 목표로 함으로써 카메라 앞에서 포착하는 현실의 '현재 시점'이 중요하다. '객관적인 관찰'을 강조하는 다이렉트 시네마의 경우, '현재' 카메라 앞에서 펼쳐지는 외적 진실을 포착하려고 한 것이다. 반면에 인터뷰 등을 통해 인위적인 상황을 유발해 사람들 내면에 숨겨진 내적 진실을 끄집어내려 하는 시네마 베리테의 경우, '현재' 카메라 앞에서 사람들이 토로하는 그들의 내적 진실을 포착하고자 추구했던 것이다. 1960년대 다큐멘터리의 두 주류를 형성한 다이렉트 시네마와 시네마 베리테에서 '사실의 재현성'은 현재 카메라 앞에서 벌어지고 있는 사실, 즉 현재 시점의 사실로 제한됨으로써 다큐멘터리의 영역을 매우 좁게 만들었다.

1980년대 이후 다큐멘터리의 새로운 표현 양식

사실의 재현성, 객관성과 주관성의 충돌

　1970년대에 접어들면서는 영상촬영 방식이 필름에서 비디오로 대체되면서 다큐멘터리에 또 다른 변화가 나타나기 시작했다. 비디오테이프를 사용하는 카메라는 기존의 16mm 필름 카메라보다 더 가벼웠고 사용이 편리했다. 일반적으로 적은 조명으로도 촬영할 수 있었고, 필름으로 촬영할 때보다 더 많은 시간 동안 연속하여 이미지를 기록할 수 있었다. 또한 비디오카메라는 이미지를 확인하기 위한 필름의 현상 과정이 필요 없으므로 녹화 후 바로 편집할 수 있어 영상 제작에 드는 시간을 줄여주었다. 가격 측면에서 필름과 이를 현상하는 데 드는 비용에 비해 비디오테이프의 가격이 월등히 저렴했다. 이와 같은 기동성, 편리성, 신속성, 그리고 경제성 때문에 화질이 다소 떨어지고 장기간 보관 시 안정성이 떨어지는 치명적인 약점에도 불구하고 비디오카메라는 널리 사용되었다(엘리스·메레인, 2011). 필름 대신 비디오테이프를 사용하여 영상을 기록하는 ENG electronic news gathering 카메라가 처음 등장한 것은 1970년대 초반으로 현장성이 강조되는 뉴스 취재에 주로 사용되었으나, 기동성과 편리성 때문에 1980년대 들어서는 다큐멘터리 제작에도 폭넓게 사용되었다.

1980년대에 시작되고 1990년대에 들어서는 편집 시스템에서도 혁신적인 변화가 일어났다. 필름을 물리적으로 자르고 이어 붙이는 전통적인 편집 방식에서 비디오의 선형적 편집linear editing[1] 방식으로, 그리고 디지털 기술의 발달에 의해 컴퓨터의 하드디스크에 저장된 이미지들을 마음대로 가져와 이어 붙이는 비선형적인 편집non-linear editing[2] 방식으로 변화되었다. 이제 비디오카메라와 컴퓨터만 있으면 손쉽게 다큐멘터리를 만들 수 있는 환경이 조성되면서 이전보다 훨씬 다양한 형식과 내용의 다큐멘터리가 제작될 수 있게 되었다.

새롭게 등장한 영상 제작 방식의 편리성과 비용 절감의 요소는 상황을 좀 더 쉽게 기록할 수 있도록 해주었다. 저렴한 비디오의 특성과 디지털 매체의 편리성은 한 번도 카메라를 잡아보지 않은 사람들에게 그들 자신만의 다큐멘터리를 만들 기회를 제공했다.

이러한 기술적인 진보와 더불어 인식론적인 측면에서도 변화가 나타났다. 1960년대 말 등장한 포스트모더니즘 담론에 의해 '절대적인 객관성'이나 '절대적인 진리'란 개념에 대해 단지 '회의'하는 정도가 아니라 '부정'되기에 이른다. 이로 인해 '진실'에 대한 객관적인 관찰도 부정되었다. 영화를 제작하는 데 객관적인 현실은 존재하지 않는다는 것이다. 그리하여 니콜스

---

1   VTR을 사용해 필요한 장면을 순차적으로 연결해가는 방식이다. 소스source 영상에서 필요한 부분을 찾아 순서대로 녹화하는 것이다.

2   디지털 방식으로 기록된 영상 데이터를 컴퓨터의 편집 프로그램을 이용해 편집하는 것으로, 굳이 순서대로 영상을 배열할 필요가 없다. 왜냐하면 필요하면 언제든 영상 사이에 다른 영상을 끼워 넣을 수 있기 때문이다.

(Nichols, 1991)는 객관성이라는 것은 진실을 밝혀내는 장치가 아니라, 진실이 구성되었다는 것을 부정하는 재현의 한 방법일 뿐이라고 주장한다. 즉, 객관성은 가치가 배제된 접근법a value-free approach도 아니고 진실을 보장하는 접근법guarantee the truth도 아니라는 것이다. 즉, 절대적인 진리는 없다고 본 것이다.

이러한 인식론적 변화에 의해 1960년대 다이렉트 시네마가 추구했던 '절대적인 객관성'에 대한 회의에 빠지게 된다. 어떠한 기록 영화도 현실을 객관적·중립적으로 포착할 수 없다는 점을 받아들이며, 객관적 진실을 담아낼 수 없다면 오히려 다큐멘터리 제작자 자신을 작품 속에 드러내는 것이 진실을 담아낼 수 있는 효과적이고 진실한 방법이라고 보는 것이다. 따라서 1980년대 이후에는 전지적이고 객관적인 전통적 방식에서 벗어나 감독 자신의 주변 소재를 주관적인 입장에서 다룬 다큐멘터리가 등장하게 되었다.[3] 그동안 진실을 전달하는 장치로 받아들여졌던 여러 가지 관습들 – 객관적인 관찰 – 의 사용을 거부하고, 다큐멘터리 속에 제작자 자신을 드러내어 제작자의 시각이나 특정한 이데올로기가 내재되어 있다는 것을 의도적으로 드러냈다. 그럼으로써 관객들이 그 작품에서 주장하는 진실을 절대적인 진실로 받아들이는 것이 아니라, 그 내용을 토대로 스스로 진실을 구성할 수 있도록 했다. 이러한 양식의 다큐멘터리를 '성찰적 양식'이라고 하는

---

3 감독이 자신의 개인적인 경험이나 가족 이야기, 또는 주관적인 시선으로 정치적·사회적 문제를 다루는 것을 모두 '사적 다큐멘터리'라고 한다. 현대 다큐멘터리의 대부분이 사적 다큐멘터리 영역에 속하는데, 그중에서도 감독 자신의 개인적인 경험을 소재로 하여 일인칭 시점으로 자신에 대해 직접 말하는 다큐멘터리를 '자전적 다큐멘터리'라고 한다(차민철, 2014). 기득권 세력에서 제외되었던 다양한 그룹이 자신에 대해 직접 말하는 자전적 다큐멘터리를 많이 만들었는데, 일례로 동성애자들은 자신들의 차별화된 문화를 표현하는 방법으로 자전적 다큐멘터리를 제작했다.

데, 마이클 무어Michael Moore 감독의 〈로저와 나Roger and Me〉(1989), 〈볼링 포 콜럼바인Bowling for Columbine〉(2002), 〈화씨 9/11Fahrenheit 9/11〉(2004) 등이 대표적인 예이다.

1980년대 이후 새롭게 등장한 다큐멘터리 양식 중 또 다른 하나는 감독 자신이 하나의 '가설' 또는 '계획'을 세우고 이를 수행하는 과정을 담아내는 '수행적 양식'이다. 수행적 다큐멘터리는 객관적인 지식의 결과물을 전달하는 것이 아니라, 감독이 기획한 행위를 수행하는 과정을 보여줌으로써 관객 스스로 진실을 구축하도록 하는 것이다. 대표적인 예로는 모건 스펄록Morgan Spurlock 감독의 〈슈퍼사이즈 미Super Size Me〉(2004)가 있다.

1. 성찰적 양식 다큐멘터리의 객관적 사실성에 의문을 제기

1980년대 이후에는 객관적인 사실의 재현에 회의하며, 객관적인 전통적 방식에서 벗어나 감독 자신을 드러내는 다큐멘터리가 등장하게 된다. 이는 다큐멘터리에서 보여주는 '사실의 재현'이 감독에 의해 선택된 기록, 만들어진 기록이라는 점에서 객관적인 진실을 담보할 수 없다는 가정에서 출발한다. 있는 그대로의 현실을 카메라가 투명하게 보여주는 것은 환영에 불과하다는 것이다. 이에 다큐멘터리는 작품 속에 감독의 존재를 드러내고 아이러니, 풍자, 패러디 등을 이용함으로써, 전통적으로 다큐멘터리가 사실을 있는 그대로 재현한다는 믿음을 깨트리고 오히려 이러한 믿음의 전복을 이용해 수용자 스스로 다큐멘터리가 주장하는 진실의 상대적 가치를 생각하도록 만들었다.

이러한 양식의 다큐멘터리를 '성찰적 양식'이라고 하는데, 성찰적 양식은 다큐멘터리가 실제 세계를 있는 그대로, 객관적으로 재현한다는 전통적인 다큐멘터리의 '사실의 재현' 방식에 의문을 제기하는 것이다. 다큐멘터리 이론가 빌 니콜스에 의하면, 성찰적인 다큐멘터리는 객관적 지식이나 진리는 존재하지 않는다는 포스트모더니즘의 회의론에 사상적 기초를 둔다. 절대적인 객관성이 불가능한 것이라면 오히려 제작자인 '나'의 관점임을 의도적으로 드러냄으로써 그 작품이 감독의 주관적 관점으로 만들어진 것임을 분명히 하자는 것이다. 그렇게 함으로써 관객들이 그것을 토대로 스스로 진실을 구성하도록 하자는 것이다.

이를 위해 기존의 다큐멘터리가 제작의 결과만을 보여준 것과 달리, 성찰적 다큐멘터리는 제작 과정을 드러낸다. 영화 제작 과정을 드러내 영화와 현실과의 관계를 지속적으로 관객에게 인식시키고, 관객이 보는 것은 사실 자체가 아닌 사실의 일부일 뿐이며 단지 구성된 영화라는 점을 강조하는 것이다. 이는 1920년대 러시아의 〈카메라를 든 사나이〉 그리고 1960년대 프랑스 시네마 베리테의 대표적 작품인 〈어느 여름의 기록〉의 영향을 받은 것이다. 이렇듯 성찰적 다큐멘터리는 스스로 '사실의 재현성'에 의문을 제기하며, 다큐멘터리가 사실을 재현한다는 점에 관해 관객들이 의문을 가지도록 한다. 그리고 다큐멘터리 작품 내에서 감독이 주관적으로 구성한 메시지를 보며 관객들 스스로 다큐멘터리의 진실을 구축하게 한다.

성찰적 다큐멘터리의 첫 번째 경향은 다큐멘터리 감독 자신을 적극적으로 작품에 드러내는 방식으로 나타났다. 로스 매켈위Ross McElwee의 〈셔먼의 행진Sherman's March〉(1986)이나 마이클 무어의 〈로저와 나〉(1989)와 같은 작품이 대표적이다. 마이클 무어 감독은 1989년 〈로저와 나〉를 제작하여 관심을 받기 시작했으며, 〈볼링 포 콜럼바인〉(2002), 〈화씨 9/11〉(2004), 〈식코Sicko〉(2007) 등을 통해 세계적인 주목을 받았다.

먼저, 〈로저와 나〉에 대해 살펴보자. 미국의 GM General Motors 회사가 값 싼 노동력을 찾아 공장을 외국으로 이전함으로써 미국 중서부 미시간주의 플린트시 Flint City에 있는 자사 공장 11개를 폐쇄하게 된다. 이 영화는 GM 공장의 폐쇄로 인해 3만여 명의 노동자가 실직하게 됨으로써 연쇄적으로 붕괴되는 서민들의 삶을 보여주며, 이러한 문제에 무관심한 GM사의 사장 로저 스미스 Roger Smith를 통해 대기업의 횡포를 고발한다. 이 영화의 구성과 내용을 보면 다음과 같다.

이 영화의 도입부에서 감독이자 내레이션을 담당한 마이클 무어는 자신의 가족과 성장 과정을 이야기하면서, 자연스럽게 그의 고향 마을인 플린트시, GM과 미국 자동차 산업 이야기를 한다. GM사는 세계 최대의 자동차 회사이고, 그의 가족 및 친지들은 모두 GM사의 직원이라는 것이다. 다만 마이클 무어 감독 자신만이 GM사의 직원이 아니라, 신문사를 운영했는데, 샌프란시스코의 한 시사 잡지사에서 편집일을 제안받아 대도시로 갔다가, 자신과 맞지 않아 다시 고향으로 돌아오게 된다.

그가 고향으로 돌아오기 며칠 전, GM사가 직원 3만 명 규모의 노후된 11 개 공장을 폐쇄하기로 결정한다. 무어 감독의 고향인 플린트시는 GM 공장이 전부여서 공장 폐쇄는 곧 도시의 파산으로 이어질 수밖에 없는 상황이었다. 무어 감독은 세계 최고의 GM사가 엄청난 이윤을 내면서도 공장을 폐쇄한다는 사실에 놀란다. 무어 감독은 가장 먼저 폐쇄되는 GM의 트럭 공장을 방문하여, 마지막 트럭을 생산하는 모습을 카메라에 담는다. 그리고 GM 공장의 실직자와 인터뷰하고, GM의 대변인이자 로비스트인 톰 케이도 인터뷰한다. 그는 로저 스미스 회장에게 일자리를 잃은 사람들을 만나보라고 말하기 위해 디트로이트에 있는 GM 본사를 방문하지만, 엘리베이터를 타기도 전에 쫓겨난다. 스미스 회장을 인터뷰하기 위한 무어 감독의 '첫 시도'가 실패한 것이다.

　고향으로 돌아온 무어 감독은 또 다른 노동자들을 취재한다. '11개 공장 폐쇄로 뷰익시Buick City 1300명 실직, 플린트시 3600명 실직, GM사 4500명 추가 감원 계획'이라는 기사와 함께 점점 황폐화되는 플린트시의 모습을 보여준다. 로널드 레이건 대통령이 일자리 창출을 약속하지만, 시행되지 않는다. 많은 사람이 플린트시를 떠나며 노동자들의 삶은 피폐해져 가는데, GM 임원들은 이 문제의 심각성을 인지하지 못한다. GM사에서 해고당한 사람들은 집세를 내지 못해 퇴거당한다. 무어 감독은 스미스 회장을 만나기 위해 그가 자주 간다는 요트 클럽을 무작정 찾아가지만 만나지 못한다. 스미스 회장을 만나기 위한 무어 감독의 '두 번째 시도' 역시 실패한 것이다.

　도시의 축제 퍼레이드, 유명 목사 초빙, 스타 극장 건설 등 플린트시의 상황과 어울리지 않는 행사를 보여준다. 한편에서는 강제 철거가 계속되는 플린트시의 모습을 보여준다. 무어 감독은 스미스 회장이 자주 다닌다는 피트니스 클럽으로 그를 찾아가지만 역시나 만나지 못한다. 무어 감독의 '세 번째 시도'가 실패한 것이다. 이후 실직 사태에 따른 플린트시 사람들의 피폐해진 삶을 보여준다. 암웨이 판매원, 애완용 토끼를 도축하여 고기로 파는 여자, 매일 헌혈을 하여 돈을 버는 청년 등을 보여준다. 범죄는 증가하고 감옥에는 사람이 넘쳐나지만 부자들은 여유롭게 골프를 즐긴다.

　그해 겨울, 스미스 회장이 올해의 자동차상을 수상하기 위해 뉴욕의 사업가 만찬 모임에 참석한다는 소식을 듣고 그곳으로 가보지만, 도착하자마자 촬영팀 한 명이 소비자운동가로 몰려 뉴욕 경찰에 연행된다. 무어 감독은 다시 GM 본사로 가서 엘리베이터를 타지만, 경비원이 나타나 제지한다. 스미스 회장을 인터뷰하기 위한 무어 감독의 '네 번째 시도' 역시 실패로 끝난 것이다.

이어서 플린트시 당국이 실업 문제에 대한 해결책으로 제시한 관광사업에 대해 보여준다. 플린트시 당국은 고급스러운 하얏트 호텔을 건설하고, 관광코스 '워터 스트리트'를 조성하고, 실내 놀이공원 '오토월드'를 개관한 것이다. 하지만 예측했던 관광객 100만 명은 오지 않았다. 이에 하얏트 호텔은 파산 후 매각되었고, 워터 스트리트의 상점들은 폐점되었으며, 오토월드는 6개월 만에 폐장했다.

로저 스미스는 연봉이 2만 달러나 오른 반면, 플린트시의 사람들은 부족한 보조금으로 어렵게 생활하고 있음을 보여준다. 한 잡지사는 플린트시를 미국 최악의 도시로 선정하기도 한다. 시청 앞에서 생방송을 위해 주차해둔 방송 차량이 도난당하는 사고가 발생하기도 한다. 결국, 플린트시는 늘어가는 범죄자를 감당하지 못해 5층짜리 최신식 교도소 건물을 짓는다.

스미스 회장을 만나기 위해 무어는 미시간주를 떠나 뉴욕의 GM 주주총회장까지 간다. 무어 감독은 주주로 가장하여 GM사의 주주총회에 참석하지만, 결국 발언 기회도 얻지 못한다. 로저를 만나기 위한 '다섯 번째 시도' 역시 실패한 것이다.

플린트시에도 크리스마스 이브가 찾아왔지만, 그날도 강제 철거는 진행되고 있다. GM사의 성탄절 파티에 긴급 참석한 무어 감독은 성탄 메시지를 전하는 연설을 마치고 막 연단을 내려온 스미스 회장을 만난다. 스미스 회장을 인터뷰하기 위해 끈질기게 쫓아다닌 무어 감독이 드디어 3년 만에 로저를 만나게 된 것이다. 그는 기습적으로 회장에게 질문을 던진다. "저희들은 크리스마스 이브에 거리로 쫓겨난 사람들을 촬영하다 왔습니다. 그들은 공장 근로자들이죠. 저희와 함께 플린트로 가보실 생각은 없으십니까?" 회장은 무덤덤하게 이렇게 말한다. "이미 다녀왔고 유감스럽게 생각합니다만, 아는 바가 없습니다. GM이 그런 게 아니니, 집주인과 얘기하세요." 무어 감독은 스미스 회장을 플린트로 데려오는 데 실패했다며 영화는 마무리된다.

〈로저와 나〉에서 '나'인 감독 마이클 무어는 GM 회장인 로저 스미스를 만나 인터뷰하려는 시도들을 담아내고 있다. 마이클 무어는 회사가 위기에 처해 직원을 해고하는 것이 아니라 이미 이익을 보고 있는 GM이 더 큰 이익을 위해 수많은 실업자를 생겨나게 한 것이 정당한 것인지 스미스 회장에게 물어보려는 것이다. 무어 감독은 GM 회장인 로저 스미스를 직접 만나 인터뷰하기 위해 그가 일하는 GM의 사무실, 그가 즐겨 찾는 요트 클럽과 피트니스센터, 그리고 미시간주를 떠나 뉴욕의 주주총회장까지 찾아간다. 하지만 무어 감독은 그를 만나기도 전에 문전 박대당하기도 하고, 외면당하기도 한다. 인터뷰 대상자가 인터뷰어를 회피하거나 거부하는 모습을 있는 그대로 보여주는 것은 1960년대 등장한 시네마 베리테의 전통을 따르는 것인데, 신랄한 풍자와 함께 이러한 과정을 제시함으로써 관객이 그 과정을 웃으며 즐기게 만든다.

물론 〈로저와 나〉에서 로저 스미스 회장을 인터뷰하기 위해 끈질기게 추적해가는 과정은 GM 최고 책임자를 만나 노동자들의 처참한 현실을 알리고 대량 해고를 결정한 회사의 결정을 돌려보겠다는 데 목적이 있는 것이 아니다. 교묘하게 피해 다니는 스미스 사장을 통해 권력자의 무관심과 부당한 침묵을 드러내는 데 진정한 목적이 있는 것이다. 따라서 스미스 회장을 만나 인터뷰하려는 시도가 실패를 거듭할수록 불편한 권력관계의 진실이 효과적으로 드러나게 된다. 즉, 이 영화에서 무어 감독이 지속적으로 인터뷰를 거부당하는 상황은 어떠한 수단과 방법을 구사해도 '권력'과 '자본'은 꿈쩍도 하지 않는다는 사실을 보여줌으로써 무어가 의도하는 메시지를 효과적으로 전달하는 장치라고 할 수 있다(서현석, 2004).

이 영화는 또한 극적인 대비를 통해 대기업 회장의 사회적 무관심을 극대화시킨다. 서민들이 집을 압류당하는 장면 다음에 미국 휴양도시의 호화로운 저택가에서 로저를 찾아나서는 장면을 교차편집으로 보여준다. 플린트의 시민들이 돈이 없어 집에서 쫓겨나는 장면과, 성탄을 축하하는 GM사의 파티장에서 로저 스미스 회장이 연설하는 장면 등 상반되는 화면들의 대조와 교차편집을 통해 그들의 대비되는 상황을 효과적으로 보여주고 있다.

그뿐만 아니라 화면의 내용과 상반되는 음악을 사용해 화면과 음향을 충돌시키는 대조 기법을 사용한다. 즉, 폐허가 된 마을이나 슬픈 모습을 보여주는 화면에 캐럴이나 흥겨운 음악을 사용한다. 예를 들면, GM 공장이 폐업한 뒤 플린트시의 공허한 마을 전경, '뷰익시 1300명 해고' 신문 기사, '플린트시 3600명 실직' 신문 기사, 'GM 4500명 추가 감원' 신문 기사 등 우울한 내용의 이미지를 화면에 보여주면서, 비치 보이스The Beach Boys의 흥겨운 「Wouldn't It Be Nice」라는 노래가 나온다. 이는 특정한 화면의 내용과 대조적인 분위기의 음악을 사용해 그 상황을 풍자하는 것이다. 성탄절 이브에 집세를 못 내서 쫓겨나는 사람들을 보여주면서 "울면 안 돼, 울면 안 돼"라는 성탄 노래 가사가 들림으로써 자본가의 가식과 위선 그리고 가난한 자의 비참함을 극명하게 보여준다. 엔딩 장면에서 GM의 성탄 파티 장면 중 스미스 회장이 화면에 등장하기 전에 합창단이 부르는 「Santa Claus Is Coming to Town」은 로저를 산타클로스에 빗대어 표현하는 것처럼 보인다. 영화의 엔딩 크레딧이 올라갈 때 「I am proud to be an American」이라는 음악을 사용함으로써 이러한 상황을 반어적으로 표현한다. 이와 같이 〈로저와 나〉에서는 화면의 내용과 정반대의 배경음악을 사용함으로써 조롱과 풍자의 방식으로 현실 사회를 재현하고 있다.

무어 감독은 자신의 내레이션으로 직접 자신의 생각을 말하는데 단순히 정보를 제공할 목적이라기보다는 풍자와 조롱을 통해 주제를 부각하기 위

신문

TV 뉴스

인쇄 광고

TV 광고

그림 4-1 〈로저와 나〉에 사용된 브리콜라주

한 목적으로 사용한다. 예컨대 〈로저와 나〉에서 GM 회장인 로저 스미스가 미국 공장을 폐쇄하면서 노동자를 감원하고 동시에 임금을 삭감한 뒤 그 돈으로 값싼 노동력이 있는 멕시코에 공장을 짓고 또 첨단 무기제조 회사를 인수하는 것으로 보아 매우 천재적인 기업가라고 비아냥거린다. 또 다른 예로, 무어 감독은 정부에서 관광 사업을 위해 플린트시에 하얏트 호텔을 지었다는 사실을 전달하며, 플린트 시민들의 어려운 경제 상황을 이렇게 풍자적으로 표현하기도 한다. "플린트 시민들은 가난해서 하얏트 호텔에 투숙할 순 없지만, 호텔 개장식 날, 도시의 유일한 에스컬레이터는 탈 수 있었다." 이 영화의 마지막 부문에 "플린트에서 극장이 다 망해서 상영을 못했다"는 자막이 제시되는데, 이 또한 풍자적 표현이라고 볼 수 있다.

또한 마이클 무어는 뉴스나 광고 등 기존 대중매체의 이미지를 다큐멘터리 제작에 과감하게 사용했다. 이러한 방식은 손에 닿는 대로 어떤 것이든 자유롭게 이용하는 예술 기법인 브리콜라주bricolage 방식이라고 할 수 있는데, 이 작품에서는 그림 4-1과 같이 신문 기사, TV 뉴스, 인쇄매체나 TV매체의 광고 등을 자유롭게 이용했다. 대중문화 이미지를 적극적으로 사용한 이러한 편집 방식은 의도를 효과적으로 그리고 재미있게 전달하기 위한 목적이라면 어떤 자료라도 기꺼이 사용할 수 있음을 보여준다.

하지만 무어는 자신이 의도하는 메시지를 만들어내기 위해 일어났던 일의 순서를 의도적으로 재배치하는 인위적인 편집을 한 것에 대해 비판을 받게 된다. 대표적인 예가 놀이공원의 건설과 폐쇄 장면이다. 이 영화에서는 GM 공장이 문을 닫아서 실업 문제가 심각해진 것을 먼저 보여준다. 이후에 정부가 관광 산업을 발전시키고자 놀이공원 건설을 시도하지만 맥없이 실패하는 것을 보여준다. 일반적으로 영화에서 먼저 보여주는 것이 원인이고, 나중에 보여주는 것이 결과라고 생각하게 된다. 따라서 이런 순서에 의한 편집은 정부가 실업대책으로 놀이공원을 건설했다가 실패한 것으로 보이게 함으로써 정부가 무능하고 허황된 계획으로 예산을 낭비했다는 느낌을 주게 된다. 그런데 실제로는 놀이공원 건설은 GM 공장이 폐쇄되기 이전에 일어난 일이다. 무어 감독은 의도적으로 두 사건의 순서를 바꾸어 제시함으로써, 정부의 무능함을 더 강조한 것이다.

마이클 무어 감독의 또 다른 작품인 〈볼링 포 콜럼바인〉은 1999년 4월 20일 미국 콜로라도주의 콜럼바인 고등학교에서 발생한 총기난사 사건[4]을

---

4   1999년 4월 20일, 콜로라도주의 콜럼바인 고등학교에 다니는 학생 두 명(에릭 해리스,

계기로, 왜 유독 미국에서는 총기 사고가 빈번하게 발생하는가에 대한 문제의식에서 출발한 다큐멘터리이다. 영화에 나타난 국가별 연간 총기 피살자 수를 보면, 미국이 압도적으로 많다. 일본 39명, 호주 65명, 영국 68명, 캐나다 165명, 프랑스 255명, 독일 381명인 데 반해, 미국은 1만 1127명에 달한다. 감독은 처음에는 문제가 총기 허용에서 비롯되었다고 생각한다. 감독은 미국에서 총과 총알을 구입하는 것이 매우 쉽다는 것을 보여주며 미국인들의 일상에 총이 얼마나 가까이 있는지 강조한다. 그러나 캐나다인도 총기를 소지하지만 1년 동안의 총기 사고 건수는 미국의 10분의 1도 안 된다는 점을 상기시킨다.

그렇다면 전문가들이 말하는 것처럼 청소년들이 듣는 마릴린 맨슨Marilyn Manson의 록 음악이 문제인가 하는 의문을 제기하지만 록 음악을 안 듣는 나라가 어디 있냐며 반박한다. 또 다른 총기 사건의 원인으로 폭력적인 게임, 빈곤 문제를 들지만, 폭력적인 게임은 일본이 원조이며, 빈곤 문제는 캐나다의 실업률이 더 높은 것으로 보아 원인이 아니라고 한다. 미국의 역사 자체가 폭력의 역사이기 때문에 총기 사고가 빈번하게 일어난다는 주장 역시 전범국인 독일과 일본의 예를 들어 반박한다.

유독 미국에서만 총기 사건이 계속 발생하는 것에 대해 결국 마이클 무어가 찾은 해답은 '불안감'이다. 영화에서 마이클 무어 감독은 언론은 끊임없이 불안감을 조성하고, 총기 소유 합법화를 지지하는 대표 단체인 전국총기협회National Rifle Association: NRA는 적극적인 로비와 활동을 펼치고 있으며, 불안감을 명분으로 전쟁이라는 가장 큰 폭력을 행사하는 나라가 미국이라

딜런 클리보드)이 같은 학교 학생들에게 총기를 난사해, 13명이 사망하고 23명이 부상을 입었으며 범인들은 모두 그 자리에서 자살했다.

는 점을 폭로한다. 영화에 제시된 바에 따르면 미국은 1953년 이란의 모사디크 정권을 전복시키고 독재자의 집권을 도운 것을 시작으로 과테말라 (1954), 베트남(1963~1975), 칠레(1973), 엘살바도르(1977), 니카라과(1981), 이란(1983), 이라크(1990) 등 수많은 나라에서 발생한 국제적 폭력사태의 배후로서 군사적 공격을 가해왔다는 것이다. 총기 사건이 일어나기 한 시간 전에도 클린턴 대통령은 폭격기로 코소보를 폭격하고 있었다고 밝힌다. 감독은 무기를 제작하는 미국 최대 국방업체 '록히드 마틴Lockheed Martin'사 직원들의 자녀들이 사건이 일어난 고등학교에 다니고 있었다는 사실을 바탕으로 아버지가 만든 미사일이 다른 나라로 날아가 무고한 사람들을 죽이는 동안 그 아들은 학교에서 친구들을 총으로 쏘고 있었다며 비아냥거린다. 미국에서 일상화된 폭력이 국가적 차원에서뿐만 아니라 개인적인 차원에서도 발생하고 있음을 비판하는 것이다.

영화는 총기 사건의 범인이 범행 당일 볼링을 쳤다는 것과 최근 볼링장에서 세 사람이 총에 맞아 사망한 뉴스를 전하며 어쩌면 볼링이 모든 문제의 원인일지 모르겠다고 빈정거리면서 마무리되는데, 여기서 이 영화의 제목이 나오게 된 것이다.

무어는 자신의 목적을 달성하기 위해 인과관계를 무시하는 인위적인 편집을 하거나 일의 진행 과정을 축약한다는 비판을 받아왔다. 이 영화에서도 이러한 특징이 잘 나타나는데, 영화의 오프닝에서 무어는 은행 계좌를 열면 무상으로 총기를 선물로 주는 미시간주의 한 은행에 찾아가서 실제로 통장을 만들고 경품으로 총기를 받는다. 그러나 사실은 무어가 보여준 것처럼 이 은행이 계좌를 열었다고 한 시간 안에 바로 총기를 내주는 것은 아니다. 공짜로 총기를 받기 위해서는 신원조회 과정을 거쳐야 하기 때문에 실질적으로는 열흘 정도의 시간이 소요된다. 마이클 무어는 미국 사회 내에서 총기 문화가 얼마나 일상화되어 있는가를 극단적으로 보여주기 위해 도발적인 방식으로 문제를 제기하고 있는 것이다.

또한 마이클 무어는 자신이 전달하고자 하는 바를 효과적으로 전달하기 위해 전후 문맥을 생략한 채 특정 부분만 사용함으로써 현실을 왜곡했다고 비판받는다. 예를 들면, 전국총기협회NRA 헤스톤 회장의 연설 중 개별적인 문장만을 발췌하여 사용한 경우를 들 수 있다. 덴버시의 시장이 최근 발생한 총기 사건을 이유로 전국총기협회의 집회를 다른 곳에서 개최해달라고 요청하는 장면 다음에 헤스톤 회장이 "우리는 벌써 와 있다"라고 말하는 장면을 연결했는데, 이러한 편집은 헤스톤 회장이 덴버 시장을 조롱하는 듯한 부정적인 이미지를 심어주게 된다. 그러나 헤스톤 회장의 말을 앞뒤 맥락을 고려해보면, 전국총기협회의 회원들은 경찰, 소방관 등의 사회구성원으로 전국의 지역사회에서 활동하고 있다는 의미라는 것이다. 이에 대해 무어는 자신의 웹사이트를 통해 헤스톤 연설문의 전체적인 문맥을 보면 역시 덴버 시장이 자신들의 집회를 방해했다는 사실을 조롱하는 것이어서 헤스톤의 기본적인 입장을 왜곡한 것은 아니라고 반박했다(서현석, 2004).

마이클 무어 감독은 이 영화에서도 특정한 화면 내용과 상반되는 분위기의 음악을 사용하는 대조를 통해 풍자한다. 여러 국제적인 폭력적 사건들을 나타내는 자료 화면을 몽타주로 편집하고 배경음악으로 루이 암스트롱Louis Armstrong의 「얼마나 아름다운 세상인가What a wonderful world」를 사용함으로써 화면 내용과 음향을 충돌시키고 있다.

〈볼링 포 콜럼바인〉은 프랑스 칸 영화제에 오른 첫 번째 다큐멘터리가 되었으며, 미국 아카데미상의 다큐멘터리 부문상을 수상했다. 이로써 마이클 무어 감독은 미국에서 다큐멘터리 분야의 대표적인 인물로 부상했다.

마이클 무어 감독은 2004년 조지 부시George Bush 대통령과 정치인들을 정면으로 비판하고 희화화하는 〈화씨 9/11〉으로 칸 영화제의 황금종려상을 수상했다. 이 작품은 2001년 9월 11일 뉴욕 세계무역센터와 워싱턴 국방성 건물인 펜타곤에 일어난 테러 공격 '9·11 테러 사건'을 중심으로, 부시 대통령에 대한 여러 의혹을 파헤친다.

이 작품은 부정선거 의혹이 제기되었던 2000년 대선 이야기부터 시작한다. 그리고 9·11 테러 사건 당시 세계무역센터에 비행기가 충돌했다는 소식을 플로리다의 한 초등학교에서 접하고도 7분 동안 눈만 껌벅이면서 아무런 행동도 취하지 않은 채 충격에 싸여 어찌할 바 모르는 조지 부시의 모습을 보여준다.

9·11 테러 사건 직후 미국의 모든 공항이 폐쇄되고 모든 여객기의 이륙이 금지된 상황에서 9·11 테러 사건의 배후 인물로 지목된 오사마 빈 라덴 Osama bin Laden의 일가가 포함된 142명의 사우디인들이 별다른 수색 과정 없이 백악관의 승인하에 비휴행기를 타고 미국을 빠져나간 사실을 보여준다. 오사마 빈 라덴이 부시 대통령 일가와 사업상 깊은 관계였다는 것도 폭로하며 부시 대통령 일가와 빈 라덴 일가, 그리고 사우디 왕가의 유착관계를 집요하게 파고들기도 한다. 이와 더불어 작품에서는 명확한 증거도 없이 테러의 배후를 이라크로 지목하고 이라크를 침공한 것을 꼬집으며, 사우디아라비아를 수사선상에서 제외시킨 채 이라크 침공을 선택한 부시 대통령과 측근에 대해 전문가들의 다양한 증언 아래 치밀하고 집요하게 파고들어 간다.

또한 빈 라덴을 잡는다는 명목으로 시작한 아프가니스탄 전쟁의 이면에 숨겨진 부시 행정부의 또 다른 속셈과 문제를 파헤친다. 그 일환으로 아프가니스탄 전쟁이 끝나자 기본적인 인권까지 침해하는 '애국법'을 제정하고도 국민을 상대로 끊임없이 테러의 위협을 경고하는 상황, 부시 행정부가 이라크와의 전쟁을 준비하는 데 엄청난 비용을 사용한 이후 미국 국경이 재정 부족으로 인해 허술하게 방치되고 있는 국가 방위의 허점을 폭로한다.

그리고 9·11 테러 사건과는 아무런 연관도 없는 이라크를 침공한 부시 대통령과 부시 행정부를 성토한다. 이라크 전선에 파견된 군인들이 직면하는 전쟁의 참상과 비인간적인 현장을 보여주고, 미국 본토에서 이라크 전쟁으로 아들을 잃고 고통받는 가족을 보여준다. 또한 국군 모집원들이 미국에서 가장 빈곤한 지역만을 찾아 젊은이들에게 입대를 종용하는 모습도 보여준다. 이러한 끔찍한 현실 앞에서 부시 대통령은 참전 군인들의 봉급과 이들 가족에게 주는 보조금을 삭감하거나 퇴역 군인들이 받아야 할 의료 보험과 같은 각종 혜택을 위한 지원금 증액을 반대하고, 기업 경영진들은 이라크 석유와 이라크 재건 사업으로 이윤을 창출할 궁리만 한다.

마이클 무어 감독은 이 작품에도 직접 출연해 신랄하면서도 냉소적인 유머와 위트를 보여준다. 아이스크림 차를 타고 워싱턴을 돌아다니면서 국회의원들이 읽어보지도 않고 국회에 통과시킨 '애국법'의 조항을 국회의원들에게 직접 읽어주는 익살스러운 퍼포먼스를 하기도 한다. 테러 직후, 미국이라는 거대한 제국의 수장으로서 평소 근엄한 대통령의 모습이 아니라 안절부절못하는 모습을 보여주는 것과 정치인들의 위선적인 모습을 보여주는 것은 기득권층에 대한 희화화로, 이러한 조롱으로 쓴웃음을 자아낸다.

또한 무어는 대중들에게 공유되지 않았던 충격적인 사실을 더욱 효과적으로 드러내기 위해 충격적이고 의도적인 편집을 했다. 이라크 전쟁에서 아들을 잃은 한 어머니가 백악관 앞에서 오열하고 반전 구호를 외치는 장면을 보여준다. 이어서 무어 감독이 의사당 앞을 배회하면서 마주치는 국회의원들에게 그들이 주장하듯이 조국을 위해 자식들을 이라크로 보내라고 말하는 장면을 보여준다. 그리고 무어 감독은 이들 의원의 자식들 중에 단 한 명만이 이라크에서 복무하고 있음을 성토하는 장면을 이어 붙인다. 또 다른 예로, 미국 정부 측이 이라크에서 민간인은 절대로 폭격하지 않았다고 말하는 장면 바로 다음 장면에서 이라크 폭격으로 피 흘리는 어린 아이들을 이어 붙인다. 무어는 이러한 편집으로 정치인들의 위선을 적나라하게 드러내고 자신의 주장을 강력하게 펼치고 있는 것이다.

사실 마이클 무어의 다큐멘터리를 보는 대다수의 사람들은 그의 다큐멘터리가 객관적이기보다는 다분히 주관적이고 과장되어 있으며 정치적으로 편향되어 있다는 것을 알게 된다. 하지만 그러한 주관성·과장성·편향성은 그동안 가려졌던 진실을 효과적으로 드러내는 장치로 작동한다.

미국 대선을 목전에 두고 부시의 재선을 막겠다는 노골적인 목적으로 제작된 이 다큐멘터리는 지나친 정치성 때문에 디즈니에 의해 배급이 거부되기도 했다. 하지만 미라맥스를 통해 배급망을 확보하면서 1억 달러가 넘는 수익을 냄으로써 전 세계적으로 4000만 달러 이상의 수익을 낸 〈볼링 포 콜럼바인〉의 기록을 깨고 다큐멘터리에서 상업적으로 엄청난 기록을 수립했다.

이상에서 살펴본 바를 토대로, 마이클 무어 감독의 다큐멘터리에 나타나는 특징을 정리해보면 다음과 같다. 먼저, 감독 자신을 작품에 적극적으로 드러냄으로써 '자기 성찰적' 성격을 갖는다는 점이다. 감독 자신이 카메라 앞에 등장하며 관련된 사람들을 직접 인터뷰하기도 하고 1인칭 내레이션을 사용해 작품에 적극적으로 개입하는 주관적 다큐멘터리 스타일을 사용하고 있는 것이다. 감독은 사회적인 이슈를 자신만의 지극히 사적인 이야기와 함께 자신의 목소리로 전달한다. 전통적인 다큐멘터리에서 내레이터가 모든 것을 다 아는 전지적인 관점에서 내레이션을 한다는 점에서 '신의 목소리'라고 불렸다면, 무어 감독의 작품에서 내레이터는 '나'라는 한 개인의 평범한 목소리로 내려온 것이다.

두 번째로, 마이클 무어 감독은 대조 기법을 사용해 상황을 풍자적으로 표현한다. 먼저, 극적으로 대비되는 장면의 교차편집을 통해 상황을 풍자적으로 폭로한다. 예를 들면 서민들이 집을 압류당하는 장면 다음에 호화로운 저택가에서 로저 스미스 회장을 찾아다니는 장면이나 GM사의 성탄절 파티 장면을 교차편집해 그들의 대비되는 상황을 효과적으로 보여준다. 또한 화면의 내용과 대조되는 배경음악을 사용함으로써 그러한 상황의 아이러니함을 강조하기도 한다. 〈로저와 나〉에서는 공장 폐업으로 폐허가 되어가는 플린트시의 화면에 비치 보이스의 흥겨운 「Wouldn't It Be Nice」 음악을 사용했으며, 〈볼링 포 콜럼바인〉에서는 국제적인 폭력 사건을 보여주는 화면에 루이 암스트롱Louis Armstrong의 「What a wonderful world」를 사용한 것이다.

세 번째로, 마이클 무어는 일종의 브리콜라주 방식을 사용하여 그가 전달하고자 하는 메시지를 효과적으로 전달한다는 점이다. 〈로저와 나〉에서 무어는 플린트라는 도시의 성장과 쇠퇴, 가난이 할퀴고 간 상처를 담고 있는 기록 영상에서 다양한 PR 자료, 뉴스 화면, 그리고 그래픽 이미지들을 사용했다. 〈볼링 포 콜럼바인〉에서는 청년층이 즐겨 보는 냉소적인 애니메이션 〈사우스 파크South Park〉를 인용하기도 한다. 이런 다양한 이미지들의 조합을 통해 무어 감독은 자신이 전달하고자 하는 메시지를 훨씬 소구력 있게 그리고 충격적으로 전달하고 있다.

무어 다큐멘터리의 네 번째 특징은 풍자와 조롱, 그리고 유머와 위트가 있다는 점이다. 그의 작품 속에서 무어는 일관되게 미국 사회의 권력자들과 대기업의 임원들을 우스꽝스럽게 희화화하고, 그들의 위선과 무책임한 행위를 냉소적인 풍자를 통해 조롱한다.

다섯 번째, 그의 다큐멘터리 특징은 지나친 주관성과 편집상의 현실 왜곡 문제를 지닌다는 것인데, 이러한 점에 의해 많은 비판을 받기도 한다. 마이클 무어는 자신이 주장하는 바를 강력하고도 효과적으로 드러내기 위해 주관적이면서도 일방적인 내레이션을 사용하기도 하고, 자료의 단편적인 부분을 전체적인 문맥에서 벗어나게 사용해 현실 왜곡의 논란을 야기한다.

이러한 모든 특징은 다큐멘터리가 마이클 무어 자신의 관점으로 제작되었다는 것을 의도적으로 드러내는 장치들이다. 이런 장치들을 통해 그 작품이 감독의 주관적 관점으로 만들어진 것임을 분명히 하여 그것을 토대로 관객들이 스스로 진실을 구성하도록 요구한다.

성찰적 다큐멘터리의 두 번째 경향은 에롤 모리스Errol Morris 감독의 〈가늘고 푸른 선The Thin Blue Line〉(1988)에서 나타나는데, 이 작품은 다큐멘터리의 사실성에 대한 새로운 접근법을 보여준다. 이 영화는 재연 기법을 적극적으로 활용하는데, 새롭거나 모순적인 증거가 등장할 때마다 범죄 장면은 다시 변화된 설정으로 재연되어 제시된다. 이처럼 같은 상황에 대한 서로 다른 재연 장면의 반복은 재연의 허구성을 드러나게 함과 동시에 관객이 스스로 진실이 무엇인지 구성하도록 한다.

〈가늘고 푸른 선〉은 1976년 텍사스 댈러스 카운티에서 발생한 경찰관 살인 사건에서 살인범으로 기소되어 사형선고를 받은 랜들 애덤스Randall Adams라는 사람이 무죄임을 보여준다. 1976년 11월 29일 도로를 순찰하던 경관이 우연히 검문한 차량 운전자에 의해 살해당한다. 데이비드 해리스(당시 16세)가 용의자로 검거되지만, 검찰 조사에서 데이비드 해리스는 당시 동승했던 랜들 애덤스(당시 28세)의 소행이라고 주장하고, 결국 랜들 애덤스가 사형선고를 받는다. 피고에게 사형을 선고하기 위해서는 피고가 재범의 가능성이 있다는 심리학자의 면담 결과가 있어야 하는데, 범죄심리 상담사인 제임스 그릭슨James Grigson 박사가 면담한 피고인들은 거의 대부분 사형선고를 받음으로써 그는 '죽음의 박사', '살인마 심리학자'로 불리게 된다. 에롤 모리스 감독은 '죽음의 박사'라고 불리는 그럭슨에 관한 다큐멘터리를 제작하려고 준비하던 중, 랜들 애덤스가 사형선고를 받은 판결에 큰 모순이 있음을 발견하게 된다. 그는 그 후 2년 반 동안 사건의 중심에 있는 두 인물을 비롯해 많은 사건 관련자들과 인터뷰를 하면서 사건을 자세히 검토한 뒤 이를 재구성하여 제작했다.

이 작품은 랜들 애덤스가 사형선고를 받게 된 그 사건부터 이야기가 진행된다. 한 경관이 차량 검문을 하려던 중 총격으로 죽게 되고, 용의자가 애덤스로 지목되면서 그는 사형선고를 받게 된다. 문제는 애덤스가 유죄판결을 받기까지의 과정이 비논리적이고 설득력이 떨어진다는 것이다.

이야기가 진행되면서 이 사건의 범인으로 사형선고를 받은 랜들 애덤스와 이 사건의 진짜 범인인 데이비드 해리스의 진술에도 차이가 있었음이 드러난다. 먼저 애덤스는 오전 10시경 해리스와 우연히 만나 같이 차를 타고 가던 중, 해리스가 총을 가지고 있다는 것을 알게 된다. 그리고 그 둘은 이곳저곳 돌아다닌 다음, 애덤스가 머무는 댈러스 모텔로 차를 몰았고, 애덤스는 모텔에 들어가서 TV를 15분 정도 보다가 10시 30분에 잠이 들었다고 증언한다. 반면 해리스는 정오에 서로를 만났다고 진술했으며, 그의 진술에 의하면, 해리스는 자정이 넘었던 12시 반경에도 애덤스와 같이 있었으며, 사건 당시 애덤스가 경관에게 총을 쏘았다고 한다. 애덤스와 해리스의 진술을 비교해보면, 이 둘은 함께 있었다고 하는 장소는 같았지만 두 시간의 시간 차이가 있다(그림 4-2 참조).

그리고 여경관의 진술이 처음과 많이 달라졌다는 애덤스의 말과 함께 여경관이 봤다던 범인의 인상착의를 설명하는 재연을 제시한다. 그 여경은 사건 발생 15분 후에 한 최초 진술에서 운전석에 털 깃이 달린 재킷을 입은 한

그림 4-2 애덤스와 해리스 진술의 두 시간 차이

명만 있었다고 진술했다. 하지만 2주 동안 내부 조사를 받고 난 후 여경은 법정에서 범인은 덥수룩한 머리를 하고 있었고 그 차에는 두 명이 타고 있었다고 진술을 바꿨다(사건 당시 애덤스의 머리 스타일은 덥수룩한 머리였다). 같은 상황에 대해 서로 다른 재연 장면이 제시되는데, 어느 재연이 사실인지를 판단하는 것은 관객의 몫이다.

뒤늦게 나타난 목격자들의 증언은 애덤스가 범인으로 몰리게 된 결정적인 원인이기도 하다. 그렇기 때문에 목격자들 존재 자체의 진실성에 의문을 갖게 되는데, 그들의 진술은 앞뒤가 맞지 않는 증언으로 이 사건의 수사 및 재판 과정에서 모순이 있었다는 것을 더욱 뚜렷하게 증명한다. 두 번째 목격자인 밀러 부부는 차를 몰고 가던 중 그 사건을 우연히 보게 되었고 그들 모두 애덤스를 범인으로 지목했다. 하지만 밀러 부부의 진술이 끝나고 난 뒤, 밀러 부부와 같이 일하는 동료가 그들은 거짓말을 하고 있다고 말한다. 밀러 부부가 동료에게 사실은 차가 어두워서 아무것도 볼 수 없었고 경찰 측이 원하는 것이 있다면 무엇이든 이야기하겠다고 자신에게 말했다는 것이다.

마지막 목격자는 세일즈맨이다. 세일즈맨은 처음 진술에서 자신은 한 번 본 것은 잘 잊어버리지 않는다고 말한다. 사건 당시 금발의 백인이 차 안에 있었으며, 그 당시 그런 백인은 눈에 띌 수밖에 없었다고 말한다. 하지만 이 다큐멘터리의 끝부분에서 세일즈맨은 "경찰은 법정에서 어떻게 증언할지 미리 다 정해놓고 간다"라고 말한다. 마치 자신의 진술도 경찰에 의해 정해져 있었던 것처럼 말하는 것이다.

극의 흐름이 절정으로 치달으며 애덤스 측 변호사는 해리스가 범인이라고 과감하게 주장한다. 이와 함께 재판 당시 검찰 관계자들이 해리스에게 직접 '이렇게 대답하라'고 했다는 사실까지 밝혀진다. 그리고 또 다른 살인 사건으로 사형선고를 받은 데이비드 해리스는 이 사건의 범인이 자신이라고 추정할 수 있는 말을 하는데, 바로 이 결정적인 해리스의 실제 육성 인터뷰를 제시하면서 작품은 끝이 난다.

이 다큐멘터리는 사건에 대한 재연과 인물들의 인터뷰 재연으로 구성되어 있다. 각각의 인터뷰가 일정한 흐름을 따라서 정교하게 배열되어 있으며, 그 내용을 재연 형식으로 재구성하고 있다. 재연은 경찰관 살인 사건에 대해 서로 다르게 기억하는 애덤스, 해리스, 피살된 경찰의 파트너(여 경관), 그리고 그 밖의 목격자들의 주장대로 각각의 시점에서 재구성된다. 10여 년 전 경찰관 살인 사건의 재판에 참여했던 당사자들의 주장을 그대로 재연함으로써 그들의 시점에서 본 상황들이 상당히 불일치함에도 유죄로 판결된 재판 결과에 의문을 던진다. 또한 여경관의 진술 번복, 목격자들의 증언 번복 등이 정교하게 배열되어 있다. 예를 들면, 사건 담당 경찰관의 인터뷰에 의해, 여 경관은 차 안에 있다가 총성에 놀라 차창 밖으로 음료수를 떨어뜨린 것으로 재연되었다. 하지만 재판정에서 한 여 경관의 증언에 의하면, 그녀는 규정대로 차 밖에서 대기하고 있었던 것으로 재연되었다. 이처럼 진술자들의 진술 내용에 따라 조금씩 달라지는 정황을 그대로 극화한 재연이 반복되면서, 애덤스를 범인으로 지목하는 모든 진술이 하나같이 오류를 범하고 있다는 걸 밝혀낸다.

사람들의 진술이 조합되면서 하나의 묵언적인 진실이 만들어지고 있다는 것은 이 다큐멘터리의 가장 핵심적인 특징이라고 할 수 있다. 인터뷰와 재연의 조합으로 사건의 진위를 가리고 있으면서도 감독은 자신의 판단을 관객들에게 강요하지 않는다. 같은 상황에 대한 서로 다른 재연을 제시함으로써 그 어떤 재연도 사건의 진상을 명확하게 밝히거나 설명할 수 없음을 보여준다. 이는 다큐멘터리에서 사용하는 사실의 재현이 '진실'일 것이라는 믿음을 전복시키는 것이다. 〈가늘고 푸른 선〉은 랜들 애덤스라는 사형수가 쓴 누명을 추적하는 방법에서 '재연의 반복'이라는 새로운 방법을 사용하여 '진실'을 드러내고 있는 것이다. 여기서 어느 재연이 진실일지 결정하는 것은 다큐멘터리가 아니라 수용자이다. 즉, 성찰적 양식은 수용자가 다큐멘터리 안에서 주장하는 진실의 상대적 가치를 생각하도록 만드는 데 역점을 둔다.

이 영화에서는 인물들의 인터뷰에서 등장인물의 이름이 무엇인지, 그의 신분(경찰, 검찰, 변호사 등)이 무엇인지 등에 대한 정보가 자막으로 전혀 제시되지 않는데, 이는 작품 속으로 몰입을 유도한다. 전달하고자 하는 정보 또한 자막을 사용하지 않고 신문 기사를 통해 전달한다. 이 사건의 목격자가 거짓을 말하고 있다고 한 여인이 "돈만 충분히 주어진다면 그들이 바라는 대로 증언하겠다고 했다"라는 말 다음에 보상금을 주겠다는 기사(그림 4-3 참조)를 보여주는 식이다. 또한 신문 기사를 클로즈업하여 언제 무슨 사건이 일어났는지에 대한 정보를 전달하는데, 이는 정보의 객관성을 뒷받침한다.

'가늘고 푸른 선The Thin Blue Line'이라는 말은 경찰이 사건 현장을 군중으로부터 격리하기 위해 둘러치는 줄을 의미하는데, 이것이 잘못 작동했음을 암시하기 위해 타이틀 화면에서 'BLUE'라는 글씨를 빨강색으로 표현했다.

그림 4-3 신문 기사를 통해 정보 제공
자료: 〈가늘고 푸른 선〉(1988).

따라서 이 영화에서 〈가늘고 푸른 선〉이라는 제목은 경찰과 검찰 등의 공권력이 무고한 시민을 사회와 격리시켰음을 의미한다.

이 다큐멘터리가 상영되고 난 뒤 검찰 및 경찰에 대한 신뢰성 문제까지 제기되면서 그 파장은 엄청났다. 동시에 랜들 애덤스가 무죄라는 여론이 형성되고, 이 영상물이 중요한 증거물로 작용해 재심을 거쳐서 11년 만에 무죄가 입증되어 석방되었다. 한 사람의 억울한 누명을 벗기고, 잘못된 재판 결과를 바로잡게 한 것은 바로 다큐멘터리로, 이는 사회에서 작동하는 다큐멘터리의 힘을 보여준다.

2. 수행적 양식

수행적 다큐멘터리는 감독이 체계적이고 치밀한 상황을 계획하여 연출하고, 감독 스스로 그 계획을 수행하는 과정을 담아내는 다큐멘터리이다. 상황은 연출에 가까운 기획과 통제에 의해 만들어지지만, 일단 의도했던 상황이 발생하고 나면 경과나 결과에 대한 통제는 배제되고 그 계획이 수행되는 과정에 대한 중립적인 관찰이 이루어진다. 수행적 다큐멘터리는 객관적인 지식의 결과물을 전달하는 것이 아니라, 감독이 기획한 행위를 수행하는 과정을 통해 관객 스스로 진실을 구축하도록 하는 것이다.

그 기원은 루슈와 모랭의 〈어느 여름의 기록〉이다. 루슈와 모랭의 카메라가 사실을 촉발시키는 '촉매제' 역할을 했다면, 수행적 양식은 제작진이나 감독이 적극적인 계획의 '수행자' 역할을 한다. 기획된 행위를 수행하는 과정은 연출된 현실reality로 이를 '수행적 현실performative reality'이라고 한다. 이러한 수행적 현실은 작품의 일부분에 나타날 수도 있고, 작품 전체가 수행적 현실로 구성될 수도 있다. 〈로저와 나〉나 〈볼링 포 콜럼바인〉에서 무어 감독은 GM사의 로저 스미스 회장을 인터뷰하기 위한 계획을 세우고 인터뷰를 하기 위한 과정에서 직원들과 마찰을 빚는 과정을 작품의 일부로 포함시킨다. 반면에 작품 전체를 기획된 행위를 수행하는 과정으로 구성하는 경우도 있는데, 대표적인 예가 모건 스펄록 감독의 〈슈퍼사이즈 미〉(2004) 이다.

〈슈퍼사이즈 미〉는 맥도날드에서 판매하는 음식이 사람의 인체에 어떠한 변화를 주는지 알아보기 위해 감독 자신이 한 달 동안 하루 세끼를 맥도날드 음식만 먹으면서 자신의 신체가 변화하는 과정을 담아낸 다큐멘터리이다. 기획된 행위를 장기간에 걸쳐 수행하는 과정을 담아내는 것이 곧 영화의 내용이다.

미국에서 비만 인구의 증가와 패스트푸드의 확산, 그 가운데서도 전체 패스트푸드의 43%를 장악하고 있는 맥도날드에 대한 보이스오버 내레이션으로 영화는 시작된다. 이러한 설명 다음에 감독이 등장하여 패스트푸드가 비만의 원인임을 보여주기 위해 30일 동안 맥도날드만 먹으면 어떻게 되는지 보자고 제안한다. 타이틀 '슈퍼사이즈 미'가 제시되고, 영화의 오프닝이 시작된다.

날짜	증상
day 1	어린아이처럼 햄버거를 마음껏 먹어 기뻐함
day 2	슈퍼사이즈 버거와 프렌치프라이, 콜라를 꾸역꾸역 먹다가 토함
day 3	카페인 과다로 속이 않 좋고 피로를 느낌
day 4	3일이라는 고비를 넘기면서 맥도날드 식단에 적응이 됨
day 5	급격한 체중 변화가 일어남(84kg → 88kg)
day 6	실험에서 처음으로 맥너겟을 먹음
day 7~8	가슴 통증과 압박감을 느끼지만 계속 먹음
day 9	이유 없이 우울함을 느끼고 햄버거가 지겨워짐
day 10	배가 아픈 것을 느끼지만 아무렇지 않은 듯 계속 먹음
day 13~16	텍사스 맥도날드에서 또다시 슈퍼사이즈 버거를 먹음
day 17	여자 친구를 통해 성기능이 저하됨을 알게 됨
day 18	두통이 다시 시작되고 무기력함을 느낌 의사가 실험 중단을 권함
day 21	건강 상태가 악화되어, 세 명의 의사 모두 실험 중단을 적극 권함
day 22~27	무기력한 상태에서 계속 햄버거를 먹음
day 29	집으로 올라가는 계단도 오르기 힘들고 숨이 참
day 30	마지막으로 맥도날드 음식을 먹고 검사를 받음

그림 4-4 〈슈퍼사이즈 미〉의 실험 진행 상황

이 실험을 진행하기 위해 심장 전문의, 위장 전문의, 외과 의사 등 의사 세 명과 다이어트 전문가, 운동 코치 등을 만나 상담한다. 채식주의자인 여자 친구와 실험 전 마지막 저녁식사를 하고 난 뒤 영화는 본격적인 실험 상황을 보여준다. '첫째 날Day 1', '둘째 날Day 2' 등의 자막과 함께 맥도날드 음식만 먹는 감독의 모습이 어떻게 변화해가는가를 보여준다.

이 실험을 시작한 지 며칠 만에 감독은 '트림'과 '구토'를 하고 몸무게가 일주일 만에 무려 5kg이 늘고 무기력과 우울증까지 느끼는 등 패스트푸드 식단은 예상했던 것보다 훨씬 더 위험하다는 것을 보여준다. 그리고 그 중간중간에 패스트푸드에 대한 사람들의 생각을 인터뷰하고, 맥도날드 등의

패스트푸드사가 판매량 증가를 위해 빅 사이즈를 개발, 판매하는 것에 대해 비판한다. 사람들이 얼마나 건강에 유해한 환경에 둘러싸여 있는지, 그리고 이러한 패스트푸드를 먹은 영향이 어떻게 나타나는지에 대해 설명한다. 각 도시를 돌아다니며 의사, 영양사, 전문가들의 비만에 대한 각종 견해를 듣는 한편, 하루 아홉 개의 빅맥을 먹어치우는 빅맥 추종자부터 예수와 대통령의 얼굴은 몰라봐도 맥도날드 마스코트인 도널드는 정확히 알아보는 어린아이들을 만나면서 우리 삶에 깊게 파고든 패스트푸드 문화를 보여준다.

'18일째Day 18'에 이르면 건강을 체크하던 의사가 이 실험을 중단할 것을 충고한다. '21일째Day 21'에 이르러서 감독은 숨쉬기도 힘들고 가슴도 두근거린다며 고통을 호소한다. 의사는 위험한 상태이므로 이 실험을 중단하라고 다시 권한다. 이러한 고통 속에서도 감독은 처음 계획했던 30일까지 끝내 버텨낸다. 드디어 마지막 한 달을 채우는 날에 맥도날드 음식으로 파티를 한 뒤, 병원에서 혈액 검사, 체중 검사 등 건강검진을 다시 받아 자신의 몸에 나타난 변화들에 대해 이야기한다. 체중은 84kg에서 95kg으로 11kg이 증가하였으며, 체지방은 7% 증가했다. 콜레스테롤 수치는 165에서 230으로 증가했으며, 심장병 발병 및 심장마비 확률은 두 배 증가했다. 이 밖에도 심한 구토, 우울감, 편두통, 복통 등 카페인 중독 증상, 성기능 장애, 탄수화물 중독 증세를 보였다.

패스트푸드가 우리 몸에 끼치는 영향에 관한 확실한 근거 자료를 마련했다는, 의사들의 인터뷰와 함께 이 실험으로 인해 바뀌게 된 사회의 모습들 (학교에서 탄산음료를 못 팔게 한 것과 같은)을 보여주며 영화는 마무리된다. 이 영화는 도발적인 방법으로 자신의 신체가 어떻게 망가져 가는지를 그대로 보여주며 현대를 살아가는 우리들의 생활양식에 일침을 가한다. 이 영화가 선댄스 영화제Sundance Film Festival에서 상영된 뒤 6주 후, 맥도날드는 메뉴에서 슈퍼사이즈 옵션을 빼겠다고 공표했다.

수행적 양식은 기획된 행위를 수행하는 과정을 펼쳐 보여주기 때문에 성찰적 태도를 기반으로 할 수밖에 없다. 즉, 수행적 다큐멘터리는 자료를 조사하고 정리하여 도출한 객관적인 지식과 정확한 사실들을 논리적으로 이야기하는 것이 아니라, 창의적 발상을 통해 자신이 세운 가설을 검증하기 위해 계획을 수행하는 과정을 펼쳐 보여주는 것이다. 이 과정에서 유머, 조롱, 비판 등을 통해 자신이 전달하고자 하는 메시지를 효과적으로 전달하기도 한다. 성찰적 양식과 마찬가지로 수행적 양식의 작품도 진실에 대한 판단을 수용자 스스로 결정하게 한다.

〈슈퍼사이즈 미〉가 하나의 계획을 세우고 그것을 수행하는 과정을 담은 상당히 단순한 형식의 수행적 양식의 작품이라면, 〈예스맨 프로젝트The Yes Men, Fix the World〉(2009)는 '세상을 바꿔보겠다'라는 거대한 계획하에 예스맨이 수행하는 여러 가지 계획과 수행 과정을 나열한다. 앤디 비크바움Andy Bichlbaum, 마이크 보나노Mike Bonanno, 커트 잉페어Kurt Engfehr가 감독을 맡았으며, 비크바움과 보나노가 예스맨으로 출연했다. 여기서 예스맨은 미국에 있는 시민운동단체로서, 사회적 문제를 일으키고 있는 조직의 관련인이라고 사칭해 거짓 기자회견이나 발표를 한다. 이로 인해 사회적으로 여론을 환기시킴으로써 해당 기업이나 단체가 마땅히 해야 할 일을 하도록 유도하는 일을 한다.

이 영화는 오프닝에서 예스맨이 미 상공회의소 직원 행세를 했던 사건에 대해 보여준다. 예스맨은 미 상공회의소에서 기자회견을 하겠다고 거짓 공표하고, 미 상공회의소가 보낸 것처럼 가짜 보도자료를 배포한다. 미 상공회의소가 기후변화 관련 규제 법안에 대한 기존의 반대 입장을 뒤집고, 탄소세를 지지한다는 것이다. 기자회견장에 진짜 상공회의소 직원이 나타나

이들의 신분과 기자회견 내용이 가짜임을 드러낸다. 상공회의소는 예스맨 시민운동단체를 고소하고, 2주 후 상공회의소는 기후변화 관련 정책을 바꾸게 된다. 미 상공회의소는 부인하지만, 예스맨이 가짜 기자회견을 수행함으로써 미 상공회의소의 정책 변화를 이끌어낸 것이다.

두 번째 활동 대상은 다우 케미컬Dow Chemical로, 다우 케미컬의 인도 보팔 참사 보상 문제를 다루기 위한 것이다. 다우 케미컬은 1980년대 악명 높았던 회사 유니온 카바이드Union Carbide를 인수했다. 1984년 인도 보팔에서는 유니온 카바이드사의 살충제 공장이 폭발해서 치명적인 가스가 유출되는 대규모 사고가 발생해, 최소 5000명이 사망했고 10만 명 이상이 평생 불구가 되었다. 하지만 1989년 인도 정부와 유니온 카바이드는 피해 당사자들을 배제한 협상에서 희생자 한 명당 1000달러도 안 되는 소액의 보상금에 합의했고, 유니온 카바이드는 이후 그 어떤 책임도 인정하지 않았다. 다우 케미컬 회사는 유니온 카바이드를 인수하면서, 카바이드 회사가 홀대했던 희생자들에게 보상하고 20억 달러 이상을 간헐적으로 지급하겠다고 했다. 그러나 다우 케미컬은 약속을 이행하지 않았다. 미국 텍사스의 석면 피해자들에게는 보상금을 지급했으면서도, 보팔에는 그러지 않았다. 그래서 예스맨은 다우 케미컬을 다음 상대로 정해, 다우 케미컬의 가짜 웹사이트를 만들고, 사람들의 반응을 기다렸다.

예스맨은 새로운 메일 한 통을 받게 된다. BBC 방송국에서 보팔에 관한 '다우'의 입장을 듣기 위해 가짜 웹사이트를 통해 그들을 섭외한다는 내용이었고, 예스맨은 '다우'인 것처럼 방송국에 답장을 보낸다. 예스맨은 다우 케미컬의 대변인으로 사칭하여 기존 '다우'의 입장을 뒤집고, 보팔 참사에 관해 자신들의 책임을 인정하고 희생자들에게 보상하겠다고 발표한다. 즉, 120억 달러, 한국 돈으로 무려 14조 원의 보상금으로 모든 희생자와 평생

그림 4-5 다우를 사칭하여 BBC 방송국과 인터뷰하는 예스맨
자료: 〈예스맨 프로젝트〉(2009).

치료가 필요한 12만 명에게 완전히 보상하고, 보팔 공장지대를 완벽하고 신속하게 청소할 계획이라고 발표했다. 이후 세계 여러 언론에서 BBC의 소식을 인용해 이에 대한 기사를 쏟아냈고 다우의 주가는 순식간에 바닥으로 곤두박질쳤다. 그러나 곧 진짜 '다우'가 입장 발표를 하게 되고 그들의 거짓말은 들통이 나고 만다. 다시 BBC 방송에서 연락이 오고, 이들은 이제 진짜 예스맨으로서 카메라 앞에 서서 자신들이 왜 이런 일을 하게 되었는지 그 의도와 입장을 밝힌다. 이러한 과정을 통해 예스맨은 사람들에게 보팔 참사가 아직 해결되지 않았다는 것을 알리며, 이에 대해 다우 케미컬이 마땅히 해야 할 일을 표명한 것이다.

세 번째로, 석유에너지 기업 엑손Exxon의 석유회의(Go-엑스포 에너지 회의)에 참석하여 신재생에너지 '비볼리움'에 대해 발표하는 계획을 세운다. 엑손 직원으로 사칭한 예스맨들은 석유회의에 참석하여 신재생에너지 '비볼리움'에 대해 발표한다. 예스맨은 참석한 사람들에게 비볼리움(양초)을 나눠주면서 양초에 불을 붙이고 있던 사람들에게 자료 화면을 통해 비볼리움이 죽은 사람을 원료로 하는 친환경 양초라고 거짓말한다. 이에 행사 관계자들은 예스맨을 끌어내리고, 회의 참가자들은 황급히 양초를 끄며 당혹해한다. 이후 예스맨은 석유 회사의 무분별한 습지 개발로 태풍을 막을 수 없게 되었고, 이로 인해 대참사가 야기되었다는 전문가의 인터뷰와 자료 화면을 제시해 엑손의 무분별한 개발을 비판한다.

네 번째 수행적 현실은 예스맨이 각종 재난으로부터 이윤을 창출하는 기업인 핼리버튼을 사칭하여 최첨단 재난용 구호장비인 '서바이버볼'을 개발했다고 발표하는 것이다. 예스맨이 재미있는 자료 화면과 논리적인 발표로 '서바이버볼'에 대해 설명하자 발표회장에 참석한 보험 회사 사람들은 핼리버튼이라는 기업의 이름을 믿고 그 제품에 대해서도 의심 없이 받아들여, 보완점까지 말해주면서 제품을 사려고 한다. 황당무계한 예스맨의 아이디어에 관심을 보이는 보험 회사의 모습을 통해 대기업의 이름만으로 판단을 내리는 사람들과 시장 논리에 무조건 편승하는 사람들을 조롱한다.

다음으로는 재개발사업으로 황폐화된 뉴올리언스의 참상을 보여준다. 자연재해로 피해를 입은 도시에서 정작 보호받아야 할 사람들이 집을 빼앗긴 채 길거리로 나앉은 모습을 보여주며 이익만 추구하는 기업과 이에 침묵하는 정부를 비판한다. 이에 예스맨은 미국주택도시개발청HUD인 척하며 걸프해안재건회의에 참석하여, 기존 정책과 달리 원거주자를 우대하고 임대주택 철거를 중단하겠다고 발표한다. 이 발표 직후, 사람들은 그것이 옳은 일이며, 당연히 해야 할 일이라며 반긴다. 역시나 자신들의 정체를 들켰지만, 예스맨은 당당하게 자신들은 진실을 말했다고 한다. 그리고 이어지는 뉴스화면과 인터뷰를 통해 뉴올리언스 주민이 처한 환경이 얼마나 열악한지, 정부가 그들을 도와주기보다는 더 벼랑으로 내몰고 있다는 사실을 보여준다. 주민들의 인터뷰를 통해 예스맨의 발표가 잔인한 농담이었다고 할지언정 그들은 예스맨을 지지하고 있음을 보여준다.

마지막으로, 예스맨은 자체적으로 6개월 뒤의 날짜로 인쇄된 ≪뉴욕타임스≫를 100만 부 제작해 맨해튼에 뿌린다. 신문에는 우리가 바라는, 우리가 원하는 세상의 모습이 담겼다. 그리고 그 신문을 읽은 사람들의 반응은 너무나 좋지만, 예스맨은 경찰에 잡힌다. 그리고 그들의 모습이 각국의 TV 뉴스에 나오고 많은 나라 사람들이 이 ≪뉴욕타임스≫에 동요한다. 방송 출연을 하게 된 예스맨들은 이러한 일을 왜 하는지 언제까지 할 건지에 대해 직접적으로 사람들에게 전달한다. 그리고 모든 사람이 부조리한 사회제도에 대해 관심을 가져줄 것을 요청하며 영화는 끝이 난다.

이 영화에서 감독인 앤디 비크바움과 마이크 보나노는 사회 부조리를 개선하기 위한 하나의 거대한 계획 속에서 특정한 상황을 치밀하게 계획한다. 그리고 이들 감독이 직접 예스맨이 되어 프로젝트의 적극적인 '수행자' 역할을 하는 일련의 과정을 카메라에 고스란히 담아 보여주고 있다. 그리고 이를 통해 어떠한 사회 변화를 가져왔는지 담아낸다. 이런 점에서 〈예스맨 프로젝트〉는 수행적 다큐멘터리 양식이라고 할 수 있다.

3. 1980년대 이후 다큐멘터리에서 '사실의 재현성' 개념

객관적인 사실의 재현성 부정, 주관적인 사실의 재현성 부각

인간의 손이 개입되지 않은 채 기계적으로 현실 세계를 재현하는 카메라의 속성과 감독이 개입하지 않고 있는 그대로 기록한다는 객관적 재현에 대한 믿음을 토대로, 다큐멘터리는 전통적으로 공적인 이슈를 객관적인 시선으로 묘사하는 역할을 담당해왔다. 이러한 전통은 1930년대 존 그리어슨의 사회적 다큐멘터리에서 비롯되어, 1960년대에 이르면 절대적 객관성을 추구하는 다이렉트 시네마에서 그 절정을 이루게 된다.

하지만 1960년대 이후 등장한 포스트모더니즘 담론에 의해 '과연 절대적

인 객관성이 가능한가?'라는 근본적인 문제가 제기되기 시작했다. 있는 그대로의 현실을 카메라가 투명하게 보여주는 것은 환영에 불과하다는 것이다. 그래서 어차피 객관적인 진실을 담보할 수 없다면, 다큐멘터리에서 보여주는 '사실의 재현'이 감독에 의해 선택된 기록, 만들어진 기록이라는 점을 영상에 그대로 보여주는 것이 '진실'을 드러내는 이상적인 방법이라고 보게 되었다. 이에 1980년대 이후에는 전지적이고 객관적인 전통 방식에서 벗어나 감독 자신의 주변 소재를 주관적인 입장에서 다룬 다큐멘터리가 등장했다. 다큐멘터리는 작품 속에 감독의 존재를 드러내고 아이러니, 풍자, 패러디 등을 이용함으로써, 전통적으로 다큐멘터리가 사실을 있는 그대로 재현한다는 믿음을 깨트리고 오히려 이러한 믿음의 전복을 이용해 수용자 스스로 다큐멘터리가 주장하는 진실의 상대적 가치를 생각하도록 만들었다. 이에 그동안 진실을 객관적으로 전달하는 장치로 받아들여졌던 여러 가지 관습들의 사용을 거부하고, 다큐멘터리 속에 제작자의 시각이나 특정한 이데올로기가 숨어 있다는 것을 의도적으로 드러내어, 관객들이 스스로 진실을 구성할 수 있도록 하는 다큐멘터리가 등장하게 된 것이다.

이러한 양식의 다큐멘터리를 '성찰적 양식'이라고 하는데, 이는 다큐멘터리가 실제 세계를 있는 그대로, 객관적으로 재현한다는 전통적인 다큐멘터리의 '사실의 재현' 방식에 의문을 제기하고, 절대적인 객관성이 불가능한 것이라면 오히려 제작자의 관점임을 의도적으로 드러냄으로써 그 작품이 감독의 주관적 관점으로 만들어진 것임을 분명히 하고 그것을 토대로 관객들이 진실을 구성하도록 하게 한다. 이를 위해 기존의 다큐멘터리가 제작의 결과만을 보여준 것과 달리, 제작 과정을 드러낸다. 영화 제작 과정을 드러내 영화와 현실과의 관계를 지속적으로 관객에게 인식시키는 것이다. 이로써 관객이 영화를 통해 보는 것은 사실 자체가 아니고 사실의 일부, 영화일 뿐이라는 것을 강조한다. 즉, 성찰적 다큐멘터리는 다큐멘터리 작품 내에 다큐멘터리가 사실을 재현한다는 그 점에 관객들이 의문을 제기하게 하고, 다큐멘터리 작품 내에서 감독이 주관적으로 구성한 메시지를 보며 관객 스스로 진실을 구성하도록 하는 것이다.

성찰적 다큐멘터리는 크게 두 가지 경향으로 나타나는데, 그 첫 번째는 다큐멘터리의 감독 자신을 작품에 적극적으로 드러내는 것이다. 마이클 무어의 〈로저와 나〉와 같이, 감독 자신이 카메라 앞에 등장하며 관련된 사람들을 직접 인터뷰하기도 하고 1인칭 내레이션을 사용하며 작품에 적극적으로 개입하는 주관적 다큐멘터리 스타일인 것이다. 두 번째 경향은 에롤 모리스의 〈가늘고 푸른 선〉처럼, 진실을 구성하는 과정을 작품에 드러내는 것이다. 전통적인 다큐멘터리에서는 철저한 조사를 바탕으로 내린 결론을 논리적으로 제시하는 방식을 사용했다. 반면에 이 작품에서는 새롭거나 모순적인 증거가 등장할 때마다 범죄 장면을 다시 변화된 설정으로 재연하여 제시함으로써, 재연의 구성적 허구성을 의도적으로 드러낸다. 즉, 이 작품에서는 사건에 대한 모순된 재연 장면의 나열을 통해 진실이 구성되는 과정을 펼쳐 보여주는데, 이러한 과정 속에서 관객 스스로 '진실'을 구성하도록 요구하고 있는 것이다.

1980년대 이후 새롭게 등장한 다큐멘터리 양식 중의 또 다른 하나는 감독 자신이 하나의 '가설' 또는 '계획'을 세우고 이를 수행하는 과정을 담아내는 '수행적 양식'이다. 수행적 다큐멘터리는 감독이 체계적이고 치밀한 상황을 계획하여 연출하고, 감독 스스로 그 계획을 수행하는 과정을 담아내는 것이다. 상황은 연출에 가까운 통제와 조종에 의해 만들어지지만, 일단 의도했던 상황이 발생하고 나면 경과나 결과에 대한 통제는 배제되고 그 계획이 수행되는 과정에 대한 중립적인 관찰이 이루어진다. 수행적 다큐멘터리는 객관적인 지식의 결과물을 전달하는 것이 아니라, 감독이 기획한 수행적 현실을 통해 관객 스스로 진실을 구축하도록 한다.

이와 같이 1980년대 이후에 등장한 성찰적 다큐멘터리와 수행적 다큐멘터리는 객관적인 사실의 재현성을 부정하고, 주관적인 사실의 재현성을 작품 속에 의도적으로 드러냄으로써 관객 스스로 다큐멘터리에서 주장하는 진실의 상대적 가치에 대해 고민하고 관객 스스로 진실을 구축하도록 추구하는 것이다.

2000년대 이후 다큐멘터리의 변화

'사실성'과 '허구성'의 모순적 결합: 모큐멘터리, 애니메이션 다큐멘터리

다중적 관점의 다큐멘터리: 웹 기반 인터랙티브 다큐멘터리, VR 다큐멘터리

21세기에 접어들면서 다큐멘터리는 '사실'과 '허구'의 경계를 무너뜨리며 그 영역을 확장해가고 있다. 다양한 다큐멘터리가 등장하는 가운데 주목해야 할 부분은 바로 '모큐멘터리'와 '애니메이션 다큐멘터리'의 등장이다. 사실의 재현을 목표로 하는 다큐멘터리가 '허구적 내용'과 결합한 것이 모큐멘터리이며, '허구적 표현 형식'과 결합한 것이 애니메이션 다큐멘터리이기 때문이다. 즉, 다큐멘터리의 기본 토대라고 할 수 있는 '사실성'과 그 정반대 지점에 있는 '허구성'이 모순적으로 결합한 형태의 다큐멘터리가 등장한 것이다.

또한 이전과는 다른 새로운 방식으로 콘텐츠를 경험할 수 있게 해주는 다큐멘터리도 등장했다. 웹 기반의 인터랙티브interactive 다큐멘터리가 그것인데, 이는 웹의 상호작용적 특성을 기반으로 하여 이용자가 어떤 선택을 하느냐에 따라 콘텐츠를 달리 경험하게 되는 형식이다. 이러한 인터랙티브 다큐멘터리에서는 이용자들이 선택하는 순서나 과정에 따라 다큐멘터리가

재현하는 현실이 달리 구성되기 때문에, 하나의 관점에 의한 객관적인 지식이 아니라, 관객 각각의 관점에 의해 달리 구성되는 다중 관점적 지식을 생산한다.

이와 더불어 생생한 체험을 제공하는 가상현실VR 기술이 다큐멘터리 영역에서도 활용되면서 VR 다큐멘터리가 등장하기 시작했다. 이는 "그곳에 당신이 있다You are there"는 문장이 말해주듯, 시청자들에게 강력한 몰입감을 제공함으로써, 시청자를 '단순한 관찰자'에서 '적극적인 참여자'로 바꾸는 힘을 발휘한다.

그러면 이와 같이 새롭게 등장한 다큐멘터리들에 대해 좀 더 자세히 살펴보기로 하자.

1. 모큐멘터리의 등장

모큐멘터리mockumentary는 모크 다큐멘터리mock documentary의 줄임말로, '조롱하다' 또는 '모방하다'라는 뜻을 가진 '모크mock'와 '다큐멘터리documentary'의 음과 뜻을 합해 만들어진 용어이다. 다큐멘터리를 조롱하는, 다큐멘터리를 모방한 작품이라는 뜻으로, 다큐멘터리의 관습과 형식을 사용하여 만들어졌지만 그 내용은 허구라는 것이다. 즉, 모큐멘터리는 허구적인 이야기를 다큐멘터리의 기법으로 제작한 것으로, 다큐멘터리처럼 보이는 허구적 텍스트라고 할 수 있다. 따라서 모큐멘터리는 허구적 다큐멘터리fictional documentary, 가짜/페이크 다큐멘터리fake documentary 또는 거짓 다큐멘터리 false documentary로도 불리며 서로 혼용되어 사용되고 있다.

이전까지 다큐멘터리의 주요 표현 양식으로 사용되었던 관찰적·상호작용적·설명적 양식 등은 다큐멘터리의 사실성을 담보하는 주요한 방식으로 간주되어왔는데, 모큐멘터리에서는 허구적인 텍스트에 사실성을 부여하기 위해 이들 양식을 활용한다. 즉, 모큐멘터리는 사실성을 담보하는 여러 장치를 사용하지만 실상 그것들이 담아내는 내용은 허구적 내용임을 뒤늦게 밝힘으로써, 다큐멘터리에서 사용되는, 이른바 사실성을 담보한다는 장치들이 과연 '사실성'을 담보할 수 있는 것인지에 의문을 제기한다. 다큐멘터리가 현실 세계의 실제 이야기를 객관적으로 기록하고 재현하거나 재구성할 수 있다는 '다큐멘터리의 사실성'에 도전하는 것이다. 앞서 등장한 성찰적 양식도 현실 세계의 객관적 재현에 의문을 제기하는 것이지만, 성찰적 다큐멘터리가 현실 세계의 실제 이야기를 담아내는 반면에, 모큐멘터리는 현실 세계에 존재하지 않는 허구적인 이야기를 다큐멘터리 양식으로 담아낸다.

허구적인 이야기를 다큐멘터리의 관습적인 표현 양식으로 담아낸 작품이 등장한 것은 꽤 오래전으로 거슬러 올라간다. 1960~1970년대에 등장했던 〈데이비드 홀즈만의 일기David Holzman's Diary〉(1967)와 〈노 라이즈No Lies〉(1973)를 모큐멘터리의 기원으로 볼 수 있다. 〈데이비드 홀즈만의 일기〉는 시나리오 작가인 데이비드 홀즈만이 일기 형식으로 자기 일상의 아주 세세한 부분까지 촬영한 영상이다. 그는 매일 거울에 비친 자신의 일상을 카메라에 담는다. 그는 영화 카메라가 진실을 있는 그대로 기록할 수 있다는 믿음을 가지고, 자신과 애인, 이웃 주민 등 자신을 둘러싼 삶의 모든 모습을 촬영한다. 따라서 이 영화는 특정한 상황을 있는 그대로 기록하는 다이렉트 시네마처럼 보인다. 하지만 영화가 끝나고 엔딩 크레딧에 홀즈만 역은 L. M. 키트 카슨L. M. Kit Carson이 연기했고, 연출은 짐 맥브라이드Jim McBride, 촬영은 마이클 웨들리Michael Wadleigh가 맡았다는 내용의 자막이 올라간다. 이때서야 비로소 사람들은 이 영화가 있는 그대로의 현실을 촬영한 것이 아니라, 모든 것이 연출된 극영화라는 사실을 알게 된다.

미첼 블락Mitchell Block의 〈노 라이즈No Lies〉(1973)는 강간이라는 문제에 대해 연출된 영화로 시네마 베리테 스타일로 촬영되었다. 하지만 영화가 끝날 때 사람들은 그런 일이 실제로 일어나지 않았다는 사실을 알게 된다. 미첼 시트론Michelle Citron의 두 작품 〈딸이 되는 절차Daughter Rite〉(1978)와 〈당신이 당연하게 여기는 것What You Take for Granted〉(1983) 또한 다큐멘터리처럼 보이도록 시각적으로 표현되었지만 모두 배우들을 고용하여 연출된 작품들이다. 〈딸이 되는 절차〉는 핵가족에서 여성의 지위에 관해 다루며, 〈당신이 당연하게 여기는 것〉은 당시 전통적으로 남자의 일로 여기던 직업에 종사하는 여성들의 처지에 대해 다룬다. 이들 또한 연기된 것이지만, 역할과 대사는 광범위한 조사와 인터뷰를 통해 얻어진 것이다. 세 편의 영화가 모두 다큐멘터리의 시각적인 관습을 사용하여 만들어졌지만, 모두 배우들을 고용하고 연출해 만든 작품들이다.

이와 같이 연출된 다큐멘터리는 1980년대에 더욱 활발하게 만들어진다. 영국 록밴드의 미국 투어를 소재로 한 저예산 영화 〈이것이 스파이널 탭이다This Is Spinal Tap〉(1984)는 1980년대 이후 모큐멘터리의 진수를 보여주는 작품이다. 크리스토퍼 게스트Christopher Guest가 시나리오를 쓰고 롭 라이너Rob Reiner가 연출한 이 작품에서 롭 라이너 감독 자신은 극 중 주연인 마티 디버기 감독으로 출연한다.

영화는 감독 자신을 마티 디버기라는 가상의 CF 감독으로 소개하는 장면으로 시작된다. 영국에서 성공적인 콘서트를 해나가던 스파이널 탭은 미국 투어를 하기로 한다. 하지만 선정적인 앨범 커버 때문에 제작사와 마찰을 일으키는가 하면, 홍보가 되질 않아 몇몇 공연은 취소되기도 한다. 또 기타리스트가 솔로 도중 꺾인 허리를 일으킬 수 없어 스태프의 도움으로 가까스로 일어난다든가, 멤버들이 백스테이지backstage에서 무대로 가는 길을 잃어 버린다거나, 18피트를 18인치로 잘못 읽어 스톤헨지 세트를 어이없을 정도 로 초라하게 만든다든가 하는 등의 어이없는 해프닝이 발생하기도 한다. 이 에 그치지 않고 밴드의 드러머가 토사물에 기도가 막혀 숨지고, 두 번째 드 러머는 공연 도중에 자연연소해버려 녹색 방울만 무대 위에 남긴 채 사라져 버리는 사건도 발생한다. 무대는 점점 초라해지고 멤버 간의 갈등은 점점 깊어져만 간다. 그러다가 일본에서 그들의 인기를 확인하고 고베의 대형 콘 서트장에서 콘서트하는 장면으로 끝을 맺는다.

이 영화는 가상의 록밴드인 '스파이널 탭Spinal Tap'[1]을 내세워 록 음악을 둘러싸고 발생하는 실존하는 여러 가지 문제점을 신랄하면서도 유머러스하 게 보여준 가짜 다큐멘터리이다. 즉, 록밴드 멤버들 간의 갈등 등 록밴드에 서 발생하는 여러 가지 문제를 허구의 이야기로 만들어 다큐멘터리 형식의 객관적인 관찰 양식으로 담아낸 것이다. 이러한 다큐멘터리 기법은 관객에 게 '실제'라는 믿음을 주게 된다.

트린 민하Trinh T. Minh-ha의 〈그녀 이름은 베트남Surname Viet Given Name Nam〉(1989) 또한 대표적인 모큐멘터리이다. 이 작품은 전쟁이 끝난 후에도 여전히 남아 있는 전근대적인 베트남 여인들의 삶을 베트남 여성들의 인터 뷰로 보여준다. 관객들은 이 작품에 등장하는 베트남 여인들이 실제 인물이 라고 생각하지만, 영화 내의 모든 인터뷰 장면은 사전에 작성한 스토리보드 storyboard를 토대로 배우가 연기한 것이었다. 또한 베트남 현지에서 촬영된 것처럼 보이는 장면들도 실제로는 미국에서 촬영한 것이었다. 하지만 관객

---

1   스파이널 탭은 가상의 영국 밴드로 시작했으나, 영화가 제작된 후에 실제로 스파이널 탭 이라는 이름으로 공연도 하고 앨범도 냈다.

들은 이러한 사실을 엔딩 크레딧이 올라가서야 알게 된다. 화면에 인터뷰 대상자의 얼굴 전체가 아니라 반만 나오는 방식으로 촬영한 것은 이 작품의 인터뷰가 일반적인 방식으로 촬영된 것이 아님을 암시하는 것이라고 하지만, 관객들이 이러한 의미를 알아차리는 것은 쉽지 않은 일이다.

이러한 제작 방식을 통해 롭 라이너 감독이나 트린 민하 감독이 보여주고자 했던 것은 리얼리티가 아닌 것을 통해서도 진실을 보여줄 수 있다는 점이었다. 사람들이 다큐멘터리에 대해 기본적으로 갖고 있는 생각은 리얼리티를 통해 '진실'을 드러낼 수 있다는 것이었다. 그러나 그들은 실존 인물이나 실제 장소가 아닌, 허구의 인물과 장소를 통해서도 진실을 전달할 수 있다고 믿었다. 즉, 진실을 담보해주는 것은 리얼리티를 다룬다는 '형식'이 아니라 전달되는 '내용'에 있다고 본 것이다(유현석, 2010).

하지만 모큐멘터리를 대중에게 널리 알리게 된 것은 다름 아닌 〈블레어 윗치 프로젝트The Blair Witch Project〉(1999)이다. 이는 완전히 허구적으로 꾸민 각본을 바탕으로 만든 작품이다. '블레어 윗치'는 메릴랜드주 블레어라 불리는 깊은 숲속 지역에 있는 전설의 마녀로서, 이 지역에서 발생한 어린이 대량 학살이 이 마녀에 의해 자행된 것으로 알려져 있다.

그림 5-1 오프닝 자막
자료: 〈블레어 윗치 프로젝트〉(1999).

이 영화는 "1994년 10월 세 명의 영화학도가 메릴랜드 버킷스빌 숲 Burkittsville, Maryland에서 다큐멘터리 촬영 중 실종되었다. 1년 후 그들이 찍은 필름만 발견되었다"(그림 5-1)라는 자막과 함께 시작된다. 이 영화의 특징을 파악하기 위해 구성과 형식을 좀 더 구체적으로 살펴보도록 하자.

1) 오프닝(1일차)

① 등장인물에 대한 소개

1994년 10월 21일, 세 명의 영화학도 헤더, 조쉬, 마이클은 200여 년 동안 전해 내려온 블레어 윗치 전설에 대한 진실을 다큐멘터리로 제작하기로 한다. 그리고 이들에 대한 소개가 이루어진다. 세 사람이 어디로 갈 것인지 정하는 것부터 다큐멘터리 제작을 위해 모이는 과정 등을 차근차근 설명한다. 헤더는 8mm 비디오로 상세한 여정을 촬영하고, 조쉬는 16mm 흑백카메라로 촬영을, 마이클은 음향 녹음을 담당한다.

그림 5-2 등장인물에 대한 소개
자료: 〈블레어 윗치 프로젝트〉(1999).

② 촬영 장소 및 마을 전설에 대한 소개

조쉬의 16mm 흑백카메라는 버킷스빌이 어떤 마을인지, 이 마을에 어떤 전설이 내려오는지 말해준다. 마녀 전설에 대해 마을 사람들이 알고 있는지를 헤더의 8mm 컬러카메라로 담아내고 있다. 이들은 마녀 전설에 대한 대

그림 5-3 촬영 장소에 대한 소개
자료: 〈블레어 윗치 프로젝트〉(1999).

그림 5-4 마을 사람들의 인터뷰
자료: 〈블레어 윗치 프로젝트〉(1999).

부분의 이야기를 인터뷰를 통해 얻어낸다.

2) 전개

① 탐사의 시작(2일차)

조쉬, 헤더, 마이클은 '블랙힐' 숲 길가에 차를 세워두고 촬영 장비와 식량 등을 챙겨 탐사를 위해 숲속으로 걸어간다. 하지만 비가 와서 일찍 촬영을 접고 야영한다.

그림 5-5 탐사를 시작하는 등장인물들
자료: 〈블레어 윗치 프로젝트〉(1999).

② 숲속에서 야영을 하던 중 이상한 소리 포착(3~4일차)

다음 날 아침, 헤더가 지도를 보며 이들은 다시 길을 떠나지만, 거의 하루 종일 걸어도 숲을 벗어나지 못한다. 계속 길을 걸어가던 이들은 돌무덤을 발견하게 되는데, 촬영하다가 실수로 돌무덤 하나를 무

그림 5-6 이상한 소리를 듣고 두려움에 떠는 등장인물들
자료: 〈블레어 윗치 프로젝트〉(1999).

너뜨리고 만다. 밤이 되자 텐트에서 잠을 청하던 이들에게 이상한 소리가 들려온다. 무슨 소리인지 알 수 없는 상황에서 조쉬와 헤더는 촬영을 위해 텐트 밖으로 나가 소리를 질러보지만 돌아오는 답은 없다. 다음 날에도 탐사를 떠나지만 계속 길을 찾지 못한다.

③ 탐사 도중 지도 분실 및 부두교의 상징 발견(5일차)

날이 밝고 인물들은 다시 탐
사에 나서는데 텐트 밖으로 나온
순간 주변에 만들어진 돌무덤 세
개를 발견하게 된다. 불길함을
느낀 마이클은 빨리 떠나자고 하
며 숲을 빠져나가기 위해 발걸음
을 재촉한다. 가는 도중 그들은
지도를 잃어버려 길을 찾는 데

그림 5-7 부두교의 상징 발견
자료: 〈블레어 윗치 프로젝트〉(1999).

어려움을 겪는다. 다시 탐사하며 길을 가던 중 이들은 부두교의 상징을 발
견하고 상당한 불안감과 긴장감을 느끼게 된다. 더욱 불안해진 이들은 빨리
숲을 떠나고 싶어 한다.

④ 엉망이 된 야영지와 조쉬의 실종(6~7일차)

날이 밝자 일행은 자신들의 텐트가 뒤집어지고 짐들이 텐트 밖에 흩어져
있는 것을 발견한다. 또한 조쉬의 짐에는 끈적끈적한 점액이 묻어 있다. 지
도를 잃어버린 이들은 갈피를 잡지 못하고 막연히 남쪽으로 가자는 헤더의

말에 따라가 보지만 숲을 벗어
나지 못한다. 이 일로 헤더와
마이클이 다투자 이들을 말리
던 조쉬는 우울한 마음에 일행
에서 잠시 벗어난다. 다음날
아침 일어나보니 조쉬가 사라
지고 없다.

그림 5-8 엉망이 된 야영지
자료: 〈블레어 윗치 프로젝트〉(1999).

3) 엔딩(8일차)

① 마지막 말을 남기는 헤더

이튿날 아침 일어나보니, 텐트 앞에
이상한 뭉치가 놓여 있는데, 그 안에는
피가 묻은 헝겊과 피투성이의 생니가
있었다. 이날 밤, 헤더는 8mm 카메라에
자신의 심경을 담는데, 눈물을 글썽이며
마이클과 조쉬의 어머니에게 죄송하다

그림 5-9 생명의 위협을 느끼는 등장인물들
자료: 〈블레어 윗치 프로젝트〉(1999).

는 말을 전하고 모두 자신 때문이라는 자책과 생명의 위협을 느끼고 있다는
것을 영상에 남긴다.[2]

② 낡은 집에서의 최후

조쉬를 찾아 나선 헤더와 마이클은 음산한 기운이 느껴지는 집으로 들어
가게 되고, 그들은 아래에서 들리는 조쉬의 목소리를 듣고 지하로 내려간
다. 마이클은 지하에 도착하자 카메라를 떨어뜨린다. 땅에 떨어진 카메라

그림 5-10 낡은 집에서 죽음을 맞이하는 등장인물들
자료: 〈블레어 윗치 프로젝트〉(1999).

---

2   〈블레어 윗치 프로젝트〉에서 헤더가 자신의 카메라에 심경을 고백하는 이 장면은 상당
     히 유명한 장면으로 여러 영화에서 패러디가 되기도 했다.

에는 특별한 무언가가 잡히지 않는다. 그리고 뒤이어 마이클의 이름을 부르며 따라온 헤더의 카메라에 벽을 보고 서있는 한 남성이 찍히고 이내 카메라는 바닥으로 떨어진다. 이렇게 이 영화는 막을 내린다.

이 영화는 '발견된 영상'이라는 의미인 '파운드 푸티지found footage' 형식을 지니고 있다. 실제 기록이 담긴 영상을 누군가가 발견해 관객에게 보여주는 형식인 것이다. 영화는 200여 년 전의 마녀에 대한 전설을 추적하려던 다큐멘터리 지망생들이 전설의 숲속으로 들어간 뒤 실종되고, 그 후 1년이 지나 그 숲에서 그들이 찍은 필름만 발견되었다고 말하며 발견된 필름을 보여주는 방식을 취하고 있다. 파운드 푸티지 기법은 실제로 벌어진 일이라는 사실을 증명해주는 하나의 장치로 관객들에게 더 큰 공포감을 줄 수 있다.

이 영화의 등장인물들이 숲속에서 16mm와 8mm 두 대의 카메라를 들고 찍는 상황이기 때문에 영화의 모든 샷은 핸드헬드 기법handheld shot으로 촬영되었다. 따라서 이 영화의 모든 영상은 1인칭 시점을 통해 사실감과 현장감을 선사하고 있다. 전체적인 모습을 담아내는 3인칭의 관점이나 관찰자의 관점은 전혀 나타나지 않는다. 주인공들이 의문의 소리를 담기 위해 뛰어가거나, 공포에서 도망치는 장면 등에서 핸드헬드 촬영은 그 현장감과 박진감을 잘 드러낸다. 이러한 촬영 기법은 좀 더 사실적인 느낌을 줄 뿐만 아니라, 관객의 시점을 등장인물의 시점과 일치시킴으로써 관객들을 영화의 상황에 더욱 몰입하게 한다. 중간에 카메라가 떨어지기도 하고 많이 흔들리기도 하는데, 이는 사실감과 몰입감을 더욱 증가시켜주는 요소이기도 하다.

그러나 현실의 기록으로 보이는 이 영화는 완전한 허구이다. 파운드 푸티지 기법을 사용했지만, 영화 속에 등장하는 내용은 사실이 아니라 완전히 짜인 각본에 의해 연출된 상황인 것이다. 이 영화는 1995년 플로리다 대학교 영화과에 재학 중이던 다니엘 미릭Daniel Myrick과 에두아르도 산체스

그림 5-11 영화를 위해 만든 가짜 전단지
자료: 〈블레어 윗치〉 홈페이지.

Eduardo Sanchez에 의해 구상된 작품이다. 전설을 지어낸 그들은 오디션을 통해 배우 세 명을 선발하고, 시나리오가 아니라 상황 설정만 만들어놓고 촬영했다. 그들은 배우들에게 완성된 대본이 아니라 그날그날 촬영 지시 사항이 적힌 쪽지를 전달했다. 배우들은 감독들로부터 받은 지시 쪽지를 토대로 연기하며 서로를 촬영한 것이다. 이처럼 완전히 허구의 내용을 담은 이 영화는 형식으로만 보면 다큐멘터리 그 자체로, 특수효과나 음악을 사용하지 않고 다큐멘터리의 형식을 빌려 극사실적인 영상을 구사했다. 영화에서 실제로 존재하지 않는 허구적인 이야기에 다큐멘터리 기법을 사용한 것은 영화를 보는 관객들의 심리적인 불안감과 공포감을 효과적으로 극대화시키기 위한 것이었다.

이 영화는 개봉 이전부터 적극적인 마케팅을 통해 실제 다큐멘터리로 홍보되었다. 영화가 상영되기 2년 전부터 블레어 윗치에 관한 이야기를 퍼뜨리고, 1년 뒤 영화학과 학생 세 명이 실종되었다는 소문을 낸다. 그리고 세 명의 영화학도를 찾는 포스터를 배포한다(그림 5-11).

이후, 블레어 윗치에 관한 웹사이트 www.blairwitch.com를 개설하여 세 명의 영화학도가 버킷스빌 숲속에서 실종되었다는 사건 내용과 경찰의 수사 상황을 공개했다. 웹사이트[3]에는 사건 일지가 올라와 있는데(그림 5-12), 전체 내용을 소개하면 다음과 같다.

---

3   http://www.blairwitch.com/project/mythology.html

MYTHOLOGY

Major Events in the History of the Blair Witch

The Township of Blair was located in North Central Maryland, two hours from Washington, D.C.

Febury, 1785	Several children accuse Elly Kedward of luring them into her home to draw blood from them. Kedward is found guilty of witchcraft, banished from the village during a particularly harsh winter and presumed dead.
November, 1786	By midwinter all of Kedward's accusers along with half of the town's children vanish. Fearing a curse, the townspeople flee Blair and vow never to utter Elly Kedward's name again.
November, 1809	The Blair Witch Cult is published. This rare book, commonly considered fiction, tells of an entire town cursed by an outcast witch.
1824	Burkittsville is founded on the Blair site.
August, 1825	Eleven witnesses testify to seeing a pale woman's hand reach up and pull ten-year-old Eileen Treacle into Tappy East Creek. Her body is never recovered, and for thirteen days after the drowning the creek is clogged with oily bundles of sticks.
March, 1886	Eight-year-old Robin Weaver is reported missing and search parties are dispatched. Although Weaver returns, one of the search parties does not. Their bodies are found weeks later at Coffin Rock tied together at the arms and legs and completely disemboweled.
November, 1940 - May 1941	Starting with Emily Hollands, a total of seven children are abducted from the area surrounding Burkittsville, Maryland.
May 25, 1941	An old hermit named Rustin Parr walks into a local market and tells the people there that he is "finally finished". After Police hike for four hours to his secluded house in the woods, they find the bodies of seven missing children in the cellar. Each child has been ritualistically murdered and disemboweled. Parr admits to everything in detail, telling authorities that he did it for "an old woman ghost" who occupied the woods near his house. He is quickly convicted and hanged.
October 20, 1994	Montgomery College students Heather Donahue, Joshua Leonard, and Michael Williams arrive in Burkittsville to interview locals about the legend of the Blair Witch for a class project. Heather interviews Mary Brown an old and quite insane woman who has lived in the area all her life. Mary claims to have seen the Blair Witch one day near Tappy Creek in the form of a hairy,

	half-human, half-animal beast.
October 21, 1994	In the early morning Heather interviews two fishermen who tell the filmmakers that Coffin Rock is less than twenty minutes from town and easily accessible by an old logging trail. The filmmakers hike into Black Hills Forest shortly thereafter and are never seen again.
October 25, 1994	The first APB is issued. Josh's car is found later in the day parked on Black Rock Road.
October 26, 1994	The Maryland State Police launch their search of the Black Hills area, an operation that lasts ten days and includes up to one hundred men aided by dogs, helicopters, and even a fly over by a Department of Defense Satellite.
November 5, 1994	The search is called off after 33,000 man hours fail to find a trace of the filmmakers or any of their gear. Heather's mother, Angie Donahue, begins an exhaustive personal search for her daughter and her two companions.
June 19, 1995	The case is declared inactive and unsolved.
October 16, 1995	Students from the University of Maryland's Anthropology Department discover a duffel bag containing film cans, DAT tapes, video-cassettes, a Hi-8 video camera, Heather's journal and a CP-16 film camera buried under the foundation of a 100 year-old cabin. When the evidence is examined, Burkittsville Sheriff Ron Cravens announced that the 11 rolls of black and white film and 10 HI8 video tapes are indeed the property of Heather Donahue and her crew.
December 15, 1995	After an initial study of the bag's contents, select pieces of film footage are shown to the families. According to Angie Donahue, there are several unusual events but nothing conclusive. The families question the thoroughness of the analysis and demanded another look.
Febury 19, 1995	The families are shown a second group of clips that local law enforcement officials consider to be faked. Outraged, Mrs. Donahue goes public with her criticism and Sheriff Cravens restricts all access to the evidence; a restriction that two lawsuits fail to lift.
March 1, 1996	The Sheriff's department announces that the evidence is inconclusive and the case is once again declared inactive and unsolved. The footage is to be released to the families when the legal limit of its classification runs out, on October 16, 1997.
October 16, 1997	The found footage of their children's last days is turned over to the families of Heather Donahue, Joshua Leonard, and Michael Williams. Angie Donahue contracts Haxan Films to examine the footage and piece together the events of October 20–28, 1994.

그림 5-12 웹사이트에 공개된 사건 일지

자료: 〈블레어 윗치〉 홈페이지.

- 1785년 2월

  엘리 케드워드Elly Kedward란 여인이 마을 아이들을 집으로 유괴해 그
  들의 피를 모두 뽑아 죽였다는 혐의를 받는다. 케드워드는 결국 마녀
  로 낙인 찍혀, 혹한 중에 마을에서 추방당해 죽은 것으로 추정된다.

- 1786년 11월

  한겨울 케드워드를 추방했던 주민 모두가 마을 아이들 절반 정도와
  함께 사라진다. 저주를 두려워한 사람들은 마을을 버리고 떠나며 다
  시는 '케드워드'란 이름을 언급하지 않기로 맹세한다.

- 1809년 11월

  『블레어 윗치 컬트The Blair Witch Cult』라는 책이 출판되었다. 이 희귀한
  책은 쫓겨난 마녀에 의해 저주받은 마을에 대해 이야기하는데, 일반
  적으로 허구로 간주된다.

- 1824년

  '메릴랜드 버킷스빌Burkittsville'이 옛 '블레어' 마을이 있던 자리로 밝
  혀진다.

- 1825년 8월

  11명의 버킷스빌 주민들은 창백한 한 여인이 열 살짜리 소녀 아일린
  Eileen을 테피 이스트Tappy East 개울로 데려 갔다고 증언한다. 소녀는 끝
  내 발견되지 않았다.

- 1886년 3월

  여덟 살짜리 소년 로빈 위버Robin Weaver가 실종되고 수색팀이 파견된다. 소년은 돌아왔지만 수색팀 중 한 팀은 돌아오지 않았다. 수 주 후, 커핀락Coffin Rock에서 그들은 팔다리가 서로 묶이고 내장이 완전히 꺼내진 채 발견되었다.

- 1940년 11월~1941년 5월

  에밀리 홀랜즈Emily Hollands를 시작으로 총 일곱 명의 아이들이 메릴랜드 버킷스빌 근처에서 유괴되었다.

- 1941년 5월 25일

  숲속에 숨어 사는 '러스틴 파Rustin Parr'라는 노인이 로컬 마켓에서 사람들에게 자신의 범행을 자백한다. 경찰은 네 시간 동안 걸어서 도착한 숲속 그의 외딴집 지하실에서 실종된 아이들 일곱 명의 시체를 발견한다. 아이들은 모두 끔찍하게 살해되었고 창자는 모두 쏟아져 있었다. 노인은 모든 일이 그의 집 근처 숲속을 다스리는 '늙은 여자 유령'을 위해 한 일이라고 구체적으로 진술한다. 노인은 곧 사형에 처해진다.

- 1994년 10월 20일

  몽고메리 대학교 학생들인 '헤더', '조쉬', '마이크'는 수업 과제로 블레어 윗치 전설에 관한 인터뷰를 위해 버킷스빌로 간다. 헤더는 그곳에서 평생을 살아온, 그리고 정신이 약간 이상한 '메리 브라운'이란 노인을 인터뷰한다. 그녀는 어느 날 테피강 기슭에서 블레어 윗치를 봤다고 주장하는데, 블레어 윗치는 머리끝부터 발끝까지 모두 털투성이인 반인반수의 괴물이라는 것이다.

- 1994년 10월 21일
  이른 아침 헤더는 마을 낚시꾼 두 사람을 만난다. 그들은 사람들이 끔찍하게 살해된 커핀락이 마을에서 20분도 채 걸리지 않는 가까운 곳이라고 말해주었고 헤더 일행은 곧 그곳 근처 블랙힐 숲속으로 들어간 뒤 자취를 감춘다.

- 1994년 10월 25일
  실종된 영화학도들을 찾기 위해 전국에 지명 수배가 내려지고, 블랙락Black Rock 도로에서 조쉬의 차가 발견된다.

- 1994년 10월 26일
  메릴랜드주 경찰은 인력 100명과 수색견, 헬리콥터를 동원해 블랙힐 숲 주변을 10여 일간 수색했다.

- 1994월 11월 5일
  영화학도들이 사용했던 장비나 흔적을 찾지 못한 채 경찰은 수색을 철수한다. 헤더의 엄마 앤지 도나휴는 개인적으로 딸과 두 친구들을 찾기 시작한다.

- 1995월 6월 19일
  사건은 미해결 상태로 종결된다.

- 1995월 10월 16일

  메릴랜드 대학교 인류학과 학생들은 100년 된 오두막집 근처에 묻혀 있는 더플 백duffel bag(천으로 만들어 윗부분을 줄을 당겨 묶게 되어 있는 원통형 가방)을 발견하게 되는데, 그 안에는 필름 케이스, DAT 테이프, 비디오카세트, 8mm 비디오카메라, 헤더의 일기장과 16mm 카메라 등이 있었다. 이러한 물품들을 조사한 결과 버킷스빌 보안관 론 크래븐스Ron Cravens는 흑백필름 11개, 8mm 비디오테이프 10개가 헤더와 그의 일행 것이라고 밝힌다.

- 1995년 12월 15일

  발견된 물품들에 대한 초기 수사를 마친 후, 필름의 일부분이 가족에게 공개된다. 헤더의 엄마는 결론이 나지 않은 몇 가지 이상한 것들이 있다고 주장하며 수사를 계속할 것을 요구한다.

- 1996년 2월 19일

  경찰이 가짜라고 여기는 두 번째 필름을 가족에게 공개한다. 분노한 헤더 엄마는 경찰을 공공연하게 비난했고, 크래븐스 보안관은 증거에 대한 모든 접근을 제한한다.

- 1996월 3월 1일

  증거 불충분으로 사건은 다시 한 번 미해결 상태로 종결된다. 필름은 1997년 10월 16일 가족들에게 모두 공개된다.

- 1997년 10월 16일

그림 5-13 웹사이트에 게시된 경찰의 수색 사진
자료: 〈블레어 윗치〉 홈페이지.

그림 5-14 실종된 영화학도의 필름을 발견한 인류
학자의 인터뷰 영상
자료: 〈블레어 윗치〉 홈페이지.

그림 5-15 영화학도 실종 사건의 담당 경찰 인터
뷰 영상
자료: 〈블레어 윗치〉 홈페이지.

헤더, 조쉬, 마이크의 마지막 기록을 담은 필름은 각각 그의 가족들에
게 넘겨진다. 헤더의 엄마 앤지 도나휴는 '핵산 필름'과 1994년 10월
20~28일 사이에 일어난 이 사건을 영화화하기로 계약한다.

이러한 사건 일지의 내용을 요약하면 다음과 같다. 대학생 세 명이 블레
어 윗치 전설에 관한 지역민 인터뷰를 위해 마을에 갔다가 실종된다. 실종

Frank Naggy of Channel 11 reports on the
search for the missing filmmakers.

Keith Whitacre reports for Channel 6
News on the rescue efforts.

그림 5-16 언론을 통해 보도
자료: 〈블레어 윗치〉 홈페이지.

된 젊은이들을 찾기 위해 전국에 지명수배가 내려지고, 100여 명의 경찰이 수색견과 헬리콥터를 동원해 숲 주변을 10여 일간 수색했지만 아무 성과도 거두지 못한 채, 미해결 사건으로 종결되었다. 약 1년 후, 인류학과 학생들이 숲속의 오두막 주변에서 실종된 학생들의 필름 케이스, 비디오테이프, 비디오카메라, 헤더의 일기장 등을 발견한다. 경찰이 발견한 필름을 조사한 후 유족들에게 부분적으로 공개했으나 유족들이 이상한 점이 있다며 재수사를 요청한다. 그럼에도 경찰은 증거 불충분으로 다시 한 번 미해결 상태로 사건을 종료하고 실종된 학생들의 마지막 기록이 담긴 모든 필름을 가족들에게 돌려준다. 그리고 1년 6개월의 시간이 흐른 뒤, 유족들의 요청으로 이 실종 사건을 영화로 제작하기로 했다는 것이다.

블레어 윗치에 관한 웹사이트에는 이러한 사건 일지와 더불어 경찰의 수색 사진(그림 5-13), 숲에서 발견되었다는 물품들을 소개하고, 인류학자(그림 5-14), 경찰(그림 5-15), 마을 주민들까지 동원해 조작된 인터뷰를 제작하여 웹사이트에 게시하고 영화에도 삽입했다. 심지어 언론까지도 동원하여 실종자들에 대한 소식을 보도했다(그림 5-16).

대학생들의 실종 사건은 이렇듯 철저하게 사실로 위장되었던 것이다. 이러한 웹사이트는 많은 사람의 관심을 자극했고, 이 사건에 대한 진실을 파헤치려고 하는 사람들은 스스로 커뮤니티를 형성하여 열띤 토론을 펼치기도 했다. 영화 개봉일 즈음에는 이와 관련된 토론 사이트가 20여 개나 생길 정도로 이 사건과 영화에 대한 관심은 뜨거웠다. 인터넷 웹사이트와 관련 토론 사이트가 이 영화가 사실인가 아니면 허구인가에 대한 치열한 논쟁을 이끌어낸 것이다(이은아, 2008: 81).

이 영화는 선댄스 영화제에서 처음 소개되었는데 영화제 기간 중 마치 실제 사건처럼 홍보하면서 사람들의 호기심을 더욱 자극했다. 제작자는 이러한 마케팅 과정을 통해 관객들에게 미리 이 영화의 내용이 사실이라는 깊은 믿음을 가지게 한 것이다. 다양한 방법으로 여러 채널을 통해 영화의 내용이 사실인 것처럼 홍보했기 때문에, 영화가 상영된 뒤에도 일부 관객은 이 영화가 실제 이야기라고 생각했다. 영화를 보고도 이 이야기가 진짜라며 메릴랜드주 버킷스빌 숲에 마녀를 찾으러 간 사람들까지 생겨나 버킷스빌이 관광 특수를 누릴 정도였다. 이후 이 모든 것이 감독에 의해 만들어진 허구라는 사실이 밝혀졌을 때, 어떤 사람들은 환불을 요청하기도 했다고 한다.

〈블레어 윗치 프로젝트〉는 초호화 블록버스터 영화인 〈스타워즈 에피소드 1: 보이지 않는 위험Star Wars: Episode I: The Phantom Menace〉(1999)과 〈매트릭스The Matrix〉(1999)가 비슷한 시기에 개봉되었음에도 두 달간 지속적인 인기를 누렸다. 순수 제작비 6만 달러라는 초저예산Micro Budget으로 만들어진 이 영화는 세계 수익 2억 5000만 달러에 달하는 엄청난 흥행 수익을 올려, 가장 높은 수익률을 올린 영화로 기네스북에 오르기도 했다(이은아, 2008; 이학후, 2016).

그림 5-17 오프닝 자막
자료: 〈파라노말 액티비티〉(2007).

〈블레어 윗치 프로젝트〉가 상업적으로 대대적인 성공을 거두면서, 이와 유사한 형식의 작품들이 줄이어 나오게 되었다. 실제 기록이 담긴 테이프를 누군가가 발견해 관객에게 보여주는 파운드 푸티지Found Footage 방식을 취한 영화들이 등장한 것인데, 〈파라노말 액티비티 1, 2, 3, 4, 5〉(2007, 2010, 2011, 2012, 2015), 〈클로버필드cloverfield〉(2008) 등이 그것이다.

모큐멘터리의 또 다른 예로, 〈파라노말 액티비티Paranormal Activity〉(2007)를 살펴보자. 이 영화는 미국의 비디오게임 프로그래머 출신의 오렌 펠리 Oren Peli가 자신이 직접 쓴 시나리오를 토대로 만든 저예산 영화이다. 2007년 영화제에 출품되고 일반 상영 없이 DVD로 바로 출시되었으나, 할리우드의 유명 감독인 스티븐 스필버그Steven Spielberg가 이 영화에 주목해 오렌 펠리에게서 저작권을 사들였다. 스필버그는 마지막 10분을 재촬영해 2009년 재개봉했는데, 1만 5000달러에 불과한 제작비로 2억 달러에 가까운 수익을 올리며 흥행에 성공했다.[4] 그뿐만 아니라 원작의 인기에 힘입어 5편까지 속편이 이어져오고 있다.

이 영화의 오프닝은 "파라마운트 영화사는 미카와 케이티의 가족과 이 테이프를 제공해준 샌디에이고 경찰서에 감사를 표한다Paramount Pictures

---

[4] 〈블레어 윗치 프로젝트〉와 〈파라노말 액티비티〉의 예산과 흥행 수익에 대한 자료는 나무위키(https://namu.wiki)를 참조했다.

그림 5-18 촬영 날짜와 장소 공지
자료: 〈파라노말 액티비티〉(2007).

그림 5-19 명확한 촬영 날짜 제시
자료: 〈파라노말 액티비티〉(2007).

would like to thank the families of micah sloat & Katie Featherston and the San Diego Police Department"라는 자막(그림 5-17)과 함께 시작함으로써 앞으로 보게 될 영상이 실제 영상이 아님에도 불구하고 실제 이야기인 것처럼 가장하고 있다. 오프닝에서 이러한 내용을 관객에게 주지시킴으로서 관객들은 이 영상이 실제 이야기를 담은 것이라는 믿음을 갖게 된다.

영상이 전개되는 중간중간에도 "캘리포니아주, 샌디에이고 2006년 9월 18일"(그림 5-18)과 같이 이 영상이 촬영될 당시의 날짜와 장소를 공개함으로써 이 영상이 현실을 촬영한 실제 영상이라는 점을 강조하고 있다.

대학생인 미카와 케이티는 동거를 하는데, 어느 날 케이티를 따라다닌다는 악마에 대해 알아보기 위해 2층 집 안에 카메라를 설치한다. 이때부터 며칠째 밤인지 알려주는 숫자와 정확한 촬영 날짜가 자막으로 제시된다(그림 5-19 참조). 그 첫날 부엌의 열쇠 위치가 변하는 등 악마의 반응은 바로 시작되고 점점 그 강도는 강해진다. 그러자 케이티는 공포에 사로잡혀 이를 그만두려하지만 재미가 붙은 미카는 오히려 더 적극적으로 관심을 보인다. 어느 날 갖다놓은 위치보드에 의해 귀신의 실체를 더 잘 알게 되고 악마는 끝내 여자를 잡아가 때리기까지 한다. 19일째 되는 날 사진에서 미카의 얼굴이 깨짐으로써 미카의 죽음을 예견하게 된다. 케이티마저 미쳐버리고 이튿날 밤 케이티에게 빙의된 악령이 1층 거실에서 비명을 질러 미카를 유인하여 죽인다. 그리고 카메라를 보고 웃으며 케이티마저 죽이면서 영화는 결말을 맺는다.

〈파라노말 액티비티〉는 세 가지의 결말이 존재한다. 오렌 펠리가 영화를 처음 제작했을 때의 오리지널 결말과, 그가 DVD를 제작하면서 만든 결말, 그리고 스티븐 스필버그가 저작권을 사들이면서 새로 만든 결말인 극장판 결말이 존재하기 때문이다. 오리지널 엔딩은 미카를 죽인 악령에 빙의된 케이티가 경찰에 의해 살해되면서 끝을 맺고, DVD 버전 엔딩은 위에서 언급했듯이 케이티에게 빙의된 악령이 미카를 죽이고 카메라를 보고 웃으며 케이티를 죽이면서 결말을 맺는다. 스필버그가 새로 제작하여 개봉한 결말에서는 케이티의 비명에 놀라 쫓아나가던 미카가 카메라 밑으로 떨어지고 미카의 생사를 확인한 케이티가 카메라를 응시한다. 그리고는 음흉한 미소를 띠며 카메라를 향해 돌진하면서 영화는 끝을 맺는다.

하지만 이 영화의 내용은 작가가 창작한 완전히 허구의 이야기이다. 그러나 이 영화에서는 기존의 다큐멘터리 촬영 기법과 전개 방식들을 활용하여 허구의 이야기에 극사실감을 부여했다. 인공 조명을 배제하고 자연조명만을 사용하거나, 소형 카메라를 활용한 핸드헬드 기법을 활용하기도 하고, 상황을 실감 나게 전달하거나 재연하기 위해 인터뷰의 형식을 삽입하기도 한 것이다.

앞에서 살펴본 것처럼, 21세기에 접어들면서 허구의 이야기를 다큐멘터리 기법으로 담아냄으로써 '허구'와 '사실성'의 모순된 결합이 다큐멘터리에 자주 등장하게 되었다. 제인 로스코Jane Roscoe와 크레이그 하이트Craig Hight는 저서 『페이킹 잇: 모크-다큐멘터리와 사실성의 전복Faking It: Mock-Documentary and the Subversion of Factuality』(2001)에서 모큐멘터리를 조롱의 정도에 따라 패러디parody, 비판critique, 그리고 해체deconstruction로 구분했다(로스코·하이트, 2010). 첫 번째 단계인 '패러디'는 다큐멘터리의 관습을 이용해 문화적 위상을 조롱하는 경우로, 인물이나 다큐멘터리 장르 자체에 대해 가벼운 조롱을 함으로써 주인공을 희화화하는 것이다. 대중문화의 한 양상을 다큐멘터리 형식으로 패러디 하는 것으로, 〈이것이 스파이널 탭이다〉가 여기에 속한다.

두 번째 단계인 '비판'은 다큐멘터리가 갖는 재현의 본질에 대해 의문을 제기하며 다큐멘터리에 대해 비판적 입장을 취하면서도 사실적 담론을 전개하는 데 있어 다큐멘터리가 확보하고 있는 문화적 위상을 인정하는 경우이다. 이 범주에 속하는 작품으로는 〈블레어 윗치 프로젝트〉 등이 있다.

마지막 세 번째 단계인 '해체'는 다큐멘터리의 작위성을 의도적으로 드러내어 다큐멘터리 장르가 담보하는 사실성에 대해 수용자가 재고할 것을 요구하는 것을 말한다. 촬영된 이미지가 현실을 있는 그대로 반영한다거나, 감독이 촬영 대상에 대해 객관적이고 균형 있는 입장을 취할 수 있다는 등 다큐멘터리가 지니는 기본적인 가정을 전복시키는 것이다. 이를 보여주는 대표적인 작품에는 〈데이비드 홀즈만의 일기〉 등이 있다.

하지만 이러한 분류는 그 개념이 다소 모호하고 개념적으로 공통된 부분들이 존재하여 명확한 분류가 이루어지기 힘들다. 따라서 이러한 분류가 갖는 모호성을 극복하고, 좀 더 간략하고 명확한 분류를 위해 영화가 지향하는 바에 따라 크게 두 가지로 나누어 보면 다음과 같다.

하나는 실제 현실이 아닌 것을 통해서도 진실을 보여줄 수 있다는 진실 추구의 관점에서 '허구'를 차용하는 것으로, 〈이것이 스파이널 탭이다〉, 〈그녀 이름은 베트남〉, 〈노 라이즈〉 등이 그 예이다. '진실' 대 '허구'라는 이분법에서 벗어나 다큐멘터리에서 추구하는 진실을 얻기 위한 하나의 전략으로 '허구'를 사용한 것이다. 이는 '리얼리티를 다룬다'라는 다큐멘터리의 의미를 실존 인물이나 실제 이야기를 다룬다는 '형식적인 의미'가 아니라, 허구의 인물이나 허구의 이야기를 통해서도 진실을 전달할 수 있다는 '내용적인 의미'에서 접근하는 것이다. 즉, '진실'을 드러내기 위한 전략으로서 허구 전략을 사용하는 것인데, 이는 '리얼리티를 통해 '진실'을 드러낼 수 있다'라는 믿음에 기반을 둔 다큐멘터리를 조롱하는 것이기도 하다. 따라서 이러한 다큐멘터리는 말 그대로 '모큐멘터리'라고 할 수 있다.

다른 하나는 진실의 추구와는 거리가 먼 것으로 다큐멘터리 관습이 갖는 극사실감을 통해 관객을 모으려는 상업적인 관점에서 '허구'를 차용하는 것이다. 〈블레어 윗치 프로젝트〉와 〈파라노말 액티비티〉 시리즈 등이 전형적인 예이다. 이 작품들은 허구적 내용을 리얼리티 형식으로 가장하여 현장감과 사실감을 증강시키고 있는데, 이는 다큐멘터리에 대한 비판적 성찰을 목적으로 하기보다 심리적인 불안감과 공포감을 극대화시키고자 하는 상업적인 목적에서 야기된 것이다. 즉, 이들은 다큐멘터리 장르에 대한 성찰적 시도라기보다는 새로운 형태의 상업적 기획으로 볼 수 있다. 따라서 이들은 '페이크fake(가짜) 다큐멘터리'라고 하는 것이 더 타당하다.

아직까지는 모큐멘터리와 페이크 다큐멘터리에 대한 엄밀한 구분 없이 서로 혼용하여 사용하고 있지만, 영화에서 추구하는 목적에 따라 모큐멘터리와 페이크 다큐멘터리를 구분하여 사용하는 것이 다큐멘터리 논의에서 더 적절할 수 있을 것이다.

하지만 이러한 영화들은 모두 다큐멘터리와 그것이 주장하는 진실성에 대해 근본적인 비판을 가할 수 있다는 점에서 공통점을 찾을 수 있다. 제작자의 의도 – 성찰적 목적인가 상업적 목적인가 – 와 상관없이, 다큐멘터리의 관습을 이용하여 제작한 허구의 다큐멘터리는 다큐멘터리의 사실성에 대한 수용자의 믿음을 훼손하게 된다. 즉, 다큐멘터리에서 관습적으로 사용하고 있는 사실적인 기법을 사용했다고 해서 모두 '사실성'을 담보하는 것은 아니라는 것을 보여주는 것이다. 따라서 이러한 영화들은 모두 수용자가 다큐멘터리 장르와 그것이 기초하고 있는 사실성 담론에 대해 성찰할 수 있도록 이끌어준다.

2. 애니메이션 다큐멘터리 허구적 이미지를 통한 사실의 재현

애니메이션 다큐멘터리는 '사실의 재현'을 추구하는 다큐멘터리가 '허구적 표현 형식'과 결합한 것으로, '사실성'과 '허구성'이라는 모순되어 보이는 두 요소가 결합되어 있는 양식이다. 다큐멘터리는 현실의 물리적인 기록을 토대로 '사실성', '객관성'을 추구하는 반면, 애니메이션은 인간의 손으로 제작함으로써 '허구적·주관적인 표현'을 토대로 한다. 사실과 허구, 현실의 물리적 기록과 손으로 만든 상상, 사실과 공상, 사실주의와 표현주의 등 다큐멘터리와 애니메이션은 철학적·미학적으로 서로 대립되는 것으로 간주되어 왔다(문원립, 2013). 따라서 그동안 애니메이션은 다큐멘터리에서 부분적으로만 활용되어왔다. 하지만 21세기에 접어들면서 실사 촬영을 통한 실제 이미지가 아닌 애니메이션을 통해 실제 이야기를 다룬 영화가 등장했고 이를 '애니메이션 다큐멘터리' 또는 '애니메이티드animated 다큐멘터리'라고 일컫게 되었다. 즉, 애니메이션 다큐멘터리는 손으로 직접 그린 것이든, 디지털 컴퓨터로 제작한 것이든 애니메이션 이미지를 통해 다큐멘터리를 제작하는 것을 말하는 것이다.

애니메이션 다큐멘터리가 등장하게 된 것은 사실/허구, 객관/주관의 이분법이 해체됨에 따라 다큐멘터리의 장르적 정체성에 대한 회의가 본격화되면서이다. 디지털 테크놀로지의 발전으로 영상과 음향의 손쉬운 조작과 변형이 가능해지면서, 다큐멘터리에 부여되었던 기록물로서의 증거 능력이 현격히 축소되었다. 이에 따라 현실의 물리적인 기록이 가지는 '진실성'에 대한 회의가 생기고 다큐멘터리의 진실 주장이 더는 사진 기록이 가지는 표면적인 '리얼리티'에 국한되지 않는다는 인식에서 애니메이션 다큐멘터리가 본격화된 것이다. 그뿐만 아니라 현실 세계에 대한 기계적인 기록이 항상 존재하는 것이 아니기 때문에, 그리고 인간의 내면적 세계나 무의식의 세계는 실사 영상만으로 표현하기 어렵기 때문에 때로는 상상의 세계를 표현할 수 있는 애니메이션을 통해 다큐멘터리의 진실을 효과적으로 전달하고자 하는 것이다. 이처럼 애니메이션을 이용한 사실성의 표현은 실사 다큐멘터리와 대립적·모순적 관계라기보다는 서로 보완하는 관계로서 사건에 대한 재구성과 좀 더 다양한 시각적 표현을 가능하게 한다(문원립, 2013; 이현석, 2011).

최근 전성기를 맞이하고 있는 애니메이션 다큐멘터리는 사실 영화사 초창기부터 존재했다. 다큐멘터리에 애니메이션 시퀀스sequence가 포함된 것인데, 이는 애니메이션이 다큐멘터리 내에서 일찍부터 하나의 표현 양식으로 사용되어왔음을 보여준다(Ward, 2005). 최초의 애니메이션 다큐멘터리는 1918년 윈저 맥케이Winsor McCay가 제작한 〈루시타니아호의 침몰The Sinking of the Lusitania〉(1918)이라고 할 수 있다. 이는 1915년에 승객 2000명을 태운 여객선이 독일 잠수함에 의해 격침된 사건을 애니메이션으로 만든 것이다. 맥케이 감독은 독일군에 의해 침몰한 루시타니아호 사건의 참상을 알리고, 독일군에 대한 경각심을 일깨우기 위해 이 다큐멘터리를 제작했다(이현석, 2011). 실사로 촬영할 수 없는 역사적 사건을 애니메이션 이미지를 통해 재구성하고, 영화 중간중간에 자막을 통해 실제 발생했던 역사적인 사건에 대

그림 5-20 사브라-샤틸라 사건 발생지

그림 5-21 보아즈의 꿈 장면
자료: 〈바시르와 왈츠를〉(2008).

해 설명하고 있다.

이후 애니메이션 다큐멘터리는 지속적으로 제작되어왔지만, 하나의 독립된 장르로 주목받게 된 것은 2008년 개봉한 아리 폴만Ari Folman 감독의 〈바시르와 왈츠를Waltz with Bashir〉(2008)이 발표된 이후부터라고 할 수 있다. 이스라엘, 독일, 프랑스 세 나라가 공동 제작한 이 영화는 내용 구성과 표현 기법에서 작품성을 인정받으며 많은 영화제에서 수상했다. 독특한 형식의 이 영화는 2008년 칸 영화제 본선 경쟁 부문에 진출해 황금종려상에 노미네이트nominate되었고, 이스라엘 아카데미에서는 여섯 개 부문(최고의 영화, 최고의 감독, 최고의 시나리오, 최고 음향, 최고 몽타주, 최고의 예술적 디자인)에서 수상했으며, 2008년 아시아 태평양 영화제Asia-Pacific Film Festival: APFF에서는 '최고의 애니메이션상'을 수상했다. 또 2009년 골든 글로브Golden Globe Award '외국어 영화상', 2009년 세자르 영화제César Awards '최고의 해외영화상'을 수상한 바 있다(한상정, 2005).

〈바시르와 왈츠를〉은 1982년에 발생한 사브라-샤틸라 학살 사건(1982.9. 16~18)을 다루고 있다. 사브라-샤틸라 지역은 레바논의 수도 베이루트에 있는 팔레스타인 사람들의 거주지로(그림 5-20 참조), 이 지역의 팔레스타인 난민촌에서 최소 3000명 이상의 민간인들이 학살당하는 사건이 발생한다.

1982년 전쟁 중이었던 이스라엘은 레바논의 수도 베이루트를 점령하고, 레바논 기독교 조직인 팔랑헤Falange당의 총수 바시르 제마엘Bachir Gemayel을 레바논의 대통령으로 앉히고자 했다. 하지만 바시르는 취임 9일 전 폭탄 테러로 사망하게 되고, 그의 죽음에 광분한 레바논 팔랑헤 민병대는 팔레스타인 사람들의 거주지 사브라-샤틸라 지역으로 들어가 바시르의 죽음에 대한 복수를 하고자 했다. 이스라엘 군대는 사브라-샤틸라 난민촌을 포위했고, 분노에 찬 레바논 팔랑헤 민병대는 이스라엘군이 쏜 조명탄의 호위를 받으면서 난민촌으로 진입하여 팔레스타인 난민들을 남녀노소 구분 없이 무차별 학살했다. 아리 폴만 감독은 1982년 이스라엘-레바논 전쟁 당시 이스라엘군 병사로 참여했었던 본인의 경험과 기억을 바탕으로 이 대학살의 기억을 찾아가는 과정을 그리는데, 이것이 〈바시르와 왈츠를〉의 주된 내용이다.

2006년의 어느 날, 아리 폴만 감독에게 이스라엘-레바논 전쟁(1982년) 당시 이스라엘군에 함께 복무했던 전우인 보아즈가 찾아온다. 보아즈는 2년 전부터 26마리의 개가 자기를 쫓아오는 꿈을 꾸는데(그림 5-21), 그 개들은 팔레스타인 난민 학살 당시 난민촌에 들어가며 그가 사살했던 개들이라고 한다. 보아즈는 왜 20여 년이나 지났는데 이제 와서 이런 꿈을 꾸는지 알 수 없다며, 고민을 털어놓는다. 이 이야기를 듣던 폴만은 자신은 이스라엘-레바논 전쟁에 대해 거의 아무것도 기억하지 못하고 있다는 것을 깨닫는다. 그가 기억하는 것은, 오렌지 빛의 조명이 반사된 고요한 바다에 잠겨 있던 자신이 다른 두 사람과 함께 천천히 해변으로 다가가서 옷을 입고 마을로 진입하는 장면이다. 해변에서 나올수록 색채는 다시 청회색 톤으로 바뀌고, 마을로 다가가면 아랍 여인들이 무엇인가 외치며 자신의 곁을 지나친다.

팔레스타인들에 대한 대학살의 사건 현장에 있었지만 그 사실에 대해 기억하지 못하는 폴만은 전쟁에 함께 참여한 전우들을 만나 기억의 단편을 맞춰가기 시작한다. 옛 전우들의 이야기 - 때로는 실제 있었던 일, 때로는 자신이 본 환영 - 를 통해 폴만은 하나씩 기억의 빈틈을 메워나가고, 자신이 사브라-샤틸라 학살 시 가까이 있었다는 사실을 깨닫는다.

이제 그는 학살 현장에 있었던 이들을 찾아가며 이야기를 듣는다. 학살 다음 날 난민촌으로 들어가 학살 현장을 기록한 론-벤 이샤이를 인터뷰하는 과정에서, 폴만은 자신이 레바논 팔랑헤 민병대가 사브라와 샤틸라 난민촌으로 들어갈 때, 노란 조명탄을 쏘아 올리는 역할을 했음을 알게 된다. 자신이 한 행위가 어떤 결과를 낳을 것인지 잘 몰랐던 폴만은 론-벤과 함께 학살 다음 날 마을에 들어갔을 때 참혹한 학살 현장을 목격하게 된다. 19세의 폴만이 받았던 엄청난 충격이 이 기억 전체를 지우게 만들었던 것이다. 그리고 실사 필름으로 당시에 촬영했던 장면들을 2~3분 정도 보여주며 영화는 끝을 맺는다.

이처럼 〈바시르와 왈츠를〉은 아리 폴만 감독의 자전적 체험을 바탕으로 만들어진 영화이다. 그가 기억의 단편을 맞추어가면서 잃어버린 기억을 되찾는 과정에서 전쟁 속에 감추어져 있던 대학살에 대한 진실을 드러낸다. 잃어버린 기억을 찾는 과정을 재현한 이 영화는 폴만의 시선으로 구성되어 있으며 자기 독백적이다. 그리고 대학살의 진실을 온전히 기억할 수 없었던 인간의 나약한 내면을 담아내기 위해 실사 영상이 아닌 애니메이션이라는 표현 양식을 활용했다. 즉, 애니메이션 기법은 그의 상념과 환영을 시각화할 수 있도록 해주는 것으로, 실사 영상이 담아낼 수 없는 진실을 표현하고 있는 것이다. 그리하여 이 작품은 실제로 일어났던 사건의 객관적인 재현에 얽매이기보다는 표현이 자유로운 애니메이션의 제작 방식을 사용함으로써 사실 재현의 새로운 접근을 보여주고 있다.

그림 5-22 실사 촬영에 근거한 애니메이션 제작
자료: 〈바시르와 왈츠를〉(2008).

〈바시르와 왈츠를〉에 사실성을 부여한 것은, 우선 이 작품이 현실 세계에 실제로 존재했었던 사건을 다룬다는 점이다. 둘째로, 폴만과 함께 참전했던 이들을 실제로 인터뷰한 내용을 영화에 사용함으로써 우리가 지금 보고 있는 것이 전혀 허구가 아니라고 주장한다는 점이다. 폴만은 실제 인터뷰한 비디오 영상을 바탕으로 그 영상 내용을 애니메이션으로 바꿔 제작했으며, 실제 인터뷰 음성을 대입함으로써 다큐멘터리의 사실성을 부여했다(박진, 2010; 한상정, 2005).

세 번째, 배경으로 활용되는 이미지들은 많은 부분 실사 촬영에 의거해 재구성된 것이라는 점이다. 폴만은 애니메이션을 만들기 전에 먼저 90분짜리 실사 비디오 영상을 촬영하여, 이 영상 자료를 토대로 애니메이션을 제작했다(그림 5-22 참조). 비디오 영상을 기초로 활용했기 때문에 이 작품에 등장하는 인물들은 모두 실제 인물과 모습이 유사하다(한상정, 2005).

끝으로, 마지막 장면에 사브라-샤틸라 학살 당시에 촬영된 실제 장면들을 넣음으로써 이 영화가 다큐멘터리로서 사실적 내용을 다루고 있음을 보여준다는 점이다(이현석, 2011). 영화에서는 자신이 밝혔던 조명등이 가져온 참사를 깨닫고 충격을 받는 아리 폴만의 모습이 클로즈업되면서 화면이 애니메이션에서 실사 화면으로 넘어간다(그림 5-23). 카메라는 아이들의 시체

그림 5-23 애니메이션에서 실사 영상으로 넘어가는 마지막 장면
자료: 〈바시르와 왈츠를〉(2008).

를 바라보며 울부짖는 레바논 어머니들과 곳곳에 널브러져 있는 시체들을 담아내다가, 파괴된 잔해 속에 묻혀 있는 조그만 아이의 얼굴을 보여주며 끝을 맺는다. 아무런 음악조차 곁들이지 않은 채 알아들을 수 없는 말로 지껄이는 현장의 소리만이 들려올 뿐이다. 마지막에 제시된 이러한 실사 영상은 지금까지 관객이 보고 있었던 애니메이션의 내용이 실제 있었던 역사적 사건임을 적나라하게 증언하는 것이다. 가상의 이미지인 애니메이션으로 이야기를 이끌어오다가, 충격적인 실사 영상으로 그 내용이 현실에서 발생한 실제 이야기라는 것을 보여주었을 때 전쟁의 참상은 더욱 강조되고 관객들이 받는 충격은 배가된다. 그리고 이는 지금까지의 탐색 과정이 허구 세계에서 이루어진 유희적인 과정이 아니라, 진실을 향한 다큐멘터리적인 노력이었음을 드러내는 것이다.

이 영화에서 색채는 의미를 가지고 사용되었다. 비현실적인 장면은 전체적으로 노란색 화면으로 구성되었는데, 폴만이 레바논 전쟁에 대해 가지고 있던 단 하나의 기억 — 자신이 오렌지 빛의 조명이 반사된 고요한 바다에 잠겨 있다가 다른 두 젊은이와 함께 천천히 해변으로 다가가서 옷을 입고 마을로 진입하는 장면 — 도 노란색의 이미지로 표현되어 있다. 병사들의 혼돈과 두려움은 모노톤의 이미지를 사용했으며, 현실적인 장면은 좀 더 다채로운 색채를 사용했다.

그림 5-24 바시르와 함께 춤을
추듯 총을 쏘는 장면
자료: 〈바시르와 왈츠를〉(2008).

　이 영화에서는 움직임 하나하나도 의미를 가진다. 이 작품의 제목인 '바시르와 왈츠를Waltz with Bashir'은, 대학살 현장의 한가운데에서 동료의 총을 빼앗아 사방으로 미친 듯이 마치 춤을 추듯 자동연사총을 쏘아대는 병사 프렌켈Frenkel의 모습이 마치 그 뒤에 걸려 있는 대형 포스터 속의 바시르와 함께 왈츠를 추는 것처럼 보이는 데서 지어진 것이다(그림 5-24). 이 영화를 대표하는 이 장면은 인간성이 파괴되는 순간을 역동적인 움직임으로 표현한 것인데, 이 장면은 현실과 환상을 오갔던 대학살의 혼돈스러웠던 진실을 상징적으로 표현해주고 있다. 또한 이 영화에서 인물들은 대체로 느리게 걷고 표정의 변화도 없다. 이에 대해 감독은 제작비가 부족하여 빨리 걷거나 다양한 표정을 구사할 수 없었다고 말하지만, 작품을 감상하는 입장에서는 이들에게 내재되어 있는 죄책감에 대한 하나의 표현 방식이라고도 볼 수 있다.

　위에서 살펴본 바와 같이, 〈바시르와 왈츠를〉은 바시르의 죽음에 대한 복수로 자행된 레바논 팔랑헤 민병대의 광기 어린 대학살과 그러한 학살에 동조했던 이스라엘에 대한 다큐멘터리이다. 실제로 벌어진 역사적 사건과 그에 관한 주관적 기억을 애니메이션 이미지를 통해 재현함으로써, 실사 영상이 담아낼 수 없는 진실을 표현하고 있다. 이 작품은 실재하는 역사 세계를 실사 영상이 아닌 애니메이션 표현 방식을 통해 재현함으로써, 표면적인 리얼리티가 아니라 그 이면에 존재하는 내면적 진실을 드러내고자 했다. 즉, 실제로 일어났던 사건의 객관적인 재현에 얽매이기보다, 표현적으로 자유로운 애니메이션의 제작 방식을 사용함으로써 현실과 실재에 대한 재현 representation의 영역을 무한히 확장하고 있는 것이다.

애니메이션 다큐멘터리는 1절에서 살펴본 모큐멘터리와는 정반대의 지점에 위치한다. 사실의 재현을 목표로 하는 다큐멘터리가 '허구적 내용'과 결합한 것이 모큐멘터리라면, '허구적 표현 형식'과 결합한 것이 애니메이션 다큐멘터리이기 때문이다. 즉, 모큐멘터리는 가장 다큐멘터리적인 영상을 통해 허구적 이야기를 담아내는 반면, 애니메이션 다큐멘터리는 가장 다큐멘터리답지 않은 영상으로 '진실'을 전하려고 한다는 점에서 흥미로운 대조를 이룬다. 하지만 모큐멘터리와 애니메이션 다큐멘터리는 모두 다큐멘터리의 기본 토대라고 할 수 있는 '사실성'과 그 정반대 지점에 있는 '허구성'을 모순적으로 결합하여 이용한다는 점에서 그 공통점을 찾을 수 있다.

3. 웹 기반의 인터랙티브 다큐멘터리

'웹 다큐멘터리'는 영화관 상영이나 TV 방영을 위해 제작되는 기존의 다큐멘터리 영상과는 달리, 웹사이트의 특성에 맞게 제작되고 있는 새로운 형태의 다큐멘터리이다. 이는 전통적인 다큐멘터리의 틀에서 벗어나 사뭇 다른 표현 방식의 시도인데, 대부분 인터넷에 온라인으로 접속한 사용자가 '능동적 상호작용active interactivity'을 통해 수용하는 인터랙티브 방식을 취하고 있다는 점에서 '인터랙티브 다큐멘터리interactive documentary'라고 불리기도 한다.

웹 다큐멘터리가 탄생하게 된 것은 1990년대 전 세계 컴퓨터를 인터넷망으로 연결해 컴퓨터들이 가지고 있는 다양한 형태의 정보를 모든 사람이 쉽게 이용할 수 있게 해주는 '월드와이드웹World Wide Web: WWW, W3'의 등장에 따른 것이다. 웹이 등장하기 이전에 인터넷에서 이용할 수 있는 서비스는 전자우편, 파일 전송FTP, 유즈넷 뉴스Usenet News 등 오직 문자를 이용하는 서비스로, 명령어를 컴퓨터에 직접 입력하여 사용하는 구조였다. 하지만 웹에서는 문자, 영상, 음향 등 다양한 데이터를 통합적으로 제공하는 것이 가능했으며, 링크를 이용해 정보들을 유기적으로 연결시킨 하이퍼텍스트 hypertext 기능을 기반으로 이루어져 있어서 인터넷상에 분산되어 존재하는 온갖 종류의 정보에 이용자들이 편리하게 접근할 수 있게 되었다.

이러한 기술적 기반에서 등장한 초기 웹 다큐멘터리는 특정 주제에 관한 멀티미디어 콘텐츠들이 웹상에 게재되는 형태였다. 1995년부터 온라인 서비스를 개시한 〈한국전쟁 프로젝트Korean War Project〉[5](1995, 미국)나 2000년에 개설된 〈원 월드 저니One World Journeys〉[6](2000, 미국) 등이 대표적인 예로, 현재의 웹 다큐멘터리가 지닌 복합적인 서사 구조에 비해 단순한 구조를 지닌다(이지용, 2010; 차민철, 2014).

웹을 기반으로 한 인터랙티브 다큐멘터리가 본격적으로 등장한 것은 2000년대 중반을 넘어서면서부터이다. 초고속 인터넷 회선의 구축과, 인터넷에서 음성이나 동영상 등을 실시간으로 재생하는 기술인 스트리밍 기술의 발달로, 제작자와 이용자 간의 상호작용 기능을 원활하게 이용할 수 있

---

5   http://www.koreanwar.org

6   http://www.oneworldjourneys.com

게 되면서 인터랙티브 다큐멘터리가 등장한 것이다. 인터랙티브 다큐멘터리의 텍스트는 순차적인 구조가 아닌, 비순차적인 방식으로 다각적으로 접근할 수 있도록 구성됨으로써, 독특하면서도 유기적인 서사 구조를 제공한다. 이러한 텍스트는 사용자의 선택에 따라 각기 다른 방식으로 텍스트를 경험할 수 있게 해주는데, 이는 이전과는 다른 완전히 새로운 방식의 경험을 제공한다. 이용자가 어떤 선택을 하느냐에 따라 시청 순서가 달라질 수도 있고 접하는 등장인물이나 주제가 달라질 수도 있다. 인터랙티브 다큐멘터리에서 관객들(웹 이용자들)은 일방적으로 제공된 영상을 수동적으로 관람하는 것이 아니라, 적극적이고 능동적으로 텍스트를 탐험하는 주체가 된다.

이러한 인터랙티브 다큐멘터리는 프랑스의 아르테Arte TV 채널과 캐나다의 국립영화위원회National Film Board of Canada: NFB 등에서 활발히 제작되고 있는데, 그 가운데 주목할 만한 인터랙티브 다큐멘터리를 몇 편 소개하면 다음과 같다.

1) 〈가자-스데롯〉[7]

프랑스와 독일의 합작 TV 채널 아르테Arte의 인터넷 사이트에서 선보인 다큐멘터리 〈가자-스데롯Gaza-Sderot〉(2008, 프랑스)은 2008년 10월 26일부터 12월 23일까지 매일 각 두 편의 영상(각 2분 분량)이 연재되며 총 40편의 에피소드로 완결되었다. 이 다큐멘터리는 불과 3km 거리에 떨어져 있는 가자지구(팔레스타인)와 스데롯(이스라엘)에 거주하는 평범한 사람들(가자 지구에서 여섯 명, 스데롯 지역에서 여섯 명을 선정)을 중심으로 공중 폭격과 폭탄의 위협

---

7   http://gaza-sderot.arte.tv

속에서 살고 있는 이들 두 지역 사람들의 일상적인 삶을 담고 있다. 이 웹 다큐멘터리는 오늘날 가장 위험한 분쟁 지역으로 알려진 두 지역의 일상을 매우 가까이서 볼 수 있게 해주었다는 점에서 신선하면서도 파격적인 시도로 높이 평가받았다.

그런데 이 작품이 화제를 모은 것은 내용뿐만이 아니다. 이러한 영상을 담아내는 형식에 새로운 시도를 했던 것이다. 이러한 영상은 아르테 인터넷을 통해 방영되었기 때문에 이용자들은 비순차적인 방식으로 자신이 보고 싶은 항목을 선택해가며 그에 따라 제시되는 콘텐츠를 접할 수 있다. 즉, 이용자마다 서로 다른 방식과 순서로 콘텐츠를 접하게 된 것이다. 이 웹 다큐멘터리의 형식적인 구성을 좀 더 구체적으로 살펴보면 다음과 같다. 이 웹사이트에 들어가면 그림 5-25와 같은 안내 영상이 등장한다.

이 영상 이미지의 중간 지점에 주황색으로 표시된 'WATCH THE PRO-GRAM'을 클릭하면 그림 5-26의 상단 영상 이미지가 나타난다. 왼쪽에는 가자 지구에 사는 사람이, 오른쪽에는 스데롯 지역에 사는 사람이 보인다. 여기서 왼쪽을 클릭하면, 왼쪽 이미지의 크기가 화면의 2분의 1에서 화면의 3분의 2로 커지며 가자 지구에 사는 사람의 일상적인 삶의 모습과 그의 이

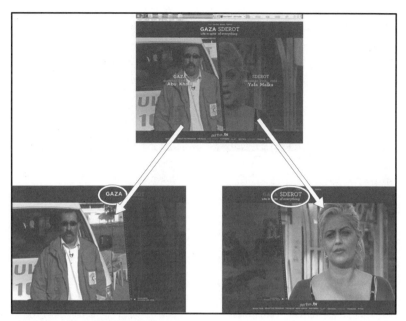

그림 5-26 〈가자-스데롯〉의 구성 형식
자료: 〈가자-스데롯〉(2008).

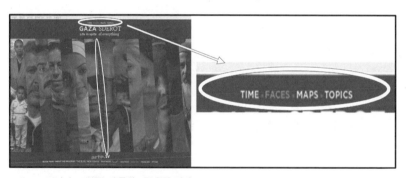

그림 5-27 〈가자-스데롯〉의 구성 - FACES 선택
자료: 〈가자-스데롯〉(2008).

야기를 들을 수 있게 된다. 화면의 오른쪽을 클릭하게 되면, 오른쪽 이미지의 크기가 더 커지며 스데롯 지역에 사는 사람의 이야기와 삶을 경험할 수 있다.

그림 5-28 〈가자·스데롯〉의 구성 - MAPS
자료: 〈가자·스데롯〉(2008).

그림 5-29 〈가자·스데롯〉의 구성 - TOPICS
자료: 〈가자·스데롯〉(2008).

이들 영상을 접하는 방법은 여기서 그치지 않는다. 영상 이미지 상단에
위치한 네 개의 메뉴바인 'TIME', 'FACES', 'MAPS', 'TOPICS' 가운데 'FACES'
를 클릭하면 그림 5-27과 같이 에피소드에 등장하는 다양한 사람들의 얼굴
이 나타나는데, 이들 가운데 하나를 선택하면 그 사람에 관한 영상을 시청
할 수 있다. 영상 이미지의 중간 부분에 있는 점선은 'TIME'을 나타내는 것
으로 맨 아래에 있는 점을 선택하면 10월 26일의 에피소드를 선택할 수 있
고, 이를 기점으로 위로 올라갈수록 하루씩 지난 날짜의 에피소드를, 그리
고 맨 위에 있는 점을 선택하면 12월 23일의 에피소드를 접할 수 있다.

또한 'MAPS'를 선택하면 그림 5-28과 같은 영상 이미지가 등장하는데, 지
도상에 표시된 다양한 장소 중 하나를 클릭하면 그 장소와 관련된 삶의 이
야기를 볼 수 있다. 그리고 'TOPICS'를 선택하면 그림 5-29와 같은 영상 이
미지가 나타나는데, 다양한 주제 가운데 하나를 클릭하면 그 주제와 관련된
영상을 볼 수 있다.

이처럼 두 지역 사람들의 삶에 다양한 방식 ─ 인물별·날짜별·지도상의 장소
별·주제별 ─ 으로 접근하여 선택할 수 있는 경로를 제공함으로써 이용자가
어떤 선택을 하느냐에 따라 시청 순서가 달라질 수도 있고 접하는 주제나

등장인물이 달라질 수도 있다.

웹사이트를 통해 이와 같이 다양한 형식으로 구성된 〈가자-스데롯〉은 인터넷이라는 새로운 매체가 기존의 다큐멘터리 형식을 전면적으로 바꿔가고 있음을 보여준다. 이 작품은 '웹 다큐멘터리'의 잠재력과 가능성을 보여주며 큰 반향을 불러일으켰는데, 당시 이 다큐멘터리를 보기 위해 아르테 채널의 웹사이트를 방문한 네티즌의 수는 총 40만 명에 이르렀다. 또한 이 웹 다큐멘터리는 TV용 다큐멘터리 포맷으로 다시 제작되어 2009년 2월 18일에 아르테 채널에서 〈가자-스데롯. 전쟁전의 기록Gaza-Sderot. Chroniques d'avant-guerre〉으로 방송되기도 했다.

2) 〈석탄 끝으로의 여행〉[8]

〈석탄 끝으로의 여행Journey to the End of Coal〉(2008, 프랑스)은 로드무비형 웹 다큐멘터리이다. 이 작품은 관객(여기서는 웹 이용자)을 중국 탄광촌으로 안내하는데 그 여정을 통해 탄광촌 노동자들의 열악한 노동 조건과, 탄광에서 발생하는 안전사고로 죽음의 위험을 감수하며 살아가는 탄광촌 노동자들의 삶을 접하게 된다. 사진 약 300컷과 3시간 분량의 비디오, 중국에서 채집한 10시간 분량의 사운드 자료들로 구성되어 있는 이 웹사이트는 2008년 프랑스의 대표적인 정론지 ≪르 몽드Le Monde≫에 처음 소개된 것을 계기로, 세계적인 다큐멘터리 필름 페스티벌에 초청되면서 웹 다큐멘터리를 세상에 알리는 데 큰 역할을 하게 된다.

이 작품에서 관객들(웹 이용자들)은 일방적으로 제공된 영상을 수동적으로

---

8   http://www.honkytonk.fr/index.php/webdoc/

그림 5-30 〈석탄 끝으로의 여행〉의 메인 화면
자료: 〈석탄 끝으로의 여행〉(2008).

관람하는 것이 아니라, 탄광 지역을 여행하는 탐험 주체로서 적극적이고 능동적인 역할을 하도록 요구받는다. 웹사이트에 들어가면 먼저 그림 5-30의 왼편에 있는 이미지가 나타난다. 여기서 플레이 버튼을 누르면 오른편에 나타난 바와 같은 기차역이 나타난다. 왼쪽 하단에 이곳은 베이징 기차역이며 다퉁 지역으로 가는 기차라고 적혀 있다.

이 가상 여행은 베이징에서 서쪽으로, 차로 네 시간 떨어진 다퉁에서 시작되어, 최고 국영광산 단지에서 가장 열악한 민영 광산 지역까지 중국의 주요 탄광들을 방문할 수 있도록 디자인되어 있다. 먼저, 제작자가 정해놓은 경로로 가상공간을 여행하는 동안 관객은 자기 스스로 여정을 선택하며 그곳에 준비되어 있는 다큐멘터리의 내용을 탐색해갈 수 있다. 그림 5-31과 같은 지도에서 관객이 여행지를 선택하면 그곳의 탄광 지역과 그곳에서 사는 사람들을 만날 수 있다. 관객 스스로가 여행의 순서와 방향을 선택할 수 있도록 인터페이스를 구축해놓은 것이다.

관객이 선택한 특정 장소에 도착하게 되면, 그곳에서 광부, 탄광 회사 대표, 지역 주민들을 만나면서 탄광촌에서 일상적으로 발생하는 죽음에 대해 그들과 대화를 나누고 그들의 삶을 관찰할 수 있도록 구조화되어 있다. 즉,

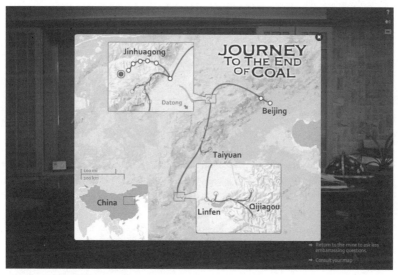

그림 5-31 여정을 선택할 수 있는 화면
자료: 〈석탄 끝으로의 여행〉(2008).

그림 5-32 인터뷰 질문을 선택할 수 있는 화면
자료: 〈석탄 끝으로의 여행〉(2008).

관객은 중국 광산 노동자들에게 질문을 던지는 역할을 수행하도록 되어 있다. 이들과 인터뷰를 하고 싶다면 주어진 인터뷰 질문들 가운데, 관객이 궁금한 것을 선택하여 그에 대한 답을 얻을 수 있다. 그림 5-32에 나타난 바와 같이, 화면의 중앙 하단에 "이와 같은 사건에 대해 당신은 얼마나 자주 듣습니까? How often do you hear about accidents like this one?", "그 사건은 어디서 일어났

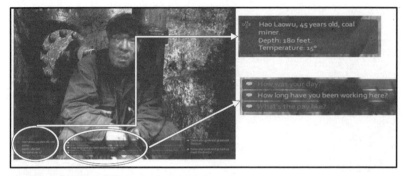

그림 5-33 광부와 인터뷰를 할 수 있도록 구축된 화면
자료: 〈석탄 끝으로의 여행〉(2008).

습니까?Where did the accident take place?"와 같은 질문지가 있다. 관객이 두 질문 중 하나를 선택해 클릭하면 그 질문에 대한 답이 제시된다. 만약 관객이 이 질문들에 관심이 없다면 그냥 지나치면 된다. 즉, 관객은 열악한 환경에 놓인 광산 노동자들과 지역 주민들의 삶을 대면하며 이들에게 다가가 질문을 던질 수도 있고 그들에 대한 질문을 건너뛸 수도 있는 권한을 부여받은 것이다.

광산 회사 대표와도 인터뷰를 할 수 있는데, 그와 인터뷰하면서 그가 광산 노동자의 비참한 현실을 외면하고 광산에서의 사망 사고를 은폐하는 내용을 접할 수 있다. 또한 그 지역에 사는 광부들과 인터뷰를 하고 싶다면, 그림 5-33과 같이 나타난 화면에서 질문을 선택할 수 있다. 화면의 왼쪽 하단에는 화면에 나타난 인물에 대한 기본 정보, "이름은 HaoLaowu, 나이 45세, 직업 광부, 이 인물이 있는 탄광의 깊이는 180피트, 온도 15℃"가 주어진다. 화면의 중앙 하단에는 세 개의 질문이 주어져 있다. "오늘 어땠어요? How was your day?", "이곳에서 얼마나 오랫동안 일해오셨어요?How long have you been working here?", "임금은 얼마나 되나요?What's the pay like?"와 같은 질문들 가운데 관객이 관심 있는 질문을 선택하면 답을 제공받을 수 있다.

이와 같이 관객은 자신이 원하는 지역을 선택하여 자신의 속도와 의지대로 현지인들을 만나고 그들이 이 열악한 환경에서 어떻게 살아가는지 묻고 답을 얻음으로써 광부들의 삶에 대해 알게 된다. 이 인터랙티브 다큐멘터리는 인터랙션, 즉 '상호작용'이라는 장치가 사실적 이야기 속에서 관객이 주체적으로 생생한 가상체험을 할 수 있도록 어떻게 작동하는지 보여준다.

3) 〈프리즌 밸리〉[9]

〈프리즌 밸리Prison Valley〉(2010, 프랑스)는 2010년 아르테 웹사이트에 공개된 웹 다큐멘터리로, 미국 콜로라도주 캐논 시티Cañon City에 형성된 대규모 교도소 산업을 다루었다. 이 작품은 프랑스의 저널리스트 다비드 뒤프렌느David Dufresne와 다큐멘터리 영화감독인 필립 브로Philippe Brault가 다양한 분야의 전문가들과 협력해 완성했다.

〈프리즌 밸리〉는 13개의 교도소가 있는 캐논 시티의 교도소 산업과 교도소 관련 산업으로 살아가는 캐논 시티 사람들의 삶을 다루고 있다. 캐논 시티의 전체 인구는 약 3만 6000여 명으로, 이 중 교도소에 수감된 죄수는 약 8000여 명이다. 인구의 약 4분의 1이 죄수이고, 나머지 약 4분의 3은 교도소 관련 산업으로 살아가는 캐논 시티에서 교도소는 도시의 가장 핵심적인 기관으로, 도시 대부분의 산업은 교도소와 수감자들을 대상으로 이루어진다(이지용, 2010). 이 작품은 한 편의 로드무비처럼 캐논 시티로 가는 도로에서 시작하는데, 캐논 시티에 도착하면 관객(웹 이용자)은 어드벤처 게임의 주인공이 되어 그곳을 하나하나 탐험하게 된다.

---

9   http://prisonvalley.arte.tv

그림 5-34 〈프리즌 밸리〉 메인 페이지
자료: 〈프리즌 밸리〉(2010).

그림 5-35 〈프리즌 밸리〉 오프닝 시퀀스
자료: 〈프리즌 밸리〉(2010).

그림 5-36 〈프리즌 밸리〉 모텔 안내데스크
자료: 〈프리즌 밸리〉(2010).

그림 5-37 〈프리즌 밸리〉 모텔 방
자료: 〈프리즌 밸리〉(2010).

　따라서 〈프리즌 밸리〉는 어드벤처 게임 형식의 웹 다큐멘터리라고 할 수 있다. 다큐멘터리에 등장하는 장소를 방문하고 그곳 사람들을 만나기 위해, 관객들은 가상공간에서 제공되는 캐논 시티의 한 모텔에 자신의 방을 예약해야 한다. 〈프리즌 밸리〉의 첫 메인 페이지(그림 5-34)의 시작 버튼을 누르면 그림 5-35와 같이 화면을 가득 채운 오프닝 시퀀스가 시작되는데, 미스터리한 음악과 함께 약 4분간 계속되는 이 트래킹 샷은 관객들에게 마치 계곡을 따라 캐논 시티로 들어가는 것과 같은 느낌을 준다.

　오프닝 시퀀스가 끝나면 관객은 가상의 모텔 안내데스크 앞에 서게 되는데 이때 호텔에 체크인 하듯 등록 카드를 작성하도록 요청받는다(그림 5-36 참조). 등록 시 페이스북이나 트위터 같은 소셜 네트워크를 이용하도록 요구

그림 5-38 내비게이션으로 볼 수 있는 모텔 방의 전체 영역

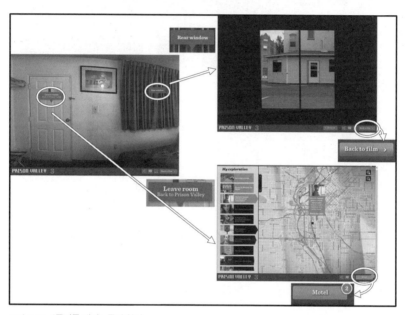

그림 5-39 〈프리즌 밸리〉 구성 형식

하는 화면이 나타나고, 로그인이 성공적으로 이루어지면 관객은 모텔방 안
에 들어가게 된다(그림 5-37 참조).

관객은 마우스를 좌우로 움직여 가상의 모텔 방을 내비게이션할 수 있는
데, 이때 관객에게 펼쳐지는 모텔 방은 그림 5-38과 같다. 이 방 안에 자연스
럽게 조성되어 있는 'Rear Window', 'Clues', 'Notebook', 'Forums', 'Desk',

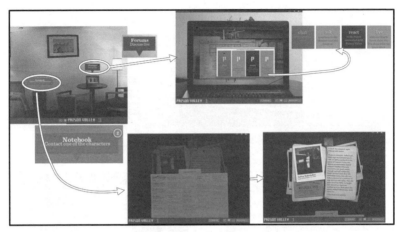

그림 5-40 〈프리즌 밸리〉 구성 형식 - Notebook & Forums

'News' 등의 항목을 관객은 자유롭게 선택할 수 있으며, 관객의 선택에 따라 다른 정보와 이미지를 접할 수 있다.

그중 'Rear Window' 탭을 누르면, 그림 5-39의 오른쪽 상단과 같은 이미지가 등장하고, 'Leave room: Back to Prison Valley' 탭을 누르면 오른쪽 하단과 같은 이미지가 나타난다. 이곳에 다양한 영상을 선택할 수 있는 메뉴바가 왼쪽에 나열되어 있는데, 이들 중 하나를 선택하면 옆에 있는 지도에 관련 지역이 표시되면서 그 콘텐츠를 감상할 수 있다. 즉, 관객의 선택에 따라 각 지역을 방문하며 보안관, 교도소 종사자, 지역 주민 등 다큐멘터리 속 인물을 만날 수 있게 되는데, 이를 통해 미국에서 산업화되어가는 교도소 문제에 대해 탐구할 수 있다. 화면 아래쪽에 위치한 'Back to film' 탭을 누르면 비디오 로드 트립Video Road Trip으로 되돌아가고, 'Motel' 탭을 누르면 다시 모텔 방 안으로 되돌아갈 수 있다.

그림 5-40의 왼쪽 하단에 보이는 바와 같이 'Notebook' 탭을 누르면 다큐멘터리 출연자들의 리스트가 등장하고, 리스트에서 한 출연자를 선택해 누

르면 그의 영상을 다시 볼 수도 있고 그와 채팅을 할 수도 있다. 그림 5-40의 상단에는 'Forums: Discuss Live'를 눌렀을 때의 영상 이미지가 있는데, 다른 이용자들과 채팅을 하거나, 다큐멘터리의 출연자들에게 질문을 하거나, 매주 정해진 시간에는 영화 속 등장인물들과의 채팅도 가능하다. 또한 관객은 논쟁적인 이슈에 대한 설문조사에 참여할 수도 있으며 온라인 컨퍼런스에 참여하여 자신의 의견을 피력할 수도 있다. 예를 들면, 재소자들의 노동 문제(그들의 노동이 교정의 일환인지 노동력 착취인지), 흉악범의 자유를 제한하는 문제, 그리고 교도소 민영화 문제 등에 대해 관객들이 토론에 참여할 수 있도록 한 것이다. 더 나아가 관객 자신이 의제를 설정하여 다른 이용자와 토론할 수도 있다.

모텔 방의 침대 위에 제시된 'Clues: Souvenirs and documents' 탭을 누르면, 자신이 영상에서 시청한 내용과 관련 있는 신문 기사, 사진, 슬라이드, 통계 등 정보의 단서들이 제공되는데 관객이 클릭해 선택할 수도 있고 혹은 무시하고 넘어갈 수도 있다. 여기서 제공되는 다양한 기록물은 미국의 산업화된 교도소 현실과 관련된 이슈에 대해 더욱 구체적인 내용을 담고 있다. 예를 들면, 미국의 범죄 현황 기록과 같은 내용을 담고 있는데, 이를 선택해 클릭하면 범죄 문제가 인종이나 계급 문제와 얽혀 있는 현실을 볼 수 있다. 즉, 이러한 공간은 일반 다큐멘터리가 공개하지 못했던 좀 더 구체적인 취재 내용과 자료들을 제공할 수도 있다는 점에서 전통적인 다큐멘터리와 차별화되는 공간이라고 할 수 있다.

이와 같이 〈프리즌 밸리〉는 동영상, 사진, 그림 이미지, 사운드, 문서, 신문 기사, 개인의 사적인 편지를 비롯한 다양한 기록물이 융합되어 있는 데이터들의 집합체로 구성되어 있으며, 관객(웹 이용자)은 자신이 원하는 대로 이렇게 다양한 형태의 콘텐츠를 선택해가면서 다큐멘터리의 이야기를 진전

시켜나갈 수 있다. 즉, 제작자가 하나의 완결된 이야기 구조를 가진 텍스트를 제공하는 것이 아니라, 이용자가 자신의 선택에 따라 자신만의 방식으로 텍스트를 구성해가며 다큐멘터리 속의 현실을 체험하는 것이다. 〈프리즌 밸리〉는 멀티미디어 콘텐츠를 인터랙티브 방식으로 효과적으로 구성해 미국의 교도소 산업이라는 주제에 대해 독특한 서사 구조를 제공했을 뿐만 아니라 주제에 관한 토론과 논의의 장까지 마련해준 것이다.

〈프리즌 밸리〉는 콘텐츠의 창작과 수용, 두 가지 면 모두에서 새로운 방식을 선보인 것으로, 평단과 관객(네티즌)으로부터 호평을 받았을 뿐만 아니라 월드 프레스 포토World Press Photo 멀티미디어 콘테스트 인터랙티브 분야에서 수상하기도 했다.

4) 〈아웃 마이 윈도우〉

〈아웃 마이 윈도우Out My Window〉(2010, 캐나다)는 캐나다 국립영화위원회 National Film Board of Canada: NFB에서 2010년에 발표한 웹 다큐멘터리이다. 전 세계 13개 도시 — 토론토, 시카고, 몬트리올, 하바나, 상파울로, 암스테르담, 프라하, 이스탄불, 베이루트, 프놈펜, 타이난, 요하네스버그 등 — 의 아파트 단지에 사는 다양한 가족의 삶을 49개의 이야기 조각으로 나누어 소개한다. 이 인터랙티브 다큐멘터리를 통해 상파울로에 있는 라틴아메리카인들의 무단 정착지부터 남프라하 지방의 대규모로 재건축된 전前 소비에트식 콘크리트 변두리 지역까지 들여다볼 수 있다. 360도 영상 촬영을 통해 관객은 가상의 아파트 속을 자유롭게 드나들며 콘크리트 건물 안의 다양한 삶들과 만나게 되는 것이다. 이스탄불의 듀데인은 아파트 무단 정착 공동체가 어떻게 1980년대에 세워지게 되었는지를 설명하고, 요하네스버그에 사는 존은 집주인이 불법 세입자들에게 돈을 요구하다 못해 빌딩을 무너뜨렸던 빌딩점거 사건에 관해 이야기한다.

형식적인 면을 살펴보면, 이 다큐멘터리는 제공하고 있는 수많은 콘텐츠를 여행하기에 아주 쉽게 디자인되어 있다. 메인 페이지에서 'Explore' 버튼을 누르면 콜라주 형식의 가상의 아파트 단지가 스크린의 아래쪽에서 떠오르듯이 나타나는데 13개의 집 중 어느 한 곳에 마우스를 갖다 대면 컬러로 변한다. 원하는 곳을 클릭해 아파트 안으로 들어가면 360도 어느 방향으로나 마우스를 조정하여 원하는 대로 움직일 수 있으며 그곳에 사는 사람들의 삶의 이야기들을 만나볼 수 있다. 13개 이야기 중 어떤 것을 먼저 접할지 그 순서는 관객이 결정하며 스크린 위쪽의 지도를 통해 위치별로 골라볼 수도 있고, 아래쪽에 인물별로 선택해볼 수도 있다. 관객은 자유롭게 여정을 선택할 수 있으며, 따라서 감독의 통제는 상대적으로 미약하다. 이 다큐멘터리의 마지막엔 관객 스스로가 자신의 창밖 너머의 이야기를 사진과 함께 업로딩하며 참여할 수 있도록 해놓았다.

캐나다영화위원회NFB는 그다음 해인 2011년에 〈웰컴 투 파인포인트 Welcome to Pinepoint〉[10](2011, 캐나다)를 제작했는데, 이 작품은 마이클 시몬스 Michael Simons와 폴 슈브리지Paul Shoebridge가 만든 인터랙티브 다큐멘터리이다. 이 다큐멘터리는 캐나다 노스웨스트 지역의 '파인포인트'라는 광산 지역에서의 추억을 이야기하며 그 지역 사람들이 과거를 어떻게 기억하는지에 대해 다루고 있다. 2011년 6월까지 약 15만 명이 방문한 이 인터랙티브 다큐멘터리는 암스테르담 국제다큐멘터리 영화제International Documentary Film Festival Amsterdam: IDFA에서 선보인 후 2011년 5월 국제 디지털 예술 과학 아

---

10   http://pinepoint.nfb.ca/#/pinepoint

카데미가 우수 인터넷 사이트에 수여하는 국제적인 상인 웨비 어워드Webby Awards를 수상했다.

위에서 살펴본 바와 같이, 웹 기반의 인터랙티브 다큐멘터리는 특정 주제에 대해 사용자의 선택에 따라 각기 자신이 원하는 방식으로 콘텐츠를 경험하게 하며 이전에는 경험할 수 없었던 새로운 방식의 체험을 제공한다. 즉, 이전의 전통적 다큐멘터리와는 전혀 다른 리얼리티 경험을 제공하는 것이다.

전통적인 다큐멘터리가 추구해왔던 것은 '객관적 리얼리티'이다. '객관적 리얼리티'란 관찰자로부터 독립된 그 어떤 대상 혹은 사건이 외부 세계에 존재하며 이를 카메라를 매개로 인간의 개입 없이 기록할 수 있다고 보는 것이다. 즉, 관찰자가 카메라를 통해 세상의 리얼리티를 담아낼 수 있으며 이를 통해 세상에 대한 객관적인 지식을 만들어낼 수 있다고 보는 것이다.

반면에 인터랙티브 다큐멘터리는 객관적 리얼리티라는 것이 일종의 환영일 뿐, 실제로 존재할 수 없다는 전제에서 출발한다. 카메라 앞에서 일어난 일을 있는 그대로 기록하는 것이 객관적 리얼리티를 확보하는 과정이라고 믿어왔지만, 실상 다큐멘터리를 제작하는 과정에는 감독의 주관적인 선택과 판단이 개입되기 때문이다. 한 사건 현장에서 특정한 장면에 카메라를 들이대는 행위 그 자체에 이미 감독의 주관적 시선과 판단이 개입되며, 촬영된 장면들을 취사선택하고 배열하는 과정에서도 감독의 주관적인 관점이 들어간다. 하지만 오랫동안 다큐멘터리는 취사선택의 과정에 필연적으로 동반되는 주관성의 문제를 외면한 채 리얼리티를 객관적으로 포착하여 전달할 수 있다는 점을 강조하며 리얼리티의 객관성을 전면에 내세워왔던 것이다.

하지만 인터랙티브 다큐멘터리는 관객에게 선택권을 부여하여 관객의 상호작용적 선택을 통해 다양한 리얼리티를 관객 스스로 구성하는 '구성된 리얼리티'를 추구하는데, 이때 '구성된 리얼리티'는 '감독'이 아닌 '관객'에 의해 구성된 것이다. 인터랙티브 다큐멘터리는 하이퍼텍스트 형식으로 구성되어 상호작용성이 다큐멘터리를 구성하는 기본 토대가 된다. 전통적 다큐멘터리가 이용자에게 순차적으로 제시되는 텍스트라면, 인터랙티브 다큐멘터리는 관객과의 상호작용을 상정하고 구성되는 새로운 유형의 텍스트로, 이용자의 관심과 선택에 따라 흐름이 변하는 하이퍼텍스트이다. 즉, 다큐멘터리의 이야기는 관객의 개입이 있어야만 발생하며 또 진행될 수 있다. 이는 관객의 관여와 선택에 따른 결과물로써 이야기를 경험하게 되는 것이므로, 개인적 선택의 결과에 따라 이용자 개인이 체험하는 이야기가 각기 달라지는 것이며, 이로 인해 얻게 되는 리얼리티 경험 또한 달리 구성되는 것이다. 따라서 인터랙티브 다큐멘터리는 객관적으로 존재하는 하나의 관점에 의한 지식이 아니라, 제공된 콘텐츠가 관객 각각의 관점에 의해 달리 구성된다는 점에서 다중 관점적 지식을 생산한다고 할 수 있다. 즉, 다큐멘터리에 의해 생산되는 지식은 관객들이 텍스트를 이용하는 과정에 따라 달리 구성되기 때문에 현실에 대해 절대적인 하나의 관점으로 재현하는 기존 다큐멘터리의 재현 방식을 넘어, 여러 가지 다양한 관점으로 재현되는 것이다.

4. VR 다큐멘터리

생생한 체험을 제공하는 가상현실virtual reality: VR 기술이 다큐멘터리 영역에서도 활용되면서 VR 다큐멘터리가 등장하기 시작했다. 가상현실은 특수 안경과 장갑을 착용해 우리가 직접 경험할 수 없었던 상황이나 장소를 컴퓨터 소프트웨어 프로그램 내부에서 체험해보는 것이다. 단순히 영상으로 시청하는 것이 아니라 그 환경 속에 있는 것처럼 직접 체험할 수 있기 때문에 좀 더 몰입도 높은 생생한 경험을 할 수 있다. 이전까지는 책이나 영상을 통해 관찰하는 수준이었다면 이제는 VR을 통해 그 현장에 있는 것 같은 체험을 할 수 있게 된 것이다.

가상현실VR 다큐멘터리의 선구자는 노니 드 라 페냐Nonny De la Peña라고 할 수 있는데, 그녀는 ≪뉴욕타임스≫와 ≪뉴스위크Newsweek≫에서 특파원으로 활동한 언론인 출신으로, 현재 VR 다큐멘터리 제작사인 엠블메틱Emblematic 그룹의 대표이다. 2009년 무렵, 그녀는 미국 빈민층에 대한 보도를 기획하던 중, 재정난으로 음식 공급이 지연된 로스앤젤레스 동부 지역의 한 푸드뱅크food bank(빈민 무료급식소)에 현장 취재를 나가게 되었다. 거기서 그녀가 마주한 상황은 상상 그 이상이었다. 세계 최대 강국인 미국에서 저소득층 사람들이 굶거나 죽는 사태가 벌어지고 있었던 것이다. 이런 참담한 실상을 좀 더 극적으로 알릴 방법을 고민하던 중, 그녀는 당시 막 부상하고 있던 컴퓨터 그래픽 VR로 재현하기로 했다. 이렇게 제작된 것이 2013년 8월 발표된 〈로스앤젤레스에서의 굶주림Hunger in Los Angeles〉라는 VR 다큐멘터리이다(김민수, 2016.11.15; 박용삼, 2016.3.14).

시청자가 VR용 고글(VR 기어)을 쓰면 눈앞에 급식 배급소가 나타난다. 급식 배급소에는 배식을 받기 위해 길게 줄을 선 사람들이 끝도 없이 이어지고 있다. 줄은 좀처럼 줄어들지 않고 하염없이 차례를 기다리는 사람들은 피곤한 몸을 겨우 가눈 채 서 있다. 그 순간, 갑자기 앞에 서 있던 한 남자가 경련을 일으키며 쓰러진다. 당뇨병을 앓는 그 남자는 굶주림에 혈당이 너무 떨어져 길 위에 쓰러진 것이다. 혼란 속에서 사람들은 남자를 둘러싸고 그

틈을 타 몇몇 사람들은 새치기를 한다. 보안 요원들은 질서를 잡으려 이리저리 뛰어다닌다(김민수, 2016.11.15).

이 모든 광경은 컴퓨터 그래픽으로 제작된 가상현실이었다. 하지만 VR 고글을 착용하고 이 영상을 체험한 사람들은 큰 충격에 빠졌다. 이는 VR 고글을 착용한 관람자에게 빈곤층의 참상을 눈앞에서 마주하는 듯한 체험으로 제공했기 때문이다. 영상을 체험한 많은 사람은 굶주림에 쓰러진 사람을 돕지 못해 발을 동동 굴렀다. 쓰러진 남자를 밟지 않으려 황급히 물러서는가 하면 눈물을 흘리며 "저 남자 좀 구해달라"라고 애원했다. 어떤 사람은 안타까움에 안절부절못하며 하나님께 간절한 기도를 올리기도 했다. 더 이상 빈곤이 '남의 일'로 여겨지지 않는 것이다(조원희, 2016.5.2).

만약 이 사실을 신문이나 인터넷 기사로 접했다면, 사람들은 대부분 이를 하나의 '뉴스거리'로 보고 넘겼을 것이다. 하지만 실제 일어난 뉴스 현장을 VR로 재구성한 영상을 접한 사람들의 반응은 달랐다. 이들은 다른 세상에 와 있는 듯한 실감 나는 체험을 했다고 토로한다. 또 압도적인 몰입감 속에 이 사건을 체험한 사람들은 강한 공감대를 형성하며, 이 사건에 대해 무엇인가를 해야만 한다고 느꼈다고 한다. 비로소 사람들이 진정으로 치열한 반응을 보이기 시작한 것이다. VR 다큐멘터리가 시청자들을 단순한 관찰자가 아니라, 사건에 직접 참여하는 참여자로 바꿔준 것이다.

〈로스앤젤레스에서의 굶주림〉은 미국의 빈민 문제에 대해 사회에 경종을 울렸고, 2012년 선댄스 영화제 뉴프론티어에 출품되어 많은 이들을 충격에 빠뜨리며 VR 다큐멘터리 시대의 개막을 알렸다(박용삼, 2016.3.14).

이 작품의 탁월한 공감 효과에 감명을 받은 클라우스 슈바프Klaus Schwab 세계경제포럼World Economic Forum: WEF 회장은 시리아 내전으로 고통받는 난민에 대해서도 VR 다큐멘터리로 제작해줄 것을 요청한다. 그렇게 해서 제작된 것이 〈프로젝트 시리아Project Syria〉라는 작품이다(박용삼, 2016.3.14).

시리아 내전 상황과 난민 캠프의 참상을 알리는 내용으로 구성된 〈프로젝트 시리아〉는 2014년 시리아 알레포 지역에 거주하는 민간인 사이로 로켓포가 떨어진 현장을 3차원 영상으로 재현한다. 안개 자욱한 시리아의 한적한 거리. 오랜 전투로 황폐해졌지만 잠시나마 평화가 깃든 듯 보인다. 어디선가 소녀의 노랫소리가 들린다. 어린 소녀 하나가 예쁜 목소리로 노래를 흥얼거리며 한 걸음 한 걸음 발을 옮기면서 모습을 드러낸다. 바로 그 순간, "쾅!" 하고 로켓포가 터지며, 귀를 찢을 듯한 폭발음이 들린다. 흙먼지가 사방을 뒤덮으면서 시야가 흐려진다. 여기저기서 사람들이 비명을 지르며 쓰러지거나 흩어진다. 쓰러져 다친 사람 옆으로 한 남자가 딸을 안은 채 황급히 지나간다. 이 모든 광경이 바로 눈앞에서 '나'를 둘러싸고 벌어지는 일이다. 시리아의 실상을 보여준 〈프로젝트 시리아〉는 2014년 다보스 포럼Davos Forum에서 상연되며 내전으로 고통받는 민간인의 참상을 알리는 데 크게 기여했다(박용삼, 2016.3.14).

VR 기어를 통해 전쟁의 참상을 가상현실로 접한 이는 동일한 뉴스를 활자나 단순 영상으로 접한 이보다 훨씬 적극적으로 대응하는 경향을 보였다. 이 사실을 신문이나 잡지 기사로 접했다면 사람들은 대부분 이 세상에서 벌어진 또 하나의 사건으로 무심히 넘겼을 가능성이 높다. 하지만 동일한 장면을 VR로 접한 이들은 이 사건에 깊이 공감하며 뭔가 행동을 취하려 노력했다. 드 라 페나 대표는 "VR 저널리즘은 그 어떤 형식과도 차별화된 본능적이고 강렬한 경험을 제공해준다"고 말한다(김민수, 2016.11.15.; 박용삼, 2016.3.14).

이와 관련, 영화 제작가 겸 저술가이며 비디오 큐레이션 전문 기업 웨이와이어waywire.com CEO이기도 한 스티븐 로젠바움Steven Rosenbaum은 "VR 저널리즘의 위력은 체험자의 역할을 '관찰자'에서 '참여자'로 바꾸는 것"이라고 설명한다. "그곳에 당신이 있다You are there"는 한 문장이 VR 다큐멘터리가 갖는 위력을 잘 보여준다(김민수, 2016.11.15).

현재 VR 다큐멘터리는 높은 제작비가 든다는 점, 시청하기 위해서는 VR 고글이나 장갑 등 물리적 장치를 이용해야 하는 불편함이 있다는 점 등의 문제가 있다. 하지만 장차 디지털 미디어가 발전하면서 VR 다큐멘터리의 제작과 보급 비용은 더 낮아질 것이다. 또한 이용상의 불편함도 빠른 속도로 개선될 것이다. 요즘은 VR 고글 없이도 스마트폰만 있으면 VR 영상을 시청하는 것이 가능해졌다. 카드보드cardboard용으로 만들어진 스마트폰용 애플리케이션(앱)을 이용하여 가상현실을 체험할 수 있기 때문이다. 따라서 VR 다큐멘터리에서 중요한 것은 기술이나 비용의 문제가 아니라 VR 기술에 적합한 콘텐츠를 개발하는 것이다.

5. 2000년대 이후의 다큐멘터리에서 '사실의 재현성' 개념

21세기에 접어들면서 다양한 다큐멘터리가 등장하는 가운데 주목해야할 점은 다큐멘터리의 기본 토대라고 할 수 있는 '사실성'과 그 대척점에 있는 '허구성'이 모순적으로 결합한 형태의 다큐멘터리가 등장했다는 점이다. '사실의 재현'을 기본 토대로 하는 다큐멘터리에서 '허구'와 결합한 다큐멘터리가 등장한 것인데, 다큐멘터리가 '허구적 내용'과 결합한 것이 모큐멘터리이며, '허구적 표현 형식'과 결합한 것이 애니메이션 다큐멘터리이다.

먼저, 모큐멘터리는 허구적인 이야기를 다큐멘터리의 기법으로 제작한 것으로, 다큐멘터리의 코드와 관습을 완전히 허구적 내용에 적용한 것이다.

다큐멘터리에서 사용하는 사실성을 담보하는 여러 장치를 사용하지만 실상 그것들이 담아내는 내용은 허구적 내용이었다는 것을 엔딩 크레딧이 올라갈 때야 관객들이 알아차리게 함으로써, 다큐멘터리의 표현 관습들이 과연 '사실성'을 담보할 수 있는 것인지에 의문을 제기한다. 다큐멘터리가 현실 세계의 실제 이야기를 객관적으로 재현하거나 재구성할 수 있다는 '다큐멘터리의 사실성'에 도전하는 것이다.

모큐멘터리에는 상업적인 관점에서 관객을 끌어들이기 위해 다큐멘터리의 관습이 지니는 극사실감을 이용하는 유형(페이크 다큐멘터리)이 있고, 진실 추구의 관점에서 진실을 얻기 위한 하나의 전략으로 '허구'를 사용하는 유형(모큐멘터리)이 있다. 전자는 페이크 다큐멘터리라고 할 수 있으며, 후자가 진정한 의미에서 모큐멘터리라고 할 수 있다. 모큐멘터리는 현실을 다룬다는 형식적 의미에 얽매이는 것이 아니라 관객들에게 전달되는 '내용의 진실'을 추구하는 것이다. 즉, 리얼리티가 아닌 것을 통해서도 진실을 보여줄 수 있다는 점에서 '허구'를 차용하는 것이다. 하지만 제작자의 의도가 성찰적 목적인가 아니면 상업적 목적인가와 상관없이, 다큐멘터리의 관습을 이용해 제작한 허구의 다큐멘터리는 모두 다큐멘터리 장르와 그것이 기초하고 있는 사실성 담론에 대해 수용자가 비판적으로 성찰할 수 있도록 이끌어준다. 즉, 다큐멘터리에서 관습적으로 사용하고 있는 사실적인 기법을 사용했다고 해서 모두 '사실성'을 담보하는 것은 아니라는 것을 보여주는 것이다.

두 번째로, 애니메이션 다큐멘터리는 '허구적·주관적인 표현'을 토대로 하는 애니메이션 표현 형식을 사용하여 실제 이야기를 담아내는 것이다. 애니메이션 다큐멘터리가 본격화된 것은 테크놀로지의 발전과 관련이 깊다. 디지털 테크놀로지의 발전으로 영상과 음향의 조작과 변형이 손쉬워지면서, 현실의 물리적인 기록이 가지는 '진실성'에 대한 회의가 생기게 되었다.

이에 따라 다큐멘터리에서 '진실'을 드러내기 위해 더 이상 현실의 물리적인 기록, 즉 '리얼리티'에 한계를 둘 필요가 없다는 인식이 생겨났다. 이러한 인식의 변화와 함께 실사 영상으로 표현하기 어려운 내면적 의미와 무의식의 세계를 애니메이션 다큐멘터리로 효과적으로 표현하게 되었다.

〈바시르와 왈츠를〉과 같은 애니메이션 다큐멘터리는 실제로 벌어진 역사적 사건과 그에 관한 주관적 기억을 애니메이션 이미지를 통해 재현함으로써, 실사 영상이 담아낼 수 없는 진실을 표현하고 있다. 이 작품은 실존했던 역사적 사실을 실사 영상이 아닌 애니메이션 표현 방식을 통해 재현함으로써, 표면적인 리얼리티가 아니라 그 이면에 존재하는 내면적 진실을 드러내고자 한 것이다. 즉, 실제로 일어났던 사건의 객관적인 재현에 얽매이기보다, 표현적으로 자유로운 애니메이션의 제작 방식을 사용함으로써 현실과 실재에 대한 재현representation의 영역을 무한히 확장하고 있는 것이다.

21세기에 접어들면서 새롭게 부상하고 있는 또 다른 유형의 다큐멘터리가 바로 '웹 다큐멘터리'이다. 웹 다큐멘터리는 발전된 인터랙티브 인터페이스를 통해 웹을 기반으로 한 인터랙티브 다큐멘터리로 진화했다. 인터랙티브 다큐멘터리의 텍스트는 순차적인 구조가 아닌, 비순차적인 방식으로 접근할 수 있도록 구성됨으로써, 독특하면서도 유기적인 서사 구조를 제공한다. 이러한 텍스트는 사용자의 선택에 따라 각기 다른 방식으로 텍스트를 경험할 수 있게 해주는데, 이는 이전과는 다른 완전히 새로운 방식의 경험을 제공한다. 이용자가 어떤 선택을 하느냐에 따라 시청 순서가 달라질 수도 있고 접하는 등장인물이나 주제가 달라질 수도 있다. 인터랙티브 다큐멘터리에서 관객들(웹 이용자들)은 일방적으로 제공된 영상을 수동적으로 관람하는 것이 아니라, 적극적이고 능동적으로 텍스트를 탐험하는 주체가 된다.

이러한 인터랙티브 다큐멘터리는 관객이 각기 자신만의 방식으로 현실을 체험하도록 자유와 선택권을 부여함으로써 다양한 리얼리티를 스스로 구성하도록 이끌고 있다. 따라서 인터랙티브 다큐멘터리에서 제공하는 리얼리티는 감독에 의해 일방적으로 만들어지는 것이 아니라, '관객들에 의해 구성된 리얼리티'이다. 인터랙티브 다큐멘터리에서는 이용자들이 선택하는 순서나 과정에 따라 다큐멘터리가 재현하는 현실이 달리 구성되기 때문에, 하나의 관점에 의한 객관적인 지식이 아니라, 관객 각각의 관점에 의해 달리 구성되는 다중 관점적 지식을 생산하는 것이다. 즉, 관객의 관여와 선택에 따른 결과물로써 이야기를 경험하게 되는 것이므로, 개인적 선택의 결과에 따라 이용자 개인이 체험하는 이야기가 각기 달라지는 것이며, 이로 인해 얻게 되는 리얼리티 경험 또한 달리 구성되는 것이다.

이와 더불어 생생한 체험을 제공하는 가상현실 기술이 다큐멘터리 영역에 도입되면서 VR 다큐멘터리가 등장하기 시작했다. 이는 관객들에게 강력한 몰입감을 제공함으로써, 시청자를 단순한 '관찰자'에서 관여도가 높은 '참여자'로 바꾸는 힘을 발휘하고 있다. 즉, VR 다큐멘터리는 관객이 경험하는 리얼리티에 극사실주의적 생생함을 불어넣음으로써 작품에서 다룬 사건이나 이슈를 바라보는 관점의 전환을 가져온 것이다.

제**2**부

한국 다큐멘터리의
생성 및 변화

한국 다큐멘터리의 생성

한국에서 텔레비전 방송은 1956년 HLKZ-TV가 개국되면서 처음 시작되었다. 미국의 텔레비전 수상기 판매 회사인 RCA 한국대리점Korean RCA Distributor: KORCAD이 HLKZ-TV를 개국한 것인데, 한국전쟁이 끝난 직후라 방송사는 적자 운영을 면키 어려웠다. 이듬해, HLKZ-TV의 운영권이 ≪한국일보≫로 넘어가게 되고, 방송국 명칭도 대한방송주식회사DBC로 변경되었다. DBC-TV는 어려운 상황에서도 본격적인 텔레비전 방송을 하고자 준비했으나, 1959년 2월 원인 모를 화재가 발생하여 결국 문을 닫았다.

한국의 첫 TV 방송이었던 HLKZ-TV가 사라진 후, 본격적으로 텔레비전 방송이 시작된 것은 1961년 12월 24일, 국영 텔레비전인 KBS-TV가 개국되면서부터이다. 1961년 5월 16일 군사 쿠데타[1]로 정권을 장악한 박정희 군사

---

1 1960년 4·19 혁명으로 집권하게 된 민주당은 윤보선 대통령과 장면 총리의 내각 책임제로 출범했다. 하지만 실권 없는 대통령과 총리 사이의 갈등으로 구태의연하게 정쟁만 일

정부가 정책적으로 텔레비전 방송을 본격화시킨 것이다(최창봉·강현두, 2001).

1960년대 한국은 먹고 사는 문제도 제대로 해결되지 않은 상황이었기 때문에 텔레비전 수상기가 보편적으로 보급되기 힘든 형편이었다. 그뿐만 아니라 텔레비전 프로그램을 제작할 수 있는 능력을 제대로 갖추지 못한 채 방송국을 개국한 탓에 초반에 방송사에서 자체 제작하는 프로그램은 제작하기 쉽고 제작 경비가 적게 드는 좌담 형식의 정부 홍보 프로그램이나 〈퀴즈쇼〉, 〈노래자랑〉 등과 같이 기존의 라디오 방송에 영상을 덧붙이는 정도의 프로그램이었다. 그 외의 방송 시간은 외국에서 수입한 영화나 드라마로 채워졌다.

KBS의 개국 자체가 군사정부에 의해 급작스럽게 이루어졌기 때문에 방송국 운영에 필요한 재원도 부족했다. 1963년 국영방송인 KBS는 국가 예산과 시청료로도 부족한 재원을 충당하기 위해 광고 방송을 시작했다. 즉, KBS는 형식적으로는 국영방송체제이지만 실제적으로는 상업적 성격의 방송체제를 갖추게 된 것이다. KBS는 재원의 상당 부분을 광고에 의존해야 했기 때문에 시청률을 높이기 위해 오락 프로그램의 비중을 점차 늘려나갔다. 시청률을 높이기 위해 '오락화'를 지향하게 되면서 프로그램 내용의 저질화 문제는 끊임없이 제기되었다(강태영·윤태진, 2002).

1964년에는 민영방송인 TBC 동양방송[2]이 개국했다. KBS와 TBC의 두

삼자, 학생들을 비롯한 각계의 시위가 계속되며 사회가 극히 혼란한 상황이었다. 이러한 사회 혼란과 장면 내각의 무능 등을 명분으로, 박정희 소장이 이끄는 군부세력은 1961년 5월 16일 쿠데타를 통해 권력을 장악했다.

2   동양방송은 1965년에 중앙일보사와 결합하여, 중앙방송JBS으로 이름을 바꾸었다. 그러나 정부기관인 공보부에서 민영방송에 '중앙'이라는 호칭을 쓸 수 없다고 문제를 제기해 동양방송TBC으로 다시 명칭을 바꾸었다.

방송사가 경쟁을 하게 되면서 1965년에는 오락 프로그램의 편성 비율이 약 60%(KBS 54.3%, TBC 60%)까지 올라가기도 했다(강태영·윤태진, 2002: 43~45). 1969년에는 민영방송인 MBC-TV(문화방송)가 개국함으로써 텔레비전 방송 3사 시대가 완성되었다. 국·민영 텔레비전 3사의 경쟁시대가 열리면서 오락물을 주축으로 한 시청률 경쟁은 더욱 본격화되었다.

1970년대에 접어들면서 급진적인 경제성장으로 광고 시장도 급성장하게 되었다. 방송사들은 더 많은 광고 시장을 차지하기 위해 저질적인 오락 프로그램들로 시청률을 높이고자 했다. 1972년 말에 제정된 '한국방송공사법'에 따라 1973년에 KBS가 국영방송에서 공영방송으로 변경되었지만, 공영방송인 KBS도 공익보다는 시청률을 높이는 데 주력했다. 방송 3사의 지나친 시청률 경쟁으로 인해 제기된 방송의 오락화·저질화 문제는 정부가 방송 편성에 대해 직접적인 통제를 할 수 있는 구실을 제공했다.

1971년 12월, '국가비상사태 선언에 따른 방송 시책'이 발표되면서 방송 편성에 정부가 직접적인 통제를 가하기 시작했다. 박정희 대통령이 이끄는 제4공화국 정부는 1973년 2월 16일 방송법을 개정하는데, 이에 따라 방송 편성 비율은 보도방송 10% 이상, 교양방송 30% 이상, 오락방송 20% 이상으로 개정되었다. 이는 교양방송의 편성 비율을 기존 20%에서 30% 이상으로 확대한 것인데, 교양방송을 적어도 30% 이상 실시하여 오락 프로그램에 편중하지 못하도록 한 것이다. 늘어난 교양 프로그램 시간대에는 이른바 유신 프로그램으로 불리던 정책·홍보 프로그램을 점차 많이 편성했으며, 바로 이러한 상황에서 다큐멘터리 프로그램도 더욱 많이 제작되었던 것이다 (강태영·윤태진, 2002; 김균·전규찬, 2003).

1976년 4월부터는 세 방송사의 프라임타임에 다큐멘터리가 편성되었는데, 이 역시 편성에 대한 정부의 직접적인 통제에 의해 이루어진 것이다.

1976년 유신 정권의 '시간대 방송편성지침'에 따라 방송 3사는 모두 획일적인 편성을 했다. 이 편성 지침에 따라, 오후 6시 어린이 시간, 오후 7시는 가족 시간, 오후 8시는 민족사관 정립 캠페인 시간, 9시는 종합뉴스 시간, 그리고 그 이후를 오락 프로그램 시간으로 정한 것이다. 특히 오후 8시대는 정부의 주요 시책과 관련 있는 반공, 새마을운동, 청소년 선도 등을 주제로 프로그램을 제작하여 방송하도록 했다. 월요일-반공, 화요일-청소년 선도, 수요일-새마을운동, 목요일-국방, 금요일-경제 등과 같은 방식으로 방송 3사가 모두 요일별 공동 주제로 프로그램을 제작해 동일 시간대에 편성하도록 한 것이다(김균·전규찬, 2003: 146~147). 이러한 편성 정책으로 인해 한국 TV 다큐멘터리의 양은 증가하게 된다. 유신 시대에 정부에 의해 강제적으로 이루어진 편성이었지만, 이러한 편성 정책에 의해 다큐멘터리의 제작은 활성화되었다.

이와 같이 1970년대에 다큐멘터리가 활성화된 주요인은 방송에 대한 정부의 강압적인 정책에 있었지만, 1970년대 중반 도입된 새로운 방송장비 또한 다큐멘터리 제작의 증가에 중요한 역할을 했다. 현상된 러쉬 필름 rush film[3]과 사운드 필름을 편집할 수 있는 최신형 독일제 편집기인 스틴벡 Steenbeck 필름 편집기와 더불어 16mm 필름 카메라, 필름 자동현상기 등 새롭게 도입된 영상 제작 장비들이 다큐멘터리 제작을 기술적으로 더욱 용이하게 해준 것이다(남성우, 1993).

이 시기에는 시사 다큐멘터리를 주축으로 역사 다큐멘터리, 문화 다큐멘터리, 휴먼 다큐멘터리 등이 자리를 잡기 시작했다. 한국에서 제작된 최

---

3 러쉬 필름은 편집에 사용하기 위해 인화한 양화 필름posi print으로, 촬영한 필름을 색 보정하지 않은 채 바로 현상한 필름이다. 워크 프린트work print라고도 한다.

초의 시사 다큐멘터리는 1964년 8월 방송된 KBS의 〈카메라 초점〉이라고 할 수 있다. KBS 〈한국방송연감〉(1965)에 의하면, 〈카메라 초점〉에 대해 "KBS-TV 유일의 자국 제작 영화 프로그램으로 개국 이후 많은 애로를 극복하고 15~20분의 기록영화를 제작하기 시작했다. 정부의 신뢰감 조성과 명랑한 사회 분위기 조성을 위해 정부건설사업과 사회 미담, 기타 전반의 중요 활동을 필름으로 제작하여 방송했다"고 기록되어 있다(김수안, 1999: 25~26에서 재인용).

같은 해인 1964년 12월 7일 TBC 개국과 함께 동양방송에서도 〈카메라의 눈〉이라는 15분짜리 시사 프로그램을 방송했다. 〈한국방송연감〉에서는 〈카메라의 눈〉에 대해 "국내에서 일어나는 여러 가지 사회문제를 시청자에게 제시하여 여론을 환기시키는 의도로 편성되었다. 순전히 필름으로 구성되는 이 프로그램은 어떤 시사적인 주제를 선정하여 그 주제를 입증하는 자료를 촬영·취재하여 편집·제작한 다큐멘터리이다"라고 설명한다(김수안, 1999: 26에서 재인용). 여론 환기를 위해 사회문제를 제시하고 그것을 입증하는 자료를 취재·구성한다는 점에서 〈카메라의 눈〉을 한국 시사 다큐멘터리의 효시로 꼽기도 한다.

MBC는 1969년 개국과 함께 〈카메라 리포트〉라는 프로그램을 방송하기 시작했는데, 이는 매주 10분간 한국 사회의 여러 가지 문제점을 다룬 시사 다큐멘터리이다. 이 시기에 다큐멘터리는 필름으로 제작되었는데, 필름의 가격이 비쌀 뿐만 아니라 충분한 공급도 이루어지지 않아 필름은 방송 분량의 두 배 정도만 사용할 수 있었다. 또한 당시 방송 기술의 한계나 방송 인력의 경험 미숙 등으로 인해 제대로 된 시사 다큐멘터리의 모습을 갖추기는 어려웠다(남성우, 2004). 하지만 이 프로그램들은 이후 다큐멘터리 자체 제작의 기본 토대가 되었다.

한국 최초의 휴먼 다큐멘터리는 1968년에 시작한 KBS 〈인간승리〉라는 프로그램이다. 이는 1980년 언론 통폐합 때까지 10여 년 동안 방송된 휴먼 다큐멘터리로, 지역사회와 국가를 위해 봉사하는 지도자의 헌신적인 생활과 성공담을 그리는 인물 다큐멘터리이다(이종수, 2002). 이후 이와 같은 프로그램은 휴먼 다큐멘터리의 한 전형을 이루었다.

이 시기의 대표적인 역사 다큐멘터리는 1972년 봄부터 편성된 KBS의 〈실록 30년〉으로, '해방 30년사 광복' 편을 시작으로 여순반란 사건, 6·25 동란 등의 현대사를 다루었다. 문화 다큐멘터리는 1962년 방송된 KBS의 〈명소를 찾아서〉에서 그 기원을 찾을 수 있다. 이 프로그램은 국내의 명승지나 고적 등 특색 있는 풍토, 민속 등을 그림이나 해설로 소개하는 프로그램이다. 계절에 따라 시청자들이 가고 싶어 하는 명승고적지를 현지에서 촬영한 필름이나 역사적인 시각 자료를 통해 소개하는 것으로, 이 프로그램은 문화 다큐멘터리라는 유형을 탄생시켰다(김균·전규찬, 2003).

요약하자면, 1960~1970년대에는 유신 정권의 정당성 확보와 정책 홍보를 위해 정책적으로 교양 프로그램을 강화한 덕분에 다큐멘터리의 제작이 본격화되었다. 따라서 이 시기의 다큐멘터리는 정책 홍보와 국민 계도의 도구로서 제작되었고, 이로 인해 다큐멘터리는 사실을 단순히 나열하여 전달하는 기계적이고 객관적인 '사실의 재현'이 아니라, 현실 사회에 대한 명확한 주장을 담고 있었다.

1980년대 이후 한국 다큐멘터리 장르의 변화

1980년에는 방송계에 큰 변화가 일어나게 되는데, 언론사들의 대대적인 통폐합이 바로 그것이다. 신문의 경우, 서울에서는 조간과 석간 각각 세 개씩만 발행했고, 중앙 일간지를 제외하고 각 도에서는 일간지 한 개만 남기고 정리되었다. 방송의 경우, TBC-TV는 폐국되어 KBS로 흡수·통합되었는데, KBS는 기존 채널을 '제1텔레비전'으로, 인수한 TBC 채널을 '제2텔레비전'으로 운영하고, MBC-TV의 경우 KBS가 MBC 본사 주식의 70%를 인수했다. 이로써 한국의 방송체제는 기존의 공·민영 방송체제에서 공영방송체제로 바뀌었다. 이러한 공영방송체제는 방송 철학에 의해 이루어진 것이 아니라, 1980년 5·17 쿠데타로 정권을 장악한 전두환 정권이 정권의 유지를 위해 강력한 언론 통제가 필요하다고 판단했기 때문에 행해진 것이었다.

전두환 정권의 제5공화국은 출범 직후부터 철저히 언론을 통제했는데, 문화공보부의 홍보정책실이 모든 주요 뉴스에 대해 보도 여부는 물론 보도 방향, 보도의 내용 및 형식까지 구체적으로 지시했다.[1] 이로 인해 뉴스는 정권 편향적으로 왜곡되었으며, 방송의 국가 동원적 기능은 더욱 강화되었다. 특히 1986년 2월 총선거 기간에 KBS의 왜곡·편파 보도는 더욱 심해졌고, 이에 분노한 국민과 시민단체들은 1986년도부터 본격적으로 KBS 수신료 납부 거부운동을 벌이기도 했다.[2] 이후 1987년 박종철 물고문 사건을 계기로 민주화에 대한 열망이 폭발적으로 분출되면서 '6·29 민주화 선언'을 이끌어냈다.

1987년 6월 항쟁으로 정치·사회의 민주화가 진행되면서, 다큐멘터리에서 다루는 소재가 이전보다 다양해지기 시작했다. 또한 권위주의가 해체되기 시작하면서 '보통 사람들'이 휴먼 다큐멘터리의 주인공으로 등장하게 되었으며, 정치적 사건에 대한 시사 다큐멘터리가 늘어나기도 했다.

그리고 방송 기술의 발전으로 등장한 ENG 카메라의 사용이 본격화되면서 다큐멘터리 제작은 더욱 활성화되기 시작했다. 필름 대신 비디오테이프를 사용해 영상을 기록하는 ENG 카메라는 기존의 16mm 필름 카메라보다 더 가벼워져 기동성이 높아졌다. 또한 필름을 현상하는 과정 없이 바로 편

---

1   한 예로, 전두환 대통령의 소식을 뉴스의 가치와 상관없이 무조건 뉴스 첫머리에 내보내게 하는 지침에 따라, 각 방송사의 첫 뉴스는 항상 전두환 대통령 소식이 차지하게 되었다. 대통령의 사소한 동정이라도 무조건 앞부분에 배치되었고, 자연히 민생과 관련된 주요 뉴스는 뒤로 밀려날 수밖에 없었다. 9시 시보가 '땡' 하고 울린 후 나오는 첫 뉴스에서 바로 '전두환 대통령은…'이라는 멘트가 나오기 때문에 이를 '땡전뉴스'라고 냉소적으로 일컫기도 했다(≪인터뷰365≫, 2007.11.20).

2   TV 시청료 거부운동은 1982년부터 제기되었으나, 1986년 1월 20일 KBS-TV 시청료 거부 기독교 범국민운동 본부가 발족되면서 방송에 대한 '범국민적 저항'으로 발전했다. 시민들은 시청료를 거부하는 서명운동에 참여하거나, 'KBS-TV를 보지 않습니다'라는 내용의 스티커를 붙이기도 했다. KBS 수신료 납부운동의 영향으로 KBS 수신료 징수액은 1984년에 1148억 원대였던 것이 1988년 785억 원으로 급감했다. 장기적으로 펼쳐지던 이 운동은 1987년 1월 박종철 고문치사 사건으로 6월 민주 항쟁이 발생하면서 사그라들었다(최현주, 2016).

집할 수 있어서 편리할 뿐만 아니라, 조명이 많지 않아도 촬영할 수 있어 편리함을 더했다. 그리고 필름을 현상하는 과정 없이 바로 편집할 수 있다는 점은 제작 과정의 편리함을 의미하기도 하지만 영상 제작 과정의 시간 단축을 의미하기도 한다. 가격 측면에서는 필름과 이를 현상하는 데 드는 비용에 비해 비디오테이프의 가격이 훨씬 저렴했다. 이와 같은 기동성, 편리성, 신속성, 그리고 경제성 때문에, ENG 카메라는 널리 사용되었다(엘리스·멕레인, 2011).

ENG카메라가 한국에 처음 도입된 것은 1975년 12월 MBC에 의해서였고, KBS는 1978년에 ENG 시스템을 도입했으나, 1980년 방송의 컬러화 이후 뉴스 프로그램을 중심으로 ENG의 사용이 본격화되었다. 초창기 ENG 시스템은 카메라와 VTR이 분리된 방식이어서 촬영을 위해서는 두 사람이 함께 움직여야 했으므로 기동성이 떨어졌다. 하지만 곧 VTR이 내장된 일체형 카메라가 등장하면서 기동력이 더욱 높아졌다(김균·전규찬, 2003). ENG 카메라가 갖는 이러한 기동성과 신속성은 대부분 야외 촬영으로 이루어지는 다큐멘터리 제작에 가장 효과적으로 활용되었다. 이에 1980년대 중반으로 접어들면서 나타나는 ENG 시스템의 보편화는 곧 다큐멘터리 프로그램의 증가와 다양화로 나타났다.

1990년대에 접어들면서, 방송 환경은 급격하게 변화하기 시작했다. 1991년 서울방송SBS의 개국으로 민영방송이 다시 등장했다. 언론 통폐합 조치에 의해 사라졌던 민영방송이 언론기본법이 폐지됨에 따라 다시 등장한 것인데, 이로써 단일 공영방송체제가 막을 내리고 다시 공·민영 방송체제가 되었다. 1995년에는 지역민영방송이 순차적으로 등장했고, 같은 해 케이블 방송이 20개의 전문채널로 본 방송을 시작했다. 한국에서 인터넷을 통한 텔레비전 방송 서비스를 처음 시작한 것도 1995년으로, KBS를 필두로

MBC, SBS, EBS 등이 인터넷 방송을 개시했다. 1997년부터는 기존의 방송사가 아닌 개별 사업자들이 전문 인터넷 방송을 운영하기 시작했다.

민영방송인 SBS의 등장과 더불어 케이블 방송의 등장으로 방송사들이 치열한 경쟁 환경에 직면하면서 방송 프로그램의 오락화 현상이 두드러지게 나타나기 시작했다. 다매체·다채널 시대가 되면서 프로그램이 재미없을 경우, 리모컨으로 바로 채널을 돌려버리기zapping 때문에, 방송사들의 오락화 현상은 가속화될 수밖에 없었다. 1993년의 'TV 끄기 운동'[3]은 민영방송의 등장으로 당시 텔레비전 프로그램의 오락성과 선정성이 얼마나 심각했는가를 단적으로 보여준다.

시청률 경쟁에서 비롯된 텔레비전 프로그램의 선정화·오락화 경향은 1990년대 중반으로 접어들면서 다큐멘터리의 형식에도 중요한 변화를 가져왔다. 다큐멘터리가 갖는 표현의 한계를 극복하기 위해 다큐멘터리에 재연의 기법이 동원되고 드라마적 요소가 가미되면서 다큐드라마와 같은 변형 다큐멘터리가 방송사의 주요 프로그램으로 자리 잡게 되었다(남성우, 2004). 즉, 장르 간의 경계가 모호해지는 이른바 '탈장르 현상'이 나타나기 시작한 것이다.

---

3   민영방송이 등장한 이후, 시청률 경쟁이 과열되면서 방송의 선정성·저질성 논란이 다시 일었다. 이로 인해 1993년 7월 7일에는 하루 동안 TV를 끄는 'TV 끄기 운동'이 벌어지기도 했다. 이 운동은 MBC가 봄철 프로그램을 개편하면서 어린이 프로그램 〈뽀뽀뽀〉를 일일방송에서 주말 1회 방송으로 변경하면서 촉발되었다. 서울 YMCA 시청자 시민운동본부는 방송 내용의 상업성과 저질성 추방을 위해 6월 28일부터 거리 캠페인, 피케팅 등 각종 행사를 했고 7월 7일에는 하루 동안 TV를 끄도록 함으로써 시민들의 분노를 표현했다. 이러한 시청자운동 이후, 방송계에서는 자정 바람이 불었으며, 방송의 신뢰도를 높이고자 1993년 가을 개편에서는 방송 3사가 일제히 〈TV속의 TV〉, 〈TV를 말한다〉, 〈시청자 의견을 듣습니다〉 등과 같은 자기 비평 프로그램을 편성하기도 했다(최현주, 2016).

이 장에서는 다큐멘터리가 본격적으로 성행하기 시작한 1980년대 이후 다큐멘터리가 어떠한 변화를 거치고 있는지에 대해 다큐멘터리 장르별로 좀 더 구체적으로 살펴보고자 한다. 텔레비전 다큐멘터리 프로그램은 일반적으로 소재에 따라 하위 장르가 구분되는데, 시사, 역사, 인간, 자연, 문화, 과학 등으로 구분할 수 있다. 여기서는 주된 다큐멘터리 장르라고 할 수 있는 시사, 역사, 인간, 자연의 네 장르에 초점을 맞춰 살펴보도록 하겠다. 다양한 한국 다큐멘터리 장르의 변화에 대해 대표적인 프로그램을 중심으로 개략적으로 탐색하며, 이러한 역사적 발전 과정 속에서 '사실의 재현성' 개념은 어떻게 변화했는지 살펴보도록 하겠다.

1. 시사 다큐멘터리

시사 다큐멘터리는 시사적인 사건이나 이슈에 대한 정보를 뉴스와는 달리 긴 호흡으로 사실적·설득적으로 제시함으로써 사건이나 이슈에 대한 보다 심층적인 분석과 해석을 제공해주는 프로그램이다. 즉, 시사 다큐멘터리는 저널리즘의 뉴스보도 기법을 이용한 '사실에 충실한 기록'과 다큐멘터리의 구성적인 특성을 이용한 '창조적인 해석'을 결합한 것으로, 시사적인 이슈를 단순히 나열하거나 전달하는 것이 아니라, 사건 발생의 원인 및 배경을 찾아내고 그 뒤에 숨겨져 있는 진실을 규명하는 것이다(김균·전규찬, 2003).

한국에서 시사 다큐멘터리는 시사고발 프로그램, 탐사보도 프로그램 등과 혼용되어 쓰인다. '탐사보도 프로그램'은 뉴스의 취재 및 전달 방식, 즉 심층 취재 및 심도 있는 전달의 측면을 강조한 명칭이고, '시사고발 프로그램'은 프로그램의 목적을 강조한 것이며(강형철, 2007: 11), '시사 다큐멘터리' 는 시사적인 이슈를 다룬다는 소재의 측면을 강조한 것이다.

시사 다큐멘터리가 등장하게 된 것은 TV 뉴스 프로그램이 지니는 한계점 때문이다. 1~2분 내에 보도하다 보니 이슈에 대해 피상적으로 보도할 수밖에 없는 뉴스 프로그램의 한계를 극복하고 좀 더 심층적인 분석과 해석을 제공하기 위해 시사 다큐멘터리가 등장한 것이다. 그럼, 시사 다큐멘터리의 생성과 발달에 대해 간략하게 살펴보도록 하자.

한국에서 방송된 최초의 시사 다큐멘터리는 1964년에 방송된 KBS의 〈카메라 초점〉이라고 할 수 있다. 〈카메라 초점〉은 KBS-TV에서 당시 유일하게 제작한 기록영화 프로그램으로, KBS는 개국 이후 방송 제작의 많은 어려움에도 불구하고 15~20분 정도의 기록영화를 필름으로 제작하여 방송했다. 이 프로그램은 정부의 건설사업과 그 밖의 중요 활동 등을 알려 정부에 대한 신뢰감을 조성하고 밝은 사회 분위기를 조성하기 위한 목적으로 제작되었다(김수안, 1999: 25~26에서 재인용).

같은 해인 1964년 12월 동양방송인 TBC-TV의 개국과 함께 TBC에서도 〈카메라의 눈〉이라는 15분짜리 시사 프로그램을 방송했다. 〈한국방송연감〉에 의하면, 〈카메라의 눈〉은 여러 가지 사회적인 이슈에 대해 취재하여 편집한 다큐멘터리 프로그램으로 여론을 형성하려는 목적에서 편성되었다(김수안, 1999: 26에서 재인용). 여론 환기를 위해 사회문제를 취재·구성하여 제시했다는 점에서 이 프로그램을 시사 다큐멘터리의 본격적인 출발점으로 볼 수 있다.

MBC는 1969년 개국과 함께 시사 다큐멘터리인 〈카메라 리포트〉를 매주 10분간 방송했는데, 주로 한국 사회의 문제점들을 다루었다. 이 프로그램은 1970년에 폐지되고 30분 분량의 〈시사 레이다〉가 그 뒤를 이었다.

이와 같이 1960년대에는 텔레비전 방송이 첫발을 내디디며 방송 3사에서 모두 시사 다큐멘터리를 제작했다. 이 시기에 다큐멘터리는 필름으로 제작되었는데, 필름의 높은 가격과 불충분한 공급으로 필름은 방송 분량의 두 배 정도만 사용할 수 있었다. 또한 당시 방송 기술의 한계나 방송 인력의 경험 미숙 등으로 인해 제대로 된 시사 다큐멘터리의 모습을 갖추지는 못했다(남성우, 2004). 하지만 이 프로그램들은 이후 다큐멘터리 자체 제작의 기본 토대가 되었다.

박정희 대통령이 이끄는 제4공화국 정부는 1973년 2월 16일 방송법을 개정했는데, 이 개정법에서는 텔레비전 방송이 오락 프로그램에 편중되지 못하도록 교양방송의 편성 비율을 기존의 20%에서 30% 이상으로 확대했다. 방송사들은 늘어난 교양 프로그램의 비율을 충족시키기 위해 이른바 유신 프로그램으로 불리던 정책·홍보 프로그램과 다큐멘터리 프로그램을 더욱 많이 제작할 수밖에 없었다. 이는 정권의 정당성과 정책 홍보를 위한 도구로서 텔레비전 다큐멘터리가 이용되었음을 의미한다. 이 시기에 방송된 MBC 〈새마을 탐방〉(1973)은 새마을운동을 통한 생활 향상과 이에 대한 정부의 지원을 다루었으며, KBS의 〈조국의 새 모습〉(1975)은 광복 30년 동안의 발전상을 보여주었다(김균·전규찬, 2003).

1979년 박정희 대통령이 사망한 뒤 쿠데타로 정권을 장악한 전두환 정권에 의해 1980년대 들어서도 정부 홍보성 다큐멘터리는 계속 제작되었다. 전두환 대통령이 해외 순방에 나설 때마다 이를 홍보하는 다큐멘터리가 방송되었으며,[4] 국가 정책이 발표되면 그와 관련된 다큐멘터리가 제작되었

---

4 대표적으로 KBS 〈우의와 협력의 여정, 순방 5개국을 가다〉(1982), MBC 〈검은 대륙 아프리카를 가다〉(1982), MBC 〈협력시대의 새로운 동반자, 태평양시대의 동반자〉(1982),

다. 예를 들면, 1985년에 정부가 '한강종합개발대책'을 발표하자 MBC는 〈한강의 소리를 아시나요?〉를 방송했고, 1986년에는 한강종합개발계획의 1단계가 완성된 것을 기념해 KBS에서 〈신 한강의 원년〉을 방송한 것이다. 이와 같은 정책 홍보적인 프로그램뿐만 아니라 국민 계도적인 시사 다큐멘터리도 제작되었는데, MBC의 〈잃어버린 올림픽〉(1989)을 예로 들 수 있다. 이 프로그램에서는 올림픽 기간에 보여주었던 화합과 질서의 국민 의식이 1년도 안 되어 사라진 것을 비판하며 국민 의식을 새롭게 고취시키고자 했다(김균·전규찬, 2003).

정책 홍보와 국민 계도를 위한 특집 다큐멘터리가 주류를 이루었던 이 시기에 중요한 변화가 있었는데, 1983년 KBS의 〈추적 60분〉의 탄생이 그것이다. "현대 사회의 각종 문제를 과감히 해부, 심층 취재하여 해결점을 찾도록 노력하겠다"는 제작 의도로 출발한 60분짜리 프로그램으로 방송 4년 만인 1987년에 폐지되었다가, 1994년에 다시 태어나게 된다.

한국에서 본격적인 시사 다큐멘터리의 시작은 1987년 6월 항쟁 이후라고 볼 수 있다. 이후 진행된 민주화 과정에서 방송에 '좀 더 적극적인 환경 감시와 의제 설정'의 역할이 사회적으로 요구되었기 때문이다. MBC는 1990년 첫 방송을 시작한 〈PD수첩〉으로 시사고발 프로그램을 본격적으로 시작하게 된다. 〈PD수첩〉은 한국 사회에서 오랜 독재 정권 기간에 금기시되어왔던 노사문제를 첫 번째 주제로 다루며 사회구조적 문제들을 끊임없이 제기해왔다(강형철, 2007). SBS에서는 1992년에 〈그것이 알고 싶다〉를 방송하기 시작했는데, 사회적인 이슈나 종교 문제, 그리고 미제 사건 등 다양

MBC 〈순방국을 가다〉(1983), MBC 〈한·일 새 지평〉(1984) 등이 있다(김균·전규찬, 2003: 87).

한 분야를 심층 취재하여 방송했다.

1990년 MBC의 〈PD수첩〉, 1992년 SBS의 〈그것이 알고 싶다〉, 그리고 1994년 KBS의 〈추적 60분〉이 재탄생하면서 1990년대에 접어들어서야 시사고발 심층 다큐멘터리가 본격화되었다. 이들은 정치, 사건, 사고 등 사회 주요 이슈를 한 시간 정도의 긴 호흡을 통해 하나의 문제를 집중적으로 조명하고, 해결점을 모색했다. 일반적으로 시사적인 이슈들은 뉴스를 취재·보도하는 기자들이 다루게 되는데, 이들 탐사보도 프로그램은 기자가 아닌 PD들이 만든다는 점에서 'PD 저널리즘'이라고도 불린다.

PD 저널리즘은 한국 사회만의 특수한 상황에서 등장한 것으로, 군사독재 시절, 기자가 출입처의 홍보물에만 안주하며 기자 본연의 역할을 못하고 있던 상황에서 사회적 문제의식을 갖춘 시사교양 PD들이 스스로 사회 고발 프로그램을 만들면서 생긴 것이다. 출입처 취재원들과 밀착해지기 쉬운 기자들에게는 특별한 문제의식 없이 일상으로 취급되었던 사회 부조리와 구조적 문제점을, 별도의 출입처 없이 취재하는 PD들이 기자들과는 다른 문제의식을 갖고 파헤치기 시작한 것이다. 예를 들면, 황우석 사건을 다룬 〈PD수첩〉도, 문제를 제기하기는커녕 오히려 황우석 신드롬을 만들어내는 '기자 저널리즘'에 PD들이 문제를 제기한 것이다. 황우석 사건 외에도 〈PD수첩〉은 '재벌 삼성', '한미 FTA와 미국산 소고기 광우병 파동', '4대강 사업' 등 민감한 사회 이슈를 다루며 사회적으로 큰 반향을 불러일으켰다.

이와 달리, 몇 개의 주제를 모아 방송하는 시사 매거진 프로그램이 있는데, 이는 몇 편의 다른 글이 모여 있는 잡지처럼 주제가 다른 몇 편의 소재를 취재해 묶어 방송하기 때문에 붙여진 이름이다. 이는 기자가 만드는 탐사보도 프로그램으로, '기자 저널리즘'이라고 일컬어진다. 기자들이 짧은 뉴스를 전달하다 보면, 기존 사실을 정확하고 깊이 있게 분석하여 전달하는

데 부족함이 생긴다. 따라서 짧은 시간에 전달해야 하는 뉴스가 가지는 한계를 극복하기 위해 기자들이 제작하기 시작한 심층 보도 프로그램인 것이다. 보통 하나의 주제를 15분 정도의 시간에 담아내는데, 한 프로그램 내에서 세 개의 주제를 다루도록 구성되어 있다.

1994년에 첫 방송을 시작한 MBC 〈시사매거진 2580〉(1994~현재)은 사회의 부조리와 비리에 대한 고발과 시사 현안에 대한 탐사보도 프로그램이다. 기자가 자신이 취재한 기사를 심층 보도하는데, 한 회에 세 개 정도의 이슈를 진행한다. KBS 〈취재파일 4321〉(1999~2013)도 기자가 만드는 시사 매거진 프로그램이다. 리포트 형식을 취하고 있지만 근거와 분석을 철저하고 심층적으로 수행한다. SBS는 〈뉴스추적〉(2001~2011)이라는 매거진 탐사보도 프로그램을 방영했다. 이 또한 기자들이 제작하는 TV 탐사보도 프로그램으로, 취재 기자들과 더불어 프로그램을 제작하는 AD와 작가, 카메라 기자가 참여한다.

이들 프로그램처럼 기자가 만드는 탐사보도 프로그램의 장점은 정확성과 공정성이다. 즉, 전달하고자 하는 주제 의식을 강하게 전달하기보다는 객관적인 보도를 강조하며 최종 판단은 시청자에게 맡기는 경향이 있다. 하지만 짧은 뉴스 아이템들이 병렬적으로 구성되어 있어, 시청자들을 몰입시키고 끌어들이는 힘이 부족하다는 단점이 있다. 때로는 특정 이슈에 대해 양쪽 입장을 기계적인 균형감으로 제시하는 데 그쳐 그것을 뛰어넘는 평가나 대안 제시가 부족한 경우가 있다. 또한 사건에 대한 해결 방안이나 대안 제시 없이 문제 제기 및 현상 나열에만 그침으로써 선정성만 부추기는 경우도 있다. 예를 들면, '티켓다방의 청소년 불법 성매매 현황'(〈뉴스추적〉, 2009)을 다룬 프로그램을 보면, 사례를 보여주는 데 집중하다 보니 원인이나 대안 제시가 미흡했으며, '지옥의 여름방학'(〈뉴스추적〉, 2009)은 사회구조적 문제가 있었음에도 심층 분석 없이 사례만 나열해놓았다.

이는 텔레비전 시사 다큐멘터리가 당면한 사회문제에 대한 진지한 고민을 하기보다는 단순한 호기심에 영합하는 선정주의적인 면이 있음을 보여준다. 즉, 이는 방송사 간의 경쟁이 불러온 프로그램 선정화의 단면을 보여주는 것이다. 1991년 민영방송인 SBS의 등장은 곧 방송사 간의 치열한 시청률 경쟁을 촉발했고 자연히 오락적 코드로 무장한 프로그램으로 시청자들의 눈과 귀를 잡아놓을 수밖에 없었다. 1993년의 'TV 끄기 운동'은 당시 텔레비전 프로그램의 오락성과 선정성이 시민들의 집단적 저항을 받을 만큼 그 정도가 심각했음을 보여주는 단적인 사례이다.

또한 1990년대에 이르면 이전의 시사 다큐멘터리가 보여주었던 정책 홍보적·국민 계도적 성격이 약해지면서 사회적인 문제에 대해 진지하게 접근하는 프로그램이 나타나기 시작한다. 이는 정치적으로는 문민정부의 수립으로 인해 군사 정권이 종식되었고, 경제적으로는 국민들의 관심이 '먹고사는 생존의 문제'에서 '삶의 질' 문제로 옮겨갔기 때문에 가능한 것이었다. '삶의 질'에 주목하기 시작한 결과, 시사 다큐멘터리에서도 아동학대 문제,[5] 탁아 문제,[6] 해외입양아 문제,[7] 고령화시대 노인 문제,[8] 장애인 문제,[9] 산업 안전 문제[10] 등 이전에는 제대로 다루어지지 않았던 다양한 소재를 자주 다루게 되었다. 1997년 말에는 IMF 사태라는 외환위기를 맞게 되는데, 사회

---

5 MBC 〈아동 성 착취를 고발한다〉(1997), SBS 〈영혼을 울리는 소리 없는 폭력〉(1999) 등.
6 KBS 〈아기, 맡길 데가 없다〉(1992) 등.
7 MBC 〈테마기획 지금 우리는: 해외 입양아〉(1989), KBS 〈우리 아이 우리가 키웁시다〉(1999) 등.
8 MBC 〈세계의 제3세대들〉(1991), MBC 〈21세기 복지 사회를 가다〉(1997) 등.
9 SBS 〈손끝으로 보는 세상이 눈부시다〉(2000) 등.
10 KBS 〈산업 안전 다큐멘터리〉(2000) 등.

적으로 엄청난 파장을 몰고 온 이러한 이슈를 다루는 다양한 다큐멘터리[11]가 등장하기도 했다. 한편, 세기말의 시대적 분위기를 반영하는 다큐멘터리[12]도 자주 등장했다(김균·전규찬, 2003: 92~93).

2000년대 이후 다양한 시사고발/탐사보도 프로그램이 등장했다. MBC 〈불만제로〉(2006~2012), KBS 〈이영돈 PD의 소비자고발〉(2007~2013), 〈똑똑한 소비자리포트〉(2013~2017), 채널A 〈먹거리 X파일〉[13](2012~2017) 등의 프로그램은 점점 일상생활 문제에 관심을 가지기 시작했다.

채널A의 〈먹거리 X파일〉을 시작으로 종편에 탐사보도/시사고발 프로그램이 생겨나기 시작했다. TV조선에서는 2012년 〈강용석의 두려운 진실〉(2012)이라는 프로그램을 시작했는데, 강용석 전 국회의원과 TV조선 취재진이 우리 사회 부조리 현장을 직접 찾아가 고발하는 프로그램이다. 대선 자금이나 정치인의 사퇴와 같은 정치 문제도 다루었지만, 치약이나 샴푸의 불편한 진실과 같은 일상적인 문제까지 다루었다. JTBC에서 새 출발을 한 이영돈 PD는 JTBC 〈이영돈 PD가 간다〉(2015)라는 탐사보도 프로그램을 맡아 진행했는데, 흥미로운 주제를 잠입 취재 형식으로 다루어 시청자들의 관심을 사로잡았다. 하지만 연출자이자 진행자인 PD가 탐사 보도의 주제와

---

11 MBC 〈IMF 경제 위기, 외국은 어떻게 극복했나〉(1998), SBS 〈수출만이 살길이다〉(1998), SBS 〈새로운 건국 50년 제2의 건국, 경제를 살리자〉(1998), KBS 〈21세기 생존의 조건〉(1999), 〈위기 극복, 한국 경제 이제부터〉(1999) 등.

12 SBS 〈21세기를 준비한다〉(1992), MBC 〈디지털 문명, 21세기를 연다〉(1996), MBC 〈밀레니엄을 메이크업하라〉(1999) 등.

13 2012년 KBS에서 탐사보도를 담당했던 이영돈 PD가 종합편성채널 채널A로 이직해 〈먹거리 X파일〉을 방송하기 시작했다. 〈먹거리 X파일〉은 먹거리의 생산·유통·소비와 관련된 숨겨진 진실과 이면을 파헤치는 프로그램으로, 건강한 식문화 정착을 위해 수많은 먹거리의 안정성을 점검하고 착한 식당 발굴, 바른 먹거리 캠페인, 올바른 식문화 만들기에 앞장선 것으로 평가받는다.

밀접한 관련이 있는 제품의 광고 모델이 된 것이 문제가 되어 프로그램이 폐지되었다(최현주, 2017).

이와 같이 2000년대 들어서는 소비자들의 생활과 밀접한 소재를 다루는 시사고발 프로그램들이 등장했다. 과거에는 정치와 사회구조적 차원에서 끊임없이 문제를 제기했던 시사 고발 프로그램의 역할이 일상생활 영역으로 확장된 것이다. 이는 정부를 감시하고, 정치인을 비판하는 것만이 시사 고발 프로그램의 역할이 아니라는 것을 잘 보여준다.

하지만 최근 들어 방송사마다 시사보도 프로그램을 축소·폐지하고 있는데, 일상생활 문제 고발 프로그램은 현재 모두 폐지된 상황이다. 방송사들이 시청률이 높은 드라마나 예능 프로그램을 선호하다 보니, 상대적으로 시청률이 낮은 시사 프로그램의 편성이 줄어들고 있는 것이다. KBS 〈취재파일 K〉와 MBC 〈시사매거진 2580〉 등이 겨우 명맥을 유지하고 있는 상황인데, 이들 프로그램에서도 살아 있는 정치·경제 권력을 직접적으로 비판하는 권력형 주제나 정부 비판은 계속 줄어들고 있다. 이진성(2016)은 '세월호 청문회', '성완종 리스트 파문', '국정원 해킹', '어버이연합 불법 자금 지원 의혹' 등 권력이 연루된 사건에 대해 어떤 시사보도 프로그램에서도 다루지 않았다고 지적했다. 그는 중요한 시사 아이템이 시사고발 프로그램에서 다루어지지 않는 것에 대해 권력 기관에 겨누던 칼날이 무뎌진 것이라며 비판했다.

앞에서 살펴본 바와 같이, 시사 다큐멘터리는 언제든 정치적 목적으로 활용될 가능성을 지니고 있는데, 이는 다큐멘터리 장르가 사람들에게 부여하는 '진실 효과' 때문이다(김균·전규찬, 2003: 93). 하지만 시사 다큐멘터리에서 '사실의 재현'은 절대적으로 객관적인 재현이 아니라, 분명한 관점과 주장을 담은 재현임을 명백히 알 수 있다. 따라서 다큐멘터리에 부여된 '사실

황우석 사건*과 〈PD수첩〉**

황우석 사건이란 세계적인 과학자 황우석 박사의 연구가 조작되었다고 폭로
한 사건이다. 황우석 박사는 1999년 젖소 복제에 성공하면서 유명해졌으며,
세계적으로 권위 있는 과학 학술지 ≪사이언스Science≫에 배아줄기세포에
대한 논문을 게재하면서 전 세계적인 주목을 받게 되었다. 하지만 황우석 교
수의 2005년 논문에 문제가 있다는 제보를 받고 취재를 시작한 MBC 〈PD수
첩〉 팀에 의해 그의 연구가 조작되었음이 밝혀지게 된 것이다.

그의 논문에 대한 의구심은 2005년 11월 22일 황우석 연구팀의 난자 확보
과정에 윤리적 결함이 있다고 보도한 MBC 〈PD수첩〉에 의해 촉발되었다.
MBC 〈PD수첩〉(2005.11.22)은 "황우석 신화의 난자 의혹" 편에서, 난자 채취
시술 및 후유증에 대해 적법한 통보가 없었다는 점과 연구원의 난자를 제공
받았다는 점에 대해 문제를 제기했다. 또한 대가를 지불하고 난자를 공여받
았기 때문에 매매된 난자를 사용했다는 점에서 윤리적인 문제를 제기했다.
이 프로그램을 방영하고 난 뒤, 〈PD수첩〉은 거센 비난을 받았다. 세계적인
연구자의 성과를 깎아내려 국익을 훼손했다는 것이다. 〈PD수첩〉 광고주들
이 계약을 취소해, 다음 회 방송은 광고 없이 방영되었다. 황우석 박사의 연
구가 난치병 치료에 획기적인 연구로 알려지며 국민적 지지와 국가적 후원을
받았기 때문에, 그의 연구에 대한 문제 제기는 난치병 환자들에게서 희망을
빼앗는 것이나 마찬가지였던 것이다.

이후 다른 언론사들은 〈PD수첩〉 팀의 취재 방식을 문제 삼았다. YTN은
〈PD수첩〉이 미국에 있던 황 교수 연구팀의 공동 연구원을 인터뷰하는 과정
에서 협박 및 강압이 있었다고 보도했고, ≪동아일보≫는 〈PD수첩〉의 제작
진이 김 연구원을 인터뷰할 때 했다는 말을 인용해 "황 교수 죽이러 여기 왔
다"라는 헤드라인으로 관련 기사를 1면 톱기사로 보도했다. 이로 인해 비난
의 여론이 더욱 거세지자 〈PD수첩〉 프로그램 자체가 중단되었고, MBC 방송
사에 대한 광고 중단과 시청거부운동이 일어났다. MBC는 대국민 사과문을
발표하며 자체적으로도 〈PD수첩〉의 비윤리성에 대해 강하게 비판했다.

그러나 황우석 교수가 2005년도 ≪사이언스≫에 게재한 논문에 대해 한 웹사이트에서 문제를 제기하면서 분위기는 반전되기 시작했다. 그 논문의 줄기세포 염색 사진 중 다섯 쌍이 중복된다는 의혹을 제기한 것인데, 결국 서울대학교는 황우석 교수의 논문을 검증하기에 이르렀다. 12월 15일 ≪사이언스≫에 게재한 논문의 공저자인 노성일 산부인과 병원 이사장이 줄기세포가 없다는 충격적인 내용의 기자회견을 하고, 그날 밤, MBC 〈PD수첩〉은 "[특집] PD수첩은 왜 재검증을 요구했는가?"에서 ≪사이언스≫에 게재된 황우석 논문의 총체적인 문제점을 보도했다. 이후 서울대학교는 황우석 연구팀의 2004년과 2005년 ≪사이언스≫ 논문이 모두 의도적으로 조작되었으며, "2005년 ≪사이언스≫ 논문과 관련한 체세포 복제 배아 줄기세포는 전혀 없다"고 발표했다. 2006년 1월 ≪사이언스≫는 황우석 교수의 2004년과 2005년 논문을 모두 철회했으며, 같은 해 3월 황우석 교수는 서울대학교에서 파면되었다.

　　황우석 사건을 다룬 두 차례의 〈PD수첩〉은 취재 보도의 윤리를 위배한 점에 대해서는 많은 비난을 받았다. 먼저, 황 교수 팀 공동 연구원들에 대한 인터뷰를 실시하면서, 이들에 대한 대부분의 인터뷰가 몰래카메라로 진행된 것이다. 둘째, 제작진이 미국에 있는 황 교수의 공동 연구원 김 씨에 대한 인터뷰를 시도하면서, 제작진이 인터뷰 대상자를 허위로 압박했다는 것이다. "2005년 결과가 거짓이라는 것을 알고 있다", "검찰 수사가 시작될 것이다", "수사 결과에 따라 황 교수가 구속될 것이다"라는 허위의 말을 위압적으로 하면서 취조 분위기 속에서 인터뷰를 진행했다는 것이다. 또한 "협조만 잘하면 당신은 빼주겠다"는 식으로 말하는 제작진에게 김 연구원이 자신의 신원 보장을 요구하는 모습이 영상으로 공개되었는데, 이는 인권침해인 것이다. MBC는 〈뉴스데스크〉를 통해 〈PD수첩〉 팀의 취재윤리 위반에 대해 대국민 사과 성명을 발표했으며, 담당 PD와 책임 PD는 감봉 1개월, 시사교양국장은 근신 15일의 징계를 각각 받았다.

　　하지만 이들 프로그램은 과학전문 기자들을 무색하게 만들 만큼, 전문성 있게 그리고 치밀하게 황우석 교수 논문의 문제점을 파헤쳤다는 점에서 매우 우수하다는 평가를 받았다.

* 임순례 감독의 〈제보자〉(2014)는 대한민국을 뒤흔들었던 황우석 사건을 영화화한 것이
다. 이 영화는 2005년 황우석 박사의 '줄기세포 논문 조작 사건'이 어떻게 세상에 알려지
게 되었는가에 대해 사실 중심으로 다루었다. 모든 언론이 의문조차 제기하지 않고, 찬양
일색이던 황우석 박사의 연구에 대해 한 방송사 PD가 어떻게 의문을 제기하게 되었는지,
그리고 진실을 파헤치고 보도하는 과정에서 어떤 문제들에 부딪히게 되었는지 적나라하
게 보여준다.
** 황우석 사건과 〈PD 수첩〉에 관한 내용은 저자의 2016년 저서 내용을 일부 수정·보완한
것이다(최현주, 2016: 230~235).

의 재현성'이라는 것은 다큐멘터리가 절대적인 객관성을 담보하는 것에서
비롯된 것이 아니라 다큐멘터리가 사실을 재현한다고 믿는 사람들의 믿음
에서 비롯된 것이다.

2. 역사 다큐멘터리

TV 역사 다큐멘터리는 1972년 KBS의 〈실록 30년〉에서 시작되었다.
KBS의 〈실록 30년〉은 1972년 4월 개편 때 방송을 시작해, 다음 해인 1973
년 10월 개편에서 폐지된 한국 최초의 정규 역사 다큐멘터리이다. 중앙방
송국 발행『연감 73』의 방송 개요에 의하면, 〈실록 30년〉은 "한국 근대사
특히 1945년 이후의 역사를 영상적으로 재현하는 역사 다큐멘터리로, 흩어
져있는 영상적 사료를 집대성하고 이를 소개함과 아울러 영구히 보존하는
의의를 가진 작품"이라고 기록되어 있다(남성우, 2004: 41에서 재인용). 김균·
전규찬(2003)의 연구에 의하면, 〈실록 30년〉은 '해방 30년사 광복' 편을 시
작으로 광복과 미 군정하에서의 사건, 여순반란 사건, 6·25 동란 등의 한국

현대사를 다루었는데, 그동안 알려지지 않았던 자료들을 발굴하여 제시했다고 한다.

1970년대 중반 이후에는 주로 각종 기념일을 조명하는 특집 다큐멘터리가 많이 제작되었다. 특히 한국전쟁 발발 25주년이자 광복 30주년인 1975년의 경우에는 더욱 그러했다. 한국전쟁 발발 25주년을 기념해, MBC에서는 〈6·25 25주년 특집 시리즈〉(1975)를, KBS에서는 〈6·25 25주년 기념 특집: 6·25의 발언〉이 공·민영 합동으로 라디오와 TV를 통해 방송되었다. 광복 30주년을 기념해, KBS에서는 〈광복 30주년 특집 시리즈〉(1975)로 '감격의 그날', '근대화의 역정', '분단 30년과 통일에의 길', '80년대의 비전' 등을 방영했다. 개항 100년이 되는 1976년에는 KBS에서 〈실록 개항 100년〉, MBC에서 〈한국의 근대화 100년 시리즈〉가 방송되었다. KBS의 〈실록 개항 100년〉(1976)은 개항 이후 한국 사회의 근대화 과정을 다루었으며, MBC의 〈한국의 근대화 100년 시리즈〉는 개항 후 100년 동안 한국의 문화와 과학이 얼마나 발달했는가를 조명했다(김균·전규찬, 2003).

1978년 정부 수립 30주년을 맞이하여 KBS에서는 〈다큐멘터리 한국 30년〉이라는 대형 기획 프로그램을 방송했다. 그해 2월부터 12월까지 거의 1년 동안 한국의 정치·경제·사회·문화 등 각 분야의 30년을 돌아본 것인데, 총 43편에 이른다. 『KBS 연지』의 '1978년 개요'에 의하면 "KBS가 1년여의 기간을 두고 광범한 자료 수집과 집중적인 노력으로 제작 방송한 다큐멘터리 시리즈"(남성우, 2004: 43에서 재인용)라고 소개하고 있다. 당시 MBC와 TBC도 '건국 30주년 특집'을 방송했으나, 8월 15일을 전후하여 10편 미만의 시리즈로 구성했다. 이에 반해 KBS는 특집 제작반을 구성해 1년 동안 매주 방송한 것이다.

또 한편으로 역사적 인물을 다룬 프로그램도 다수 제작되었는데, 1973년

MBC 〈이충무공 탄신 특집: 성웅 이순신〉, 1979년 MBC 〈역사의 인물〉, 1983년 KBS 〈역사발굴 동방의 해상왕 장보고〉 등이 바로 그 예이다. 김균과 전규찬은 "이 시기 역사 다큐멘터리는 민족의 자긍심을 부각시킴으로써 이를 통한 사회적 통합의 필요성을 강조하는 경향이 두드러지게 나타난다"고 평가했다(김균·전규찬, 2003: 109).

1980년대 중반 이후에는 역사 다큐멘터리의 제작이 그리 활발하지 않은 가운데, 지역 방송국의 역사 다큐멘터리 제작이 증가하기 시작했다. 이들 프로그램은 그 지역의 역사적 사건들을 재조명하거나, 지역 출신의 역사적 인물을 발굴하여 조명했다. 1986년 부산MBC, 대구MBC, 마산MBC가 공동제작한 5부작 〈역사 다큐멘터리 '가야'〉는 고대국가 가야의 유적, 문화 등에 대해, 그리고 1987년 전주MBC의 〈백제 석조문화의 잔영〉은 백제의 문화 유적에 대해 체계적으로 정리했다. 1989년 마산MBC의 〈부마항쟁〉, 1989년 제주MBC의 〈현대사의 큰 상처: 제주 4·3 사건〉, 1990년 마산MBC 〈3·15의 현주소〉 등은 각 지역의 역사적 사건을 지역적 관점에서 재조명한 대표적인 프로그램들이다(김균·전규찬, 2003: 109~110).

1980년대 후반에 이르면, 한국 사회의 민주화와 함께 한국의 역사 다큐멘터리에서도 변화가 나타났다. 1987년 박종철 물고문 사건을 계기로 민주화에 대한 투쟁이 정점에 이르게 되었고, 결국 6·29 민주화 선언을 이끌어냈다. 이와 같은 상황에서 방송도 더 이상 국민들의 민주화 열망을 외면할 수 없었다. 다큐멘터리는 그동안 침묵해왔던 5·18 광주민주항쟁에 대한 '진실'을 파헤치기 시작했다. 1989년 MBC의 〈어머니의 노래〉, 그리고 KBS의 〈광주는 말한다〉, 〈MBC를 말한다〉, 〈떠도는 주검〉 등이 5·18 광주민주항쟁을 다룬 다큐멘터리로, 그때까지 외면해왔던 '진실'을 다루기 시작한 것이다. 김균과 전규찬은 이 시기의 다큐멘터리 속에서는 '민중적 저항'과

이로 인해 '벼랑 끝에 선 지배 세력' 간에 전개된 치열한 공방을 곳곳에서 발견할 수 있다면서, 텔레비전 다큐멘터리는 국가 권력의 독점에서 벗어나 다양한 사회적 세력이 투쟁하는 개방된 공간으로 변모하기 시작했다고 평가했다(김균·전규찬, 2003: 160~161).

1990년에는 주목할 만한 역사 다큐멘터리가 등장하는데, KBS의 〈다큐멘터리 한국전쟁〉이 바로 그것이다. 1990년 6월 18일부터 2주 동안 방송된 이 프로그램[14]은 세계 곳곳에 있는 한국전쟁 관련 방대한 자료를 수집해 이전과는 완전히 다른 시각에서 한국전쟁을 다룬 작품으로 평가받는다. 미국 타임 워너Time Warner사가 발간하는 ≪엔터테인먼트 위클리The Entertainment Weekly≫는 1994년에 발행한 잡지에서 세계 100대 다큐멘터리에 KBS의 〈다큐멘터리 한국전쟁〉(1990)을 선정했는데, 선정 이유를 다음과 같이 밝혔다. "20세기 잊힌 전쟁이었던 한국전쟁을 다룬 작품으로, 이 작품은 역사적 사료 가치는 물론 강대국의 외교적 입장에 따른 미묘한 차이, 괴뢰 정부의 기막힌 속임수, 전장에서의 일상적인 공포들을 매우 뛰어나게 보여준다"(남성우, 2004: 53에서 재인용). 즉, 당시까지 한국전쟁에 대한 논의는 주로 '반공'의 시각에서 이루어졌으나, 이 프로그램은 전쟁 발발의 원인부터 휴전까지의 과정을 객관적인 시각에서 다룬 것이다. 또한 새롭고 방대한 자료 수집과 증언자의 확보를 통해 38선을 책정하게 된 은밀한 내막을 밝혀내기도 했다. 이때 수집한 각종 자료와, 자료를 수집하고 정리하는 노하우는 이후 현대사 관련 프로그램 제작에 큰 영향을 미쳤다(남성우, 2004: 36~37).

---

14 방송 2년 전부터 제작팀이 구성되고 당시로서는 파격적이라고 할 수 있는 4억 8000만 원의 제작비를 투입한 이 프로그램의 시청률은 총 10부 평균 시청률이 14% 이상으로 집계되었는데, 이는 다큐멘터리로서는 매우 높은 시청률이었다(남성우, 2004).

1990년대에 접어들어 민영 상업방송인 SBS가 등장하면서 방송 환경은 상업화의 길로 접어들게 된다. 경쟁적 방송 환경 속에서 공영방송은 상업방송에 대응하기 위한 전략으로 다큐멘터리 프로그램의 제작을 증가시키기도 했다. 따라서 1990년대 중반 이후 KBS를 중심으로 많은 역사 다큐멘터리가 정규 편성되었다. KBS는 1993년 〈다큐멘터리 극장〉를 시작으로, 1994년 〈역사의 라이벌〉, 1995년 〈역사추리〉, 1996년 〈TV 조선왕조실록〉, 1998년 〈역사스페셜〉 등의 프로그램을 황금시간대에 꾸준히 편성했다(남성우, 2004: 39~40).

KBS 〈다큐멘터리 극장〉(1993~1994)은 그동안 금기시되었던 1960~1980년대 한국 현대사의 주요 사건과 인물들을 소재로 다큐멘터리와 드라마를 혼합한 다큐드라마 형식으로 제작한 프로그램이다. 정규 프로그램에서 현대사의 중요 사건과 인물, 특히 군부 독재 세력들의 정치 비사에 대해 본격적으로 다루는 것은 처음 있는 일이었다. 그동안 방송에서 다루기를 꺼리던 현대사를 다루게 된 것은 1993년 '문민정부'의 출범으로 가능해진 것인데, 그동안 정치적인 이유로 다루지 못했던 소재를 적극적으로 다룸으로써 시청자들이 현대사의 진실을 바라볼 수 있도록 해주었다.

이 프로그램에서 사용된 다큐드라마라는 형식도 다큐멘터리에서 새로운 것이었다. 이 시기에 다큐멘터리 프로그램에서 재연을 활용하는 프로그램이 등장하긴 했지만 〈다큐멘터리 극장〉에서는 재연 부분을 본격적으로 드라마화했다. 즉, 다른 프로그램에서는 다큐멘터리 PD가 재연 부분까지 함께 만드는 데 비해, 〈다큐멘터리 극장〉에서는 다큐멘터리 PD와 드라마 PD가 함께 제작 팀을 구성하여, 재연 부분은 드라마 작가가 대본을 쓰고 드라마 PD가 연출했던 것이다. 이 방식은 이후 KBS 〈역사의 라이벌〉(1994)[15]에도 계속되었다(남성우, 2004: 62~63). 이러한 드라마의 재연 방식은 촬영이 불가능한 역사적 사건의 영상 표현이 가능해짐으로써 역사 다큐멘터리가 다룰 수 있는 한계를 넓혀주었다.

1999년에는 MBC 〈이제는 말할 수 있다〉(1999~2005)가 방송을 시작했는데, 이 프로그램은 해방 전후부터 노무현 정권에 이르기까지 현대사에서 그동안 왜곡되었거나 밝혀지지 않았던 사건들을 새로운 증언과 역사에 대한 해설로 심도 있게 다루었다. 친일 청산, 분단 극복, 한미 관계, 국가보안법, 권력 비사 등 한국 사회의 주요 쟁점에 대해 은폐된 진실을 발굴하고 진상을 규명하고자 했다. 2000년대 들어와서도 현대사를 조명한 다큐멘터리는 계속 제작되었는데, KBS 〈인물현대사〉(2003~2005)도 이 중 하나이다. 이 프로그램은 한국 현대사에 민주, 인권, 통일 등의 시대정신과 관련하여 중요한 역할을 했던 인물들을 통해 한국 현대사에 대한 새로운 해석을 제공했다. 2003년 6월 '이한열의 어머니라는 이름으로: 배은심' 편이 처음 방송된 이후, 2004년 4월까지 총 79편이 방송되었다(이오현, 2005).

1990년대 후반기에는 밀레니엄 특집 프로그램들이 등장했는데, 1997년 KBS의 〈TV로 보는 20세기의 희망과 절망〉은 21세기를 맞이하기에 앞서 격변의 20세기를 26부작으로 정리했으며, 1999년 KBS의 〈밀레니엄 특집: 천년의 꿈 천년의 반성〉은 지난 천년의 역사를 회고하며 중요한 역사적 사건들을 재조명했다(김균, 전규찬, 2003: 112).

---

15 1994년 방송된 KBS 〈역사의 라이벌〉은 현재의 MC가 과거의 인물을 만나는 가상 상황을 설정하고 이를 재연하는 것으로 표현했다. 이 프로그램은 대립관계 혹은 승자와 패자의 관계로 규정지어졌던 두 인물을 역사 속의 정치적·사회적인 상황에서 서로 다를 수밖에 없었던 개인의 시대 인식을 바탕으로 당시 그 인물이 왜 그렇게 행동했는가에 중점을 두고 풀어갔다. 라이벌을 설정해 역사 속 인물에 대한 새로운 해석의 시도와, 가상 상황의 설정이라는 새로운 형식의 시도가 돋보이는 프로그램으로 평가받는다(남성우, 2004: 73~74).

1990년대 말에서 2000년대 초에 새롭게 방송을 시작한 프로그램들은 컴퓨터 그래픽이나 '가상 스튜디오Virtual Studio' 등을 활용해 다양한 형식적 실험을 시도했는데, 대표적인 사례로 KBS 〈역사스페셜〉을 들 수 있다. 〈역사스페셜〉(1998~2003)은 그동안 잘 알려지지 않았거나 잘못 알려진 역사적 사실을 밝히고, 문화유산의 발굴 및 영상 복원, 역사적 인물에 대한 재조명 등을 그 주된 기획 의도로 삼고 있다. 〈역사스페셜〉은 문제를 제기하고 결론을 찾아가거나 가설을 설정하고 이를 입증하는 추리 기법으로 구성되어 있다. 이 프로그램은 MC가 가상 스튜디오에서 시공간을 넘나들며 문제를 제기하고 가설을 설정하면 다음에 나오는 영상물이 이를 입증하는 형식으로 구성되는 것이다(남성우, 2004: 77). 〈역사스페셜〉에서는 실제 물건이나 소품을 그대로 세트에 설치하는 일반적인 스튜디오가 아니라, 컴퓨터 그래픽 영상으로 만든 가상의 세트인 '가상 스튜디오Virtual Studio'를 사용하여 MC나 연기자가 마치 실제의 공간에서 움직이며 말하는 것처럼 보이게 하는 표현을 최초로 시도했다(김기덕, 2002). 또한 평면적으로 존재하는 시각 자료들을 3D 컴퓨터 그래픽으로 처리하여 입체적으로 표현하기도 한다. 즉, 〈역사스페셜〉은 3D 컴퓨터 그래픽 및 가상 스튜디오 등 디지털 기술을 도입함으로써, 기존 역사 다큐멘터리의 영상 표현의 한계를 극복하여 역사 다큐멘터리의 대중성을 넓혔다고 볼 수 있다(장해랑 외, 2004).

디지털 특수효과를 사용하여 역사 다큐멘터리를 제작한 또 다른 예로 KBS 다큐멘터리 6부작 〈누들로드〉(2008~2009)를 들 수 있다. 이 프로그램은 '국수noodle'를 통한 인류 음식 문명사를 실크로드 여정을 통해 보여준다. 〈누들로드〉는 우리가 흔히 먹는 국수가 어떻게 만들어졌는지, 어떤 길을 따라 전 세계로 퍼지게 되었는지 국수의 탄생과 비밀을 찾아 나선 국수문명사이다. 누들로드를 통해 본 국수의 여정은 곧 인류문명사인 것이다. 인류

문명사를 다룰 때 만리장성, 피라미드 등 무거운 소재를 주로 다룬 반면, 일상 속에서 흔히 만날 수 있는 국수에서 출발해 인류문명사를 흥미 있게 보여주었다. 〈누들로드〉는 중국 양쯔강 유역의 신석기인들이 고안해낸 '국수'가 4000여 년 동안 세계로 전파되고 진화하면서 세계인의 식탁에 오르게 된 과정을 추적했다. 중국 신장 고고학 박물관의 가장 오래된 2500년 전 국수부터 영국의 와가마마 국수까지 시공간을 초월한 다양한 국수와 그 속에 어려 있는 역사 이야기가 세련된 영상 및 음악과 함께 펼쳐진다.

〈누들로드〉는 최첨단 디지털 영상기술로 영화 못지않은 화려한 볼거리를 제공했다. KBS 〈누들로드〉의 홈페이지[16]에서는 〈누들로드〉의 특수영상이 어떻게 제작되었는지를 자세히 소개하고 있다. 〈누들로드〉 1부에서 이 프로그램의 프리젠터presenter로 등장하는 켄 홈Ken Hom이 송나라로 타임머신을 타고 가는 듯한 실감 나는 자동차 장면을 3차원으로 그려냈는데, 이는 컴퓨터 그래픽과 실사의 합성을 보여주는 VFX 기법을 사용한 것이다. 고리타분한 문헌이나 유적에 생동감을 불어넣기 위해 국수 문화가 꽃피었던 중국 송나라 거리, 일본 에도성, 이탈리아 폼페이 유적지 등을 컴퓨터 그래픽으로 생생하게 재현했다. 이에 대해 다큐멘터리의 본질인 리얼리티가 떨어진다는 의견도 상당히 많았다. 그러나 디지털 이미지에 대한 시청자들의 반응은 한편의 BBC 다큐멘터리를 보는 듯 했고, 낯설지만 새롭게 느껴지는 영상 이미지에서 시선을 뗄 수 없었다는 의견이 주를 이루었다(이경화, 2010).

이와 같이 최근 들어서는 기존의 현장감 있는 전달 방식의 다큐멘터리보다는 3D 제작의 공감각적인 특수영상으로 만들어진 화려한 볼거리로 가득

---

16   http://www.kbs.co.kr/end_program/1tv/sisa/insightasia/noodleroad/diary/vfx/index.html

한 역사 다큐멘터리가 점차 증가하고 있다. 즉, 역사 다큐멘터리 제작이 디지털 특수효과의 발달로 기존의 실재 현장영상 중심에서 디지털 이미지를 통한 가상세계의 표현으로 그 표현 영역을 확대해가고 있다. 사실의 재현이 실제 세계의 재현에 얽매이지 않고. 디지털이라는 특수효과 기능이 텔레비전 제작에 긴밀하게 관여하며 기존의 실재 현장영상 중심이 아닌 디지털 이미지를 통한 역사적 상상력의 표현이 확대되고 있는 것이다.

3. 휴먼 다큐멘터리

휴먼 다큐멘터리는 1960년대 말 한국 텔레비전의 등장과 함께 시작되었다. 시사 다큐멘터리와 역사 다큐멘터리가 공적 영역에서의 이슈를 다룬 반면, 휴먼다큐멘터리는 사적 영역에서 인간의 경험과 가치를 다루었다(이종수, 2002: 36). 이종수(2002)는 텔레비전 방송 3사에서 1968년에서 2001년까지 방영된 휴먼 다큐멘터리의 역사적 변천을 시기별로 분류해 각 시기별로 등장하는 주제 유형을 내용 분석하고, 대표적인 한 편의 에피소드를 선정하여 그 형식적 특성과 서사 구조를 심층·분석했다. 그리고 텍스트 분석을 통해 밝혀진 휴먼 다큐멘터리의 내용과 형식적 특성의 변화를 사회적·방송제도적·장르적 콘텍스트와 연관해 논의했다. 이러한 이종수의 연구를 토대로 휴먼 다큐멘터리의 시대적 흐름을 개관해보고자 한다.

1960~1970년대의 대표적인 휴먼 다큐멘터리는 KBS의 〈인간승리〉(1968~1980)와 TBC의 〈인간만세〉(1976~1979)를 들 수 있다. KBS 〈인간승리〉는 1968년에 신설되어 1980년 언론 통폐합 때까지 10여 년 동안 방송된 한국 최초의 휴먼 다큐멘터리이다. 『KBS 연감』에 의하면, 초기 휴먼 다큐멘터리

〈인간승리〉를 "지역사회의 숨은 역군, 사리를 떠나 지역주민과 국가를 위해 앞장서는, 살아 있는 일꾼과 상록수, 지도자의 헌신적인 생활과 성공담을 그리는 인물 다큐멘터리"라고 설명한다(남성우, 1995: 121). 국가의 정책 홍보와 국민 계도의 기능이 강조되던 이 시기 방송의 성격이 휴먼 다큐멘터리에도 그대로 드러난 것이다.

이 시기의 휴먼 다큐멘터리에서 주로 다룬 인물은 사회봉사자나 새마을 운동가와 같이 지역사회와 국가를 위해 봉사하는 지도자들, 그리고 불우한 환경을 극복한 의지의 사람들로, 이들과 같이 국가의 근대화 정책에 부응하는 인간의 가치나 인간의 의지를 실현한 인물들을 보여줌으로써 휴먼 다큐멘터리는 사회적 계몽의 역할을 수행했던 것이다. 이들 휴먼 다큐멘터리에서는 전지전능한 입장의 권위적 보이스오버 내레이션이 주로 사용되었다.

1980년 KBS 〈인간승리〉가 종영된 뒤, 한동안 휴먼 다큐멘터리가 제작되지 않다가 1980년대 중반이 되어서야 새로운 형태의 휴먼 다큐멘터리가 나타났다. 1985년에 방송되기 시작한 MBC 〈인간시대〉(1985~1993)와 KBS 〈사람과 사람들〉(1985~1988, 1990~1994)이 그것인데, 이들은 보통 사람들의 일상적 삶을 담담히 담아내는 프로그램들이다.

MBC 〈인간시대〉의 기획 의도는 평범한 보통 사람들의 삶을 진솔하게 그린다는 것이었는데 프로그램의 인기가 상당히 높았다. 1970년대의 대표적 휴먼 다큐멘터리인 〈인간승리〉가 사회적·도덕적으로 모범이 되는 사람들의 모습을 담아낸 것에 반해, 1980년대 중반에 등장한 〈인간시대〉는 '보통 사람들'의 일상사를 다루며, 삶의 현장에서 포착되는 사회적 진실들을 표현하려고 했다.

이처럼 '보통 사람들'이 휴먼 다큐멘터리의 주인공으로 등장하게 된 것은 1980년대 경제성장에 따른 중산층의 성장으로 서서히 권위주의가 약화되는 과정에서 자연스럽게 등장한 것이다. 그뿐 아니라 ENG, 6mm 캠코더의 등장 등 다큐 제작의 기동성과 현장성을 확보할 수 있는 기술의 발전으로, 보통 사람들의 일상생활을 담아내는 것이 기술적으로 가능해졌기 때문이기도 하다. 또한 1980년대 중반 이후에는 이전 시기에 등장하지 않았던 사회적·정치적 사건의 희생자들이나 근대화 과정에서 발생한 사회적 소외 계층의 이야기도 등장하는데, 이는 1987년 6월 항쟁으로 야기된 정치적 민주화로 인한 것이다.

표현 양식은 관찰자적 양식을 사용하여 주인공의 사적 생활을 있는 그대로 들여다보는 느낌을 주었다. 때로는 보이스오버 내레이션을 사용하기도 했는데, 이는 이전 시대에 사용하던 내레이션과는 다른 기능을 했다. 즉, 이전 시대의 다큐멘터리에서 사용되었던 내레이션이 전지적 입장에서 설명하는 기능을 담당했다면, 〈인간시대〉에서는 이웃에게 자신의 이야기를 하는 듯한 대화체의 내레이션을 통해 등장인물들의 내면 상태를 전달해주는 기능을 했다.

1988년에 방송하기 시작한 KBS의 〈현장기록 요즘 사람들〉(1988~1990)은 당대 시대 상황이나 그에 대응하는 인물들을 객관적으로 기록하는 휴먼 다큐멘터리로, 한 회분의 다큐멘터리(50분)에 세 개 아이템을 다루는 일종의 매거진 스타일을 도입했다. 〈인간시대〉의 뒤를 이어 1993년부터 방송된 MBC의 〈신인간시대〉(1993~1995)도 평범한 사람들의 삶을 진술하게 그린 휴먼 다큐멘터리라는 점에서는 〈인간시대〉와 그 맥을 같이한다. 다만, 형식적인 면에서 〈인간시대〉와는 다른 변화를 주었는데, 〈현장기록 요즘 사람들〉처럼 한 회분의 다큐멘터리에 두세 개의 에피소드를 다루는 매거진 스타일을 사용했다.

1990년대 들어 민영방송인 SBS와 더불어 수십 개의 채널을 가진 케이블

방송의 등장으로 방송사들이 치열한 경쟁 환경에 직면하게 되면서 방송 프로그램의 상업화·오락화 현상이 두드러지게 나타나기 시작했다. 이러한 변화는 휴먼 다큐멘터리에도 반영되어, MBC의 〈김국진의 스타 다큐〉(1997~1999) 등 연예인 중심의 오락성 휴먼 다큐멘터리가 등장하기도 했다.

1990년대 중반을 넘어서면서 국가적 경제위기인 IMF 시대를 맞이하게 되는데, 휴먼 다큐멘터리에서도 이러한 시대적 상황을 적극 반영한 프로그램이 등장한다. 대표적인 프로그램이 1997년 시작된 MBC 〈성공시대〉(1997~2001)인데, 이는 IMF 체제가 시작되면서 극도로 위축된 국민들에게 희망적인 메시지를 전달해보겠다는 의도로 기획된 프로그램이다. 〈성공시대〉는 성공한 기업가나 유명 인사의 성공 스토리를 전형적인 시련과 역경 극복의 서사 구조로 전달하는 프로그램으로, 표현 형식 면에서 재연을 적극 활용한 다큐드라마 형식을 사용했다.

이와 같이 다큐멘터리에 드라마적 재연이 가미된 다큐드라마 형식은 지나친 과장 또는 허구적 내용으로 인해 비판을 받기도 했지만, 이후에도 다큐멘터리에서 계속 사용되었다. 2001년 한 사람의 생애를 재연을 활용해 다큐드라마로 표현한 KBS의 〈이것이 인생이다〉(2001~2005)가 대표적인 예이다.

2000년대에 접어들면서 본격적으로 다매체·다채널 시대에 진입하게 된다. 시청자들이 접근할 수 있는 매체와 채널이 늘어나면서 프로그램이 재미없을 경우, 바로 채널을 돌려버리기 때문에, 방송 프로그램의 오락화 현상은 가속화될 수밖에 없었다. 이러한 현상은 다큐멘터리에도 영향을 미쳐 다큐멘터리의 연성화·오락화 현상을 야기한다. KBS 〈피플 세상 속으로〉(2000~2007)와 같이 가벼운 소재를 다루는 소프트 다큐멘터리의 등장, 그리고 미니시리즈 다큐멘터리인 〈인간극장〉(2000~현재)과 같이 극적 재미를 더한 드라마 다큐멘터리의 등장이 이러한 현상을 잘 보여준다.

KBS 〈인간극장〉은 보통 사람들의 삶을 관찰·기록하여 3부작 또는 5부작의 미니시리즈 드라마의 형식으로 구성한 다큐멘터리이다. 이는 1990년 대에 평범한 보통 사람들의 삶을 진솔하게 그린 MBC 〈인간시대〉(1985~1993)와 〈신인간시대〉(1993~1995)의 뒤를 따르면서도 구성에서 극적인 미니시리즈 형식을 사용함으로써, 이전의 다큐멘터리가 시간적인 제약 때문에 단순화시킬 수밖에 없었던 주인공들의 삶을 좀 더 다각도로 담을 뿐만 아니라 극적으로 재구성할 수 있게 되었다. 또한 드라마와 같은 미니시리즈 형식을 사용해 일일드라마처럼 다음 편을 기다리게 함으로써 시청자의 관심을 끌었다(최현주, 2013).

〈인간극장〉은 6mm 소형 캠코더를 통해 출연자의 일상적인 모습과 삶을 매우 근접한 거리에서 여과 없이 보여준다. 영상의 대부분이 베리테의 '관찰 양식'으로 주인공의 삶을 따라가며 관찰하는 방식이지만, 때때로 인터뷰하는 제작진의 목소리가 직접 다큐멘터리에 드러나기도 한다. 이는 제작진이 존재하지 않는 듯이 관찰하는 방식이 아니라, 직접 그 상황의 일부로 참여하는 '참여 관찰식' 형식이라고 할 수 있다.

2000년대에는 또한 소형의 경량화된 디지털 캠코더가 등장하면서 특정한 장소의 일상을 기록하는 관찰기록 다큐멘터리가 많이 등장했다. 기존 방송용 카메라에 비해 6mm 디지털 캠코더는 더 가볍고 조작하기 쉬워 언제 어디서든 현장을 쉽게 포착할 수 있게 해주었다. 이러한 기동성과 현장성을 바탕으로 관찰적 요소를 강화한 다큐멘터리 프로그램들이 등장한 것이다. 대표적인 프로그램으로 KBS의 〈영상기록 병원 24시〉(1998~2005)나 그 후속으로 등장한 〈현장기록 병원〉(2006~2007) 등을 들 수 있다. 이들 프로그램의 제작진은 6mm 디지털 캠코더를 들고 병동에 입원해 있는 주인공을 끊임없이 따라 다니며, 이들의 투병생활을 담아낸다. 이렇게 병원을 중심으로 잡아낸 관찰 영상은 진솔한 인생의 이야기를 담아내어 진정한 삶의 의미와 감동을 보여주었다(최현주, 2013).

KBS 〈다큐멘터리 3일〉은 '특정한 공간'을 '제한된 시간(3일, 72시간)' 동안 관찰하고 기록하는 형식의 다큐멘터리로, 시간의 흐름에 따라 사람들의 일상을 제시한다. '특정한 공간'에서 '정해진 시간' 동안 세밀하게 관찰한 영상은 그곳에서 벌어지는 다양한 상황과 사람들의 일상을 보여주는데, 바로 이를 통해 한국 사회의 한 단면을 보여주는 것이다. 이 프로그램의 표현 형식은 특정한 장소에 있는 사람들의 일상을 여러 대의 소형 카메라가 밀착 관찰하는 형식이다. 미리 선정된 장소에 PD와 VJ들이 HDV 카메라, 미속 카메라, 지미집Jimmy Jib 등 여러 장비를 동원해 동시다발적으로 일어나는 상황을 최대한 관찰·기록하는 것이다. 이와 같이 관찰적 요소가 주를 이루는 가운데, 보이스오버 내레이션과 제작진의 인터뷰 질문이 등장함으로써 '참여 관찰자적 양식'이라고 할 수 있다.

이와 같이 최근에는 휴먼 다큐멘터리에서도 다양한 형식적 실험이 등장하고 있는데, 사람들의 일상생활을 지속적으로 관찰하여 기록함으로써 일상의 의미를 재발견하는 일상 기록형 다큐멘터리에서는 '사실의 재현성'을 주요 장치로 사용하는 데 반해, '극적인 인간 드라마'를 강조하는 다큐멘터리에서는 극적인 구성과 연출을 더욱 적극적으로 사용한다.

4. 자연·환경 다큐멘터리

자연 다큐멘터리는 대자연의 법칙에 따라 자연 속에서 살아가는 동식물의 생태를 관찰해 보여줌으로써, 야생 동식물에 대한 지식과 더불어 자연에 대한 경이로움을 느끼게 해주는 장르이다. 〈한국의 버섯〉이나 〈한국의 박쥐〉 등과 같이 생물이 자연계에서 살아가는 모습을 있는 그대로 보여주는 데 초점을 둔다. 1960~1970년대 대표적인 자연 다큐멘터리로는 외국 방송사가 제작한 것을 한국에서 수입하여 방송한 KBS의 〈동물의 왕국〉(1968)과 MBC의 〈동물은 살아 있다〉(1970)가 있다.

한국에서 자연 다큐멘터리가 본격적으로 제작되기 시작한 것은 1980년대에 접어들면서부터이다. 1981년 방송된 KBS의 〈한국의 자연〉은 한국의 아름다운 경관을 카메라에 담아 우리 국토에 대한 국민의 사랑을 고취하기 위해 제작된 프로그램이다. 1984년 3월 27일에 MBC에서 방송된 〈한국 야생화의 사계〉는 계절마다 전국 곳곳의 산과 섬 등을 현장 답사하여 한국에 자생하는 4000여 종의 야생식물 생태계를 관찰하여 '기록'한 자연 다큐멘터리이다. 식물이 성장하는 과정을 특수 촬영을 통해 담아낸 이 프로그램은 한국에 자생하는 야생화를 최초로 집대성했다는 점에서 다큐멘터리로서의 가치가 매우 높다고 할 수 있다. 같은 해 11월 30일 MBC는 〈한국의 나비〉라는 자연 다큐멘터리 프로그램을 방송했다. 이 프로그램에서는 한국에서 발견되는 130여 종에 이르는 북방 및 남방 계열 나비들의 생태를 자세히 담아냈다. 1986년에는 KBS 〈한국의 새 백로〉, KBS 〈한국의 새 괭이갈매기〉, MBC 〈한국의 새〉, MBC 〈한국의 물고기〉, MBC 〈지리산의 사계〉가 방송되었으며, 그 이듬해에는 MBC 〈꿀벌의 세계〉, MBC 〈한국의 야생동물〉이, 그리고 1988년에는 KBS 〈신비로운 지하 동굴의 세계〉가 방송되었다(김균·전규찬, 2003: 126~127; 김수안, 1999: 101). 이러한 초창기 자연 다큐멘터리는 자연에 대한 객관적인 묘사를 추구했다. 즉, 주로 관찰 방식으로 촬영한 영상에 사실을 바탕으로 한 내용을 전지전능하고 권위 있는 보이스오버 내레이선으로 제시한 것이다. 이러한 자연 다큐멘터리는 사회적인 목적을 지니기보다는 순수한 예술성을 지향하게 된다.

1980년대 이후 서구에서는 인간 문명에 의한 심각한 생태계 파괴 현상에 주목하면서, 자연 다큐멘터리의 핵심 주제도 자연스럽게 생태계 위기로 전환되었다. 무분별한 벌목과 도시 건설로 인한 동식물의 멸종과 자연의 황폐화, 전 지구적 차원에서 발생하는 지구온난화 등의 문제를 제기하고 이러한 환경문제에 대해 시청자들이 그 심각성을 인식하고 적극적으로 행동에 나서도록 촉구하기 시작한 것이다(이종수, 2010).

이러한 변화는 국내 자연 다큐멘터리에서도 나타나는데, 국내에서는 1990년대 이후 큰 변화를 보여주고 있다. 한국에서 환경문제가 사회적 관심사로 떠오르기 시작했던 것은 1991년 페놀 사건[17] 이후 여러 차례의 환경오염 관련 사건이 터지면서이다.

1960~1970년대에는 경제성장 우선 정책하에서 '공해'는 근대화를 이루기 위한 불가피한 부산물이라는 공업화 중심의 이데올로기가 지배했었기 때문

---

17 낙동강 페놀오염 사건은 1991년 3월 14~15일 사이 여덟 시간 동안 구미공단 안의 두산전자에서 가전제품용 회로기판을 만들기 위해 사용하는 페놀 원액 30t이 배관상의 손상으로 누출되어 낙동강 수원지로 유입된 사건이다. 문제가 심각해진 것은 누출 사실에 대한 두산 측의 보고가 늦어지고 페놀이 원수 검사 항목에 들어 있지 않았다는 사실 때문이었다. 수원지에서는 원수에 페놀이 함유된 사실을 발견하지 못한 채 관례대로 살균제인 염소를 투입했고, 그 결과 염소와 페놀이 화학반응을 일으켜 악취가 심한 클로로페놀chlorophenol로 변해 대구 시내 각 가정에서 많은 피해가 발생했다. 이 사건은 1985년 온산 사건 이후 한국 최대의 공해 사건이었으며 그만큼 국민의 충격과 반응도 컸다. 이 사건의 직접 피해자인 대구 시민의 집단적인 항의는 물론이고 두산제품 불매운동에 전 국민이 호응했다. 이 사건을 계기로 음용수 검사 항목의 문제가 본격적으로 제기되었을 뿐 아니라 수질오염을 비롯해 국내 환경문제 전반에 대한 논의가 활발해졌고, 환경문제의 심각성에 대한 국민의 경각심이 고조되었다.

에 환경문제에 대해 거의 인식하지 못했다(구도완, 2003). 하지만 1980년대에 환경 관련 각종 충격적인 사건들이 발생하며, 환경문제에 대해 그 심각성을 인식하기 시작했다. 1983년 온산화학공단 주변 지역 주민들의 신경통, 피부병 등의 집단 발병, 동두천 지역 상수원 오염 문제, 서울 구로공단 및 상봉동 연탄공장 주변 지역 주민의 보상 문제 등으로 비로소 환경문제가 심각한 사회문제로 인식되기 시작한 것이다. 그러나 이 시기 도시민들의 환경문제에 대한 인식은 '국지적으로 발생하는 공해'에 국한되었다(정규호, 2003; 노진철, 2008: 55).

사람들이 환경오염을 자신의 문제로 인식하게 된 것은 1989년 수돗물에서 중금속 검출, 1990년 수돗물에서 발암물질인 THM(트리할로메탄) 검출, 1991년 두산전자의 낙동강 페놀유출 사건 등이 연이어 발생하면서이다. 구미 두산전자의 낙동강 페놀유출 사건은 1991년 3월 두산전자가 페놀 원액 30톤을 낙동강에 무단 방류한 사건인데, 이로 인해 정부는 두산전자에 30일간 영업정지 조치를 내렸다. 그러나 수출을 위해 5일 만에 공장 재가동을 허용해주었는데, 4월 22일 또다시 페놀유출 사고가 발생했던 것이다. 이 사건으로 인한 낙동강 식수오염 문제가 언론매체를 통해 광범위하게 보도되면서 낙동강을 식수원으로 하는 대구와 부산 시민들의 환경의식이 고조되었으며, 지역 단위의 전문환경단체가 결성되는 계기가 되기도 했다(정규호, 2003). 이 사건으로 환경오염 문제가 공단 지역과 같은 특정 지역의 일시적이고도 국지적인 문제가 아니라 일반 시민의 문제라는 인식이 자리 잡게 되었다. 이후 언론의 환경 관련 보도가 많이 등장했으며(김상호, 2005), 텔레비전에서 '환경'을 메인 주제로 하는 정규 프로그램이 등장한 것도 역시 1990년대에 들어서서이다.

이처럼 인간에 의해 파괴되고 피폐해지는 자연환경을 알림으로써 '환경의 중요성' 또는 '환경 보존'의 가치에 대해 다른 사람들의 지지를 얻으려는 명확한 목적을 가진 다큐멘터리를 환경 다큐멘터리라고 한다. 환경 다큐멘터리는 종종 자연 다큐멘터리와 혼용되어 사용되기도 하지만, 자연 다큐멘터리는 '한국의 야생화'나 '한국의 나비' 등과 같이 생물이 자연계에서 살아가는 모습을 보여주는 데 초점을 둔 것을 의미하는 반면, 환경 다큐멘터리는 대기오염이나 지구온난화 등과 같은 사회의 환경문제에 초점을 둔 것을 말한다. 환경 다큐멘터리는 '개발'의 가치보다는 '환경 보존'의 가치가 훨씬 크다는 점을 설득하고자 하는 것이다(최현주, 2009).

환경문제가 사회적으로 중요한 핵심 의제로 받아들여지게 되면서, 텔레비전 방송사들은 환경 다큐멘터리 프로그램을 편성하기 시작했다. EBS가 1991년부터 〈하나뿐인 지구〉라는 프로그램을 제일 먼저 고정 편성했다. 이 프로그램은 신설 초기에 5분에서 10분 내외의 짧은 캠페인 프로그램으로 시작했으나, 1993년에는 방영 시간이 30분으로 늘어났고, 1994년에는 다시 40분으로 늘어났으며, 2000년에는 60분으로 크게 확대되었다(최현주, 2009). 1995년 시작된 KBS의 〈환경스페셜〉도 환경 보존의 가치를 드러내는 대표적인 환경 다큐멘터리인데, 1999년 5월부터는 주간 방송으로 편성, 방송했다. 그리고 SBS가 2001년 창사 10주년 특집으로 정규 편성한 〈물은 생명이다〉는 '물'과 관련된 환경문제에 초점을 둔 환경 다큐멘터리이다. MBC에서는 2001년 〈환경 르포〉(2001.4~11)를 방송하기도 했다. 이들 프로그램은 모두가 생태계 위기와 환경 보존이라는 주제를 다루고 있다.

이와 같이 자연 다큐멘터리의 주요 관심사가 환경문제로 확대되면서, 자연·환경 다큐멘터리의 표현 양식과 내러티브 전략도 변화하고 있다. 자연과 야생 세계에 대한 관찰자적 태도에서 생태계 보존이라는 환경적 메시지를 전달하는 주창자적 태도로 변화하기 시작한 것이다(이종수, 2010).

2000년대에 접어들면서는 국내에서도 환경문제에 대한 인식이 전 지구적 차원으로 확대되고 있음을 볼 수 있다. 이는 지구환경이 하나의 생태 고리로 연결되어 있으며 인간도 자연의 일부라는 인식으로의 전환을 의미한다(최현주, 2009). 전 지구적 차원의 생태계의 위기를 다룬 대표적인 프로그램으로는 MBC 〈북극의 눈물〉(2008), 〈아마존의 눈물〉(2009~2010) 시리즈를 들 수 있다.

총 3부작으로 구성된 MBC 〈북극의 눈물〉은 위기를 맞은 북극 지역의 동물과 현지 원주민 이누이트Inuit의 삶을 통해 지구 온난화의 심각성을 일깨워준다. 지구온난화에 의해 북극의 생명체들이 생사의 기로에서 사투를 벌이고 있는 모습을 보여줌으로써, 지구온난화로 인한 지구의 환경문제가 얼마나 심각한지 일깨워주는 것이다. 북극의 생명들이 겪는 희노애락을 통해 북극의 눈물은 앞으로 인류 전체에 닥칠 위기라는 강렬한 메시지를 전달한다.

〈북극의 눈물〉은 기존의 자료 화면 형식의 북극 모습을 벗어나, 헬기 앞부분에 부착한 시네플렉스cineflex 장비로 공중 촬영한 영상을 사용하여 스펙터클하고 생동감 있는 영상을 보여주었다. 시네플렉스 카메라는 마치 크레인 암arm이나 카메라 지지대에서 촬영된 것처럼 흔들림 없이 부드러운 영상을 잡을 수 있게 해주는데, 이러한 촬영으로 인해 헬기 소리나 인기척에 놀라 도망가는 동물의 모습만 보였던 기존의 다큐멘터리에서 벗어나 낮잠 자는 북극곰의 모습이나 순록의 대이동 장면을 보여줄 수 있었다. 이 프로그램은 지구온난화의 심각성을 시사 고발로 접근하기보다는 서정적인 영상과 휴먼 드라마적 요소를 결합하여 감성적으로 펼쳐내고 있는 것이다. 시청자들에게 친밀감을 주는 연기자 안성기를 내레이터로 함으로써 친근감 있는 내레이션을 구현한 것 또한 이 프로그램의 특징이라고 할 수 있다.

MBC 〈아마존의 눈물〉(2009~2010)은 인간의 난개발로 파괴되어가는 아마존의 생태를 그린 다큐멘터리이다. 아마존의 원시림에서 원시생활 방식을 그대로 간직하고 있는 조에Zeo족과 같은 아마존 부족의 모습과 인간에 의해 파괴되어가는 아마존 밀림의 폐해를 담고 있다. 즉, 인간의 문명이 아마존의 생태계와 원시 부족을 파괴하고 있음을 보여주는데, 이러한 환경 파괴는 국지적 차원에서 그치는 것이 아니라 전체 인류의 삶에 커다란 환경 재앙으로 다가올 것임을 조용히 경고한다. 〈아마존의 눈물〉은 아마존 원시 부족의 이색적이고 충격적인 생활 모습을 사실감 있게 담아냈을 뿐만 아니라, 극적인 서사 전략을 구사해 큰 대중적 인기를 얻은 것으로 평가된다(이종수, 2010). 이와 더불어 MBC는 후속작으로 〈아프리카의 눈물〉(2010~2011)과 〈남극의 눈물〉(2011)을 방송했는데, 이른바 이러한 '눈물 시리즈'는 전 지구적인 차원에서 지구온난화의 문제를 다룬 것이다.

　　요약하면, 전통적 자연 다큐멘터리는 자연 속에서 살아가는 동식물의 생태를 객관적으로 묘사하여 사실주의적 재현을 추구한다. 하지만 사회 전반적으로 환경문제의 심각성이 부각되면서 '개발의 가치'보다는 '환경 보존의 가치'가 훨씬 크다는 점을 설득하고자 하는 주창자적 스타일의 환경 다큐멘터리가 등장하게 되었다. 이는 '환경의 중요성' 또는 '환경 보존'의 가치에 대해 다른 사람들의 지지를 얻으려는 명확한 목적을 가지고 있기 때문에 사실을 있는 그대로 보여주고 드러내는 '사실주의적 재현'에 머무르는 것이 아니라, 사실을 바탕으로 현실을 창조적으로 재구성해내고 있다.

5. 한국 독립 다큐멘터리의 등장과 발달

다큐멘터리 영상은 TV 방송용으로 제작된 것과 독립영화 진영에서 제작된 것으로 나누어볼 수 있다. 영화와 TV 다큐멘터리는 제도적 배경의 차이로 인해 서로 다른 전통과 스타일을 만들었다. 먼저, TV 다큐멘터리와 독립영화 다큐멘터리 간에는 제작 방식에서 차이가 있다. 극장용 다큐멘터리는 감독 한 명에게 권한이 집중되어 있는 반면, TV 다큐멘터리는 방송사 내 팀 단위로, 혹은 독립 프로덕션에 의해 집단 프로젝트로 만들어지는 경향이 있다(로스코·하이트, 2010: 38). 시청 환경 또한 다르다. 극장용 다큐멘터리는 극장이라는 어두컴컴한 공간에서 집중하여 관람할 수 있는 반면, TV 다큐멘터리는 가정의 여러 방해 요인에 의해 다소 산만한 환경에서 시청하기 때문에 시청자의 프로그램에 대한 몰입 정도가 낮으므로 사운드트랙만으로도 내용에 대한 이해가 가능하도록 만들어진다(김훈순, 2000: 94~98).

제작 방식과 상영 공간의 차이는 다큐멘터리에서 다루는 주제나 소재 선정에도 영향을 끼친다. 극장용 다큐멘터리는 소재의 범위가 좀 더 넓고 자유로운 반면, TV 다큐멘터리는 방송 조직과 제도하에서 만들어지는 것이기 때문에 내용에서 보수적인 경향이 있으며, 그 소재가 한정될 수밖에 없다. 같은 시간대에 방송되는 다른 프로그램과 경쟁하기 위해서는 좀 더 많은 시청자에게 어필할 수 있는 보편적인 소재를 찾아야 하기 때문이다. 그러나 최근에는 영화 상영은 물론 TV 방영까지 동시에 고려하는 경향이 점점 일반화되면서 매체 간의 차이는 줄어들고 있는 상황이다(로스코·하이트, 2010).

영화 영역 내에서 다큐멘터리 제작 환경을 보면, 상업적인 성향이 강한 충무로는 공공적이거나 유익한 내용을 담지만 일반적으로 오락성이나 대중성이 부족한 다큐멘터리 영화에 투자하기를 꺼린다. 이 때문에 다큐멘터리는 제작과 투자, 배급, 모든 방식이 독립영화 영역에서 이뤄지는 경우가 대부분이다(라재기, 2012). 일반적으로 독립영화는 '메이저 제작사 바깥에서 독립 제작 방식으로 만들어지는 영화'라는 의미로 서구에서 사용되기 시작했으나, 한국의 독립영화 또는 독립 다큐멘터리는 민주화운동이나 노동운동과 같은 사회 변화를 위한 매개체로서 등장하여 영화운동 또는 영상운동이라고 일컬어졌다. '서울영화집단', '푸른영상'과 같은 소규모 영화 집단이 민주화 시위 현장이나 노동 투쟁 현장에서 정치적 문제나 사회적 갈등 상황을 제도권과는 다른 시각에서 8mm나 16mm 카메라로 기록하며 자신의 영역을 구축했던 것이다(라재기, 2012). 1990년에 '독립영화협의회'[18]가 수립된 이후에는 독립영화라는 용어가 일반화되면서 자본과 권력의 지배에서 자유로운 영화를 뜻하는 '독립영화', '독립 다큐멘터리'로 지칭되기 시작했다.

따라서 독립 다큐멘터리는 상업영화와 방송의 제도권 바깥에서 제작된 다큐멘터리를 의미하는 것으로, 초반에는 주로 학교와 사회운동단체를 통해 상영하는 '공동체 상영'이 주된 유통 통로였다. 독립 다큐멘터리가 극장이라는 상영 공간에서 유통되기 시작한 것은 1995년 변영주 감독의 〈낮은 목소리〉부터이다. 그러면 방송의 제도권 내에서 제작된 것이 아니라, 제도권 바깥에서 주로 억압받는 자들이나 소외받는 자들의 목소리를 담아낸 독립 다큐멘터리의 흐름을 살펴보도록 하자.

---

18 1990년에 창설된 대한민국 최초의 독립영화기구체로서, 독립영화인들을 위한 최적의 교육 양성 프로그램인 '독립영화워크숍'을 창립 이래 운영해오고 있다. 이를 통해 독립영화는 물론 상업영화에 이르기까지, 또한 영화 작업의 전 분야에 걸쳐 수많은 현역 영화인을 배출하며, 한국 영화계에 귀중한 밑거름 역할을 해오고 있다. 아울러 영화공동체(대표 윤중목)와 함께 '독립영화발표회' 및 '독립영화의 재발견'이라는 독립영화 상영 시사회를 주간 혹은 월간 행사로 진행해옴으로써 독립영화와 일반 대중과의 접점을 끊임없이 확장해오고 있다(위키피디아에서 인용).

1) 1980년대 한국 독립 다큐멘터리의 태동

한국 독립 다큐멘터리는 1980년대 초 충무로 상업영화권이나 방송제도 권 바깥에서 민주주의 투쟁이나 노동자들의 생존권 투쟁 등 사회의 부조리한 면을 기록해 고발하면서 시작되었다. 1980년대 한국 사회에서 방송제도 권이나 충무로 상업영화제도 내에서 당시 군부 정권의 폭압적인 정치 상황이나 노동자들의 이익을 대변하는 다큐멘터리가 등장하는 것은 불가능했다. 이에 소규모 영화 집단들이 결성되어 영상을 통해 사회의 부조리한 부분들을 고발하며 사회에 변혁을 가져오겠다는 목적하에 다큐멘터리를 만들면서, 한국의 독립 다큐멘터리는 사회운동과 매우 긴밀한 관계를 형성하며 성장하게 되었다(이승환, 2011).

한국 독립영화의 뿌리를 제공한 영화 집단은 바로 '서울영화집단'[19]이다. '서울영화집단'은 1982년 당시 서울대학교 영화패 '얄라셩' 출신 젊은이들이 주축이 되어 결성되었으며, 이들은 영화를 통해 사회 변혁을 이루고자 했다. 극단 연우무대의 〈판놀이 아리랑 고개〉 공연을 박광수, 김홍준, 황규덕, 문원립 등이 다큐멘터리 영화 형식인 〈판놀이 아리랑〉(1982)으로 제작한 것을 계기로 '서울영화집단'이 결성되어 1980년대 열악한 환경 속에서도 독립영화 활동을 했다(남태제·이진필, 2003).

1987년 6·29 민주화 선언 이후에 다큐멘터리는 양적으로, 그리고 질적으로 크게 성장했다. 1987년 6월 항쟁과, 7월부터 9월까지 행해진 전국적인

---

19   1986년 '서울영화집단'은 영화운동을 필름에만 국한하지 않고 비디오를 포함한 새로운 영상 매체로 확대한다는 의미에서 '서울영상집단'으로 개명했다. 그 후 1990년대에 다큐멘터리 집단으로의 전환을 선언하고 전문 다큐멘터리 제작 그룹으로 재탄생했다.

노동자 투쟁이라는 역사적 현장에서 그 사건을 기록한 많은 자료가 남겨졌고, 그 자료들을 가지고 다큐멘터리들이 양산된 것이다. 당시 투쟁 현장에서 사건들을 기록할 수 있었던 것은 비디오 매체의 등장 덕분이다. 촬영의 편리함과 기동성을 지닌 비디오 매체가 대중화되기 시작하면서 상업영화나 방송제도권 밖의 사람들이 카메라를 들고 민중운동, 노동운동의 중심에서 그 사건들을 기록할 수 있었던 것이다. 1987년 박종철 군 고문치사 사건을 다룬 〈우리는 결코 너를 빼앗길 수 없다〉(민족영화연구소), 6월 민주항쟁을 다룬 〈민중이 주인 되는 그날까지〉(대학영화연합제작/김재호, 1987), 6월 항쟁 당시 최루탄에 맞아 숨진 연세대생 이한열 군의 죽음을 계기로 확산된 민주화 투쟁에 대해 다룬 〈그대 부활하라, 민족의 꽃으로〉(민족영화연구소/이광린, 1987)가 대표적인 작품들이다(남인영, 2004).

이어 1988년 서울 올림픽 개최를 계기로 정부는 도시 미관을 해치는 서울 시내의 빈민 밀집 지역에 대한 철거에 들어갔다. 올림픽에 오는 외국 손님들에게 가난한 서울의 모습을 보이면 안 된다는 생각에서 달동네 재개발 사업이 진행된 것이다. 이 때문에 상계동 주민들을 비롯한 서울 200여 곳의 달동네 세입자들은 아무 대책도 없이 몇 십 년씩 살던 집에서 쫓겨나야 했다. 이주 대책 없이 이루어지는 강제 철거에 대해 주민들은 최소한의 삶의 공간을 보장하라고 외치며 강하게 반발하는데, 정부는 전투경찰과 깡패를 앞세워 무자비하게 그들을 구속하고 집을 철거해버렸다. 수많은 사람이 부상당하거나 죽었지만, 군부 정권하에서 언론은 이에 침묵했다. 언론이 침묵하는 동안 주거 문제로 고통을 겪는 도시 빈민들의 이야기에 주목하고 이를 다룬 것은 바로 독립 다큐멘터리였다. 김동원 감독의 〈상계동 올림픽〉(1988)이 그 예인데, 이 작품은 강제로 주거 공간을 빼앗긴 상계동 철거민들의 힘겨운 투쟁 과정을 그렸다. 김동원 감독은 철거민과 함께 3년을 생활하며 그들의 투쟁을 기록했다. 때로는 철거민에게 카메라를 건네주어 그들이 직접 자신들의 이야기를 담을 수 있도록 했다. 따라서 이 작품은 촬영 대상이 직접 촬영을 비롯한 영상제작 과정에 참여하는 새로운 다큐멘터리 제작 방식을 보여준 작품이라고 할 수 있다(서울영상집단, 1996).

한편 1989년 4월에는 '노동자뉴스제작단'이 만들어지는데, 1987년 7~9월 노동자 대투쟁 이후 노동운동이 폭발적으로 성장하면서 전국 각지에서 노동조합이 결성되고 이에 힘입어 등장한 것이다. 노동자들의 권리투쟁운동은 신문이나 방송과 같은 주류 언론에서 다루어지지 않는 경우가 많았고, 또한 다루어진다 하더라도 왜곡되는 경우가 많아 노동자들의 목소리를 제대로 반영하지 못했다. 이에 비디오를 가지고 노동자들의 시선에서 영상물을 전문적으로 만드는 '노동자뉴스제작단'이 조직된 것이다(남태제·이진필, 2003). 이들의 활동은 거대 언론이 뉴스를 독점하는 상황에서 시민의 알 권리를 크게 확대했다.

'노동자뉴스제작단'은 정기적으로 영상뉴스인 〈노동자 뉴스〉를 제작해 배포했다. 1989년 5월부터 시작된 〈노동자 뉴스〉는 전국의 노동조합과 노동단체를 통해 배포되었다. 약 80분 정도의 길이인 〈노동자 뉴스〉는 전국 각지의 파업과 집회 등의 소식을 전달하는 '속보', 하나의 사건을 좀 더 장시간 동안 추적한 '심층 보도', 노동자에게 편파적이고 적대적인 권력을 꼬집는 '풍자만화', 노동 현안 교육을 대담 형식으로 담은 '아는 게 힘이다', 운동가요를 뮤직비디오로 만든 '노동자의 노래' 등 다양한 코너로 구성되었다(남인영, 2004). 뉴스는 기획에서 배급까지 노동운동을 하는 집단들과 연계하여 작업했다. 〈노동자 뉴스〉에서는 전노협(전국노동조합협의회)의 건설 과정, 전노협 이후 전국적인 노동운동단체로 등장하게 된 민주노총(전국민주노동조합총연맹)의 창립 과정 등에 대해 보여주기도 했다.

1980년대의 영상운동 과정에서 만들어진 비디오 다큐멘터리들은 영화라
기보다는 사회운동의 내용을 선전하는 교육 선전용 영상물의 성격이 더 강
했다. 다큐멘터리 형식으로 현실을 기록하는 사람들은 노동운동이나 민주
화운동 등 한국의 모순된 사회 현실에 대해 폭로하며, 주류 저널리즘이 다
루지 않는 사회적 의제와 모순들을 지적해왔다(남태제·이진필, 2003). 즉, 그
들은 권력과 자본의 이해를 대변하는 주류 미디어에서 소외당해온 민중의
목소리를 알리기 위해 노력한 것이다. 주류 미디어에서 배제된 사회적 약자
의 목소리를 대변하는 사회운동의 성격은 현재 독립 다큐멘터리에서도 여
전히 이어가고 있다. 이러한 영상운동은 다큐멘터리 영화라는 장르를 추구
한 것은 아니었으나 이후 독립 다큐멘터리 탄생의 밑거름이 되었다.

2) 1990년대 독립 다큐멘터리

1990년대 들어 국제적으로는 사회주의 체제가 붕괴되면서 이데올로기에
대한 투쟁이 쇠퇴했고, 국내에서는 문민정부가 출범하면서 다양한 시민운
동이 부상하게 되었다. 이에 따라 다큐멘터리 영역에서도 내용이 다양화되
기 시작했다. 즉, 이전에는 주로 노동문제와 민주화 투쟁을 소재로 제작되
던 것들이 이 시기에는 산업재해, 환경, 여성, 통일, 교육, 빈민 등 다양한
주제를 담아 제작되기 시작한 것이다.

1990년대 다큐멘터리 제작의 산실 역할을 했던 집단은 '푸른영상'이었다.
'푸른영상'은 김동원 감독이 작품 〈상계동 올림픽〉으로 일본 야마가타 국제
다큐멘터리 영화제에 초청받아 다녀온 후 1991년에 만든 '다큐멘터리를 만
드는 사람들의 모임' 즉, 다큐멘터리 공동체이다. '푸른영상'은 "진보적 영상
운동에 공감하는 사람들이 모여 개인의 관점에서 다큐멘터리를 만든다는

취지"로 만들어졌다. 이들은 자기가 가진 카메라와 편집기를 가져와서 서로 도움을 주고받으며 통일, 노동, 빈민, 환경, 여성 등 다양한 사회문제를 다루는 작품들을 다수 제작했다(김이찬·김화범·이인숙, 2003: 65~67).

'푸른영상'에서 제작한 작품 중 발전 논리 속에 등한시되었던 환경문제를 다룬 작품으로 〈하느님 보시기 참 좋았다〉(푸른영상/김동원, 1991)가 있다. 이 작품은 천주교 정의평화위원회가 기획한 환경 영화로, 환경 파괴를 '더럽혀진 공기', '썩어가는 물', '죽어가는 땅'이라는 세 부분으로 나누어 보여주는데 환경 파괴가 일어나기 전의 아름다운 영상과 환경 파괴로 처참하게 죽어가는 생명체들의 극명한 대비를 통해 강렬한 충격을 준다.

'여성'을 소재로 접근한 작품으로는 아시아에서 벌어지고 있는 매매춘 관광의 실태를 취재한 〈아시아에서 여성으로 산다는 것〉(푸른영상/변영주, 1993)이 있다. 이 작품은 한국 제주도의 기생 관광을 소재로 하여, 태국과 일본 등 아시아의 국제 매매춘에 대해 국가 간의 연계와 자본의 흐름, 그리고 이를 가능하게 하는 성문화를 다룬다.

그리고 산업 발전 속에서 나타나는 산업 재해의 문제를 다룬 작품으로는 일본에서 폐기 처분한 기계를 도입한 원진레이온 섬유공장의 직업병을 다룬 〈원진별곡〉(푸른영상/김태일, 1993)이 있다. 이 작품은 원진레이온 노동자들이 겪고 있는 직업병의 실태와 직업병으로 인정받기 위한 긴 투쟁 과정을 2년 동안 기록했다.

'통일'을 다룬 작품으로는 문익환 목사의 1989년 방북을 다룬 〈하나가 되는 것은 더욱 커지는 일이다〉(푸른영상/김동원, 1995)가 있다. 문익환 목사는 북한을 방문한 후 '국가보안법'으로 감옥에 갇히게 되지만 문규현, 임수경 등이 잇달아 방북하는 것을 통해 통일에 대한 열기를 담아냈다.

우리 사회에서 소외된 사람들의 모습을 담아낸 작품으로, '비전향 장기

수'들에 대한 이야기를 담은 작품이 있다. 26년 복역 후 석방된 장기수 할아버지의 삶을 기록한 〈분단을 넘어선 사람들〉(푸른영상/김태일, 1995)과 낙성대에 살고 있는 여섯 명의 비전향 장기수 할아버지들을 다룬 〈풀은 풀끼리 늙어도 푸르다〉(푸른영상/김태일, 1996)가 있다. 그리고 '노숙자'를 다룬 작품으로 〈우리는 전사가 아니다〉(푸른영상/박기복, 1994)를 들 수 있는데, 이 작품은 파고다 공원 노숙자의 삶과 내면의 모습을 보여주고 있다.

한편, '서울영화집단'에서 1990년대에 전문 다큐멘터리 제작 집단으로 재탄생한 '서울영상집단'도 다양한 주제의 다큐멘터리를 제작했다. 〈삶의 자리, 투쟁의 자리〉(서울영상집단/홍형숙, 1990)는 고통받는 세입자와 주택정책 문제를 다루었다. 1990년 전셋값 폭등으로 많은 세입자가 고통을 받으며 심지어 자살에까지 이르는 사태가 발생했는데, 자살자들에 대한 위령제를 시작으로 한국 사회가 안고 있는 주택 정책의 문제를 조명한 것이다. 〈54일, 그 여름의 기록〉(서울영상집단/홍형숙·홍효숙, 1993)은 1993년 여름에 울산 현대정공 노동자들이 54일간에 걸쳐 행한 '직권조인 무효화' 투쟁을 기록한 다큐멘터리이다. 임금 단체협상을 앞두고 회사 측은 비공개로 노동조합 위원장 1인과 일방적인 협약(직권조인)을 체결했다. 울산 현대정공 노동자들은 노조위원장에 대한 배신감과 회사 측의 비열한 처사에 분노했고, 그들은 무더운 여름에 54일 동안 정당한 노동의 대가를 얻기 위해 파업 투쟁을 한 것이다. 또한, 〈두밀리 새로운 학교가 열린다〉(서울영상집단/홍형숙, 1995)는 교육부의 지방 소규모 분교의 폐교 정책에 맞서 두밀리 어린이들과 마을 주민이 학교를 지키기 위해 기울인 노력들을 보여준다(서울영상집단, 1996).

'노동자뉴스제작단'은 이전에 〈노동자 뉴스〉라는 비디오 뉴스를 정기적으로 제작하는 데 치중했는데, 이후 다큐멘터리도 제작하게 되었다. 전노협의 건설부터 민주노총으로 재탄생하기까지의 과정을 다룬 〈노동해방

그날에〉(1996), 병역 특례 노동자의 죽음과 그 후의 모습들을 담은 〈해고자〉(1996) 등이 그 예이다. 〈해고자〉는 해고 노동자인 조수원 씨의 죽음을 통해 3년여간 치열한 연대 투쟁을 전개해온 해고 노동자들의 발자취를 그려내고 있다. 그는 1991년에 대우정밀에서 해고된 병역 특례 노동자로, 1995년 12월 15일 새벽, '전국 구속 수배 해고 노동자 원상회복 촉구를 위한 투쟁위원회(이하 전해투)' 농성장인 여의도 민주당사에서 목을 매어 자살했다. 이 작품은 조수원 씨의 죽음과 생애, 그리고 주변의 많은 동지들의 이야기를 담아내며, 부당하게 해고되었던 노동자들의 원상회복을 허용하지 않는 문민정부 김영삼 정권과 대우정밀을 비롯한 자본가 집단을 고발하고 있다.

또한, '노동자뉴스제작단'은 〈총파업 투쟁속보〉를 두 차례에 걸쳐 제작했다. 1996년 12월 26일, '노동법'과 '안기부법' 등 11개 법안이 7분 만에 날치기 통과되면서 이에 대해 대규모적인 반정부 국민 항쟁이 전개되었다. 이들 법률의 개정안은 민주화와 노동자들의 권익을 크게 저해시키는 '악법'으로 인식되어 야당과 노동계에 큰 파문을 일으켰고 민주노총을 중심으로 전국민적인 총파업에 들어갔다. 이때 '노동자뉴스제작단'에서는 이 1997년 초 총파업의 열기를 〈총파업 투쟁속보〉로 기록했는데, 이는 단지 기록의 차원을 넘어 총파업의 내용을 전국의 노동자와 국민에게 직접 전달하는 역할을 했다. 이 다큐멘터리는 제27회 베를린 영화제에서 상영되어 우리 사회의 현실을 국제적으로 알리는 데 중요한 역할을 하기도 했다(편집부, 1999).

이와 같이 1990년대 이후에는 다양한 주제의 다큐멘터리가 제작되었는데, 이들을 제작하는 제작 주체의 성격 또한 변한 것을 알 수 있다. 1980년대에는 영상운동을 하는 사회활동가들이 공동 제작을 하는 형태였으나, 1990년대 이후에는 작가 의식에 기반하여 다큐멘터리 감독 자신의 개성을 드러내는 개인 제작의 형태로 변하게 된 것이다.

이 시기 주목할 만한 작품으로 제주도 4·3 항쟁을 되짚어보며 발굴, 취재, 기록한 〈레드 헌트〉(하늬영상/조성봉, 1996)가 있다. 이 학살 사건은 1948년 4월 3일 발생한 무장봉기에서 시작되어 6년 6개월 동안 계속되었고 사망자가 최소 3만 명, 최대 8만 명에 이른다. 특히 1948년 10월에서 1949년 3월 사이에 군경토벌대가 초토화작전을 펼치면서 대부분의 사람들이 빨갱이라는 이름 아래 학살되었다. 제주도라는 작은 섬에서 한국 현대사의 최대 비극적인 학살 사건이 일어난 것이다. 그러나 이후 이 사건은 공산주의자들에 의한 폭동으로 기록되고 그 학살은 정당화되어왔다. 〈레드 헌트〉는 한국 현대사의 처참한 학살 사건임에도 불구하고 해방 후 한 번도 제대로 언급된 적 없었던 제주도 4·3 항쟁을 정면으로 다루었다. 이 작품은 그 악몽의 세월을 겪은 노인들의 한 맺힌 증언을 기초로 하여 미군정 보고서, 당시 신문 보도, 인터뷰, 자료 화면 등 방대한 내용을 설득력 있게 정리하여 제주에서 발생한 참혹한 학살의 실체를 드러내고 있다.

1997년에는 1987년 6월 항쟁의 10주년을 기념하여 국민적인 관심 속에 10년 전 민주화운동을 새롭게 고찰하는 작품인 〈명성, 그 6일의 기록〉(푸른영상/김동원, 1997)이 제작되었다. 1987년 6월 10일 밤, 경찰에 쫓겨 명동성당에 우연히 모인 사람들은 농성 투쟁을 하게 되는데, 6일간 이어진 명동성당에서의 농성 투쟁은 6월 항쟁의 기폭제가 되었다. 이 작품은 그 당시 6일간의 명동성당의 농성 투쟁을 기록한 다큐멘터리로, 농성대를 둘러싼 당시 정치적 상황에 대해 풍부한 자료 화면과 증언을 배경으로 제시하며 6월 항쟁의 가능성과 한계를 비판적으로 재해석한다.

그리고 이 시기에 다큐멘터리가 대중적인 극장에서 상영되기 시작하는데, 그 첫 작품이 위안부 할머니들이 살아가는 이야기를 기록한 〈낮은 목소리〉(변영주, 1995, 1997, 1999)이다. 이는 제2차 세계대전 당시 일본군에 의해 위안부로 끌려갔던 할머니들에 대한 영화다. 이 영화는 1995년에서 1999년까지 총 세 편으로 구성되어 있으며, 마지막 '숨결'에 이르러서는 할머니들과 함께 7년이라는 긴 인연을 나눈 변영주 감독과 할머니들 사이의 깊은 교감을 느낄 수 있다. 변영주 감독은 나눔의 집에 살고 있는 할머니들을 찾아간다. 이들은 제2차 세계대전 당시 일본군에 의해 위안부로 끌려갔던 할머니들로, 나눔의 집에서 서로 의지하며 살고 있다. 매주 수요일 일본 대사관 앞에서 일본의 사과와 배상을 요구하며 벌이는 집회, 그리고 종군 위안부로서 겪은 참상에 대한 고발은 할머니들의 일상이 되어간다. 이 작품은 역사의 증언자로서 할머니들의 이야기를 꼼꼼하게 기록하기 위해 할머니들의 수요 집회라는 외부 활동과 나눔의 집에서의 일상을 촘촘히 담아내고 있다.

또 주목할 만한 작품은, 20여 년의 역사를 가진 한국 독립영화의 역사를 기록하고 독립영화 진영의 현실적 모습을 성찰한 〈변방에서 중심으로: 독립영화에 대한 특별한 시선〉(서울영상집단/홍형숙, 1997)으로, 이 작품은 '서울영상집단'에 의해 제작되어 제2회 부산 국제 영화제에서 상영되기도 했다.

이상에서 살펴본 바와 같이, 독립 다큐멘터리는 등장할 때부터 '민주화 투쟁', '노동권 투쟁'과 같은 갈등의 현장을 기록하여 제도권 방송이나 상업 영화가 담아내지 못하는 현실을 전달해주었다. 하지만 격동의 시기가 지나고 1990년대에 이르러서는 다큐멘터리에서 '민주화 투쟁'이나 '노동권 투쟁'과 같은 거대 담론이 차츰 사라지고 일상생활과 관련된 다양한 이슈가 제작되기 시작했다. 1980년대 독립 다큐멘터리가 '기록', '증거'로서 제작되었다면, 1990년대에 이르러서는 이전과 달리 새로운 리얼리티를 구축하게 된 것이다.

2000년대 이후 한국 다큐멘터리의 새로운 변화

1. 디지털 테크놀로지의 발달과 새로운 다큐멘터리의 등장

2000년대에 접어들면서 디지털 기술이 비약적으로 발전하게 되는데, 이는 TV 다큐멘터리에도 큰 변화를 가져왔다. 먼저, 디지털 기술의 발달로, 촬영 카메라는 점점 더 작아지고 가벼워지면서도 우수한 성능을 보유했다. 초소형 정밀 카메라는 인체 내부를 촬영할 수 있도록 해주었으며, 초고속 카메라는 눈으로 포착할 수 없는 움직임을 영상으로 담아낼 수 있게 해주었다. 이와 같은 최첨단 촬영 장비와 의학 장비에 의해 그동안 영상으로 표현할 수 없었던 인체 내부의 기능과 작용을 다룰 수 있게 됨으로써 과학과 의학 다큐멘터리의 소재 영역이 대폭 확장되었다. 그뿐 아니라 인간 인식의 영역을 영상으로 표현할 수 있는 디지털 촬영 장비와 특수 영상기술의 등장은 그간 영상화할 수 없어서 주제 또는 소재로 채택할 수 없었던 인간 심리 영역까지 과학적으로 다룰 수 있게 해주어 '심리 다큐멘터리'라는 새로운 장르의 탄생을 가능하게 했다(최현주, 2013).

또한 디지털 특수 영상기술은 이전의 광학적인 기술로는 표현할 수 없었던 상상적인 내용을 시각적으로 표현할 수 있게 해 주었다. 역사 다큐멘터리의 경우, 3D의 공감각적인 특수영상으로 만들어진 역사적 유물의 복원 영상과 가상 세트는 다큐멘터리에 화려한 볼거리를 제공해주었다. 또한 현실 세계에 존재하지 않는 가상 생물체의 형상을 컴퓨터 그래픽 기술로 표현하고, 가상 캐릭터 기술로 이를 생동감 있게 움직이게 함으로써 공룡의 진화와 같은 상상의 영역을 실제적인 영상 영역에서 표현할 수 있게 되었다. 이러한 기술의 발달로 〈한반도의 공룡〉, 〈공룡의 땅〉, 〈한반도의 매머드〉와 같은 '자연사 다큐멘터리'도 등장하게 되었다. 이렇듯 테크놀로지의 발달은 다큐멘터리가 다룰 수 있는 이야기의 범주와 표현 영역을 크게 확장시킴으로써 다큐멘터리의 영역을 넓혀나가고 있다(최현주, 2013).

1) 자연사 다큐멘터리

최근에는 최첨단 컴퓨터 그래픽 기술을 이용하여 인류가 나타나기 이전 자연의 역사를 드라마틱하게 재구성하는 다큐멘터리가 등장했는데, 이를 자연사 다큐멘터리라고 한다(이종수, 2010). 인류 역사 이전에 존재했던 자연의 역사는 실사를 통해 사실을 재현하는 것이 거의 불가능한데, 디지털 기술을 이용한 특수 영상기술의 발전 덕분에 상상적인 내용을 현실 세계에서 사실적으로 묘사할 수 있게 되었다. 컴퓨터 그래픽 기술로 현실 세계에 존재하지 않는 가상 생물체의 형상을 표현할 수 있게 되었으며, 모션 캡처 기술과 이모션 캡처 기술로 이들을 생동감 있게 표현하게 할 수 있게 된 것이다.

모션 캡처motion capture는 실제 배우의 몸에 센서를 부착하여 여러 대의 카메라로 움직임을 촬영한 다음, 가상의 캐릭터를 CG로 합성하여 캐릭터의 움직임을 표현하는 기술이다. 실제 배우의 움직임을 그대로 옮긴 것이기 때문에 캐릭터의 움직임을 자연스럽게 표현할 수 있다. 이모션 캡처emotion capture는 가상 캐릭터의 얼굴 표정과 감정을 상세하게 표현하기 위해 사용하는 기술인데, 배우의 얼굴에 센서를 달아 미세한 근육의 움직임까지 캡처해 가상 캐릭터의 표정과 감정을 표현하는 것이다. 이와 같은 다양한 디지털 표현 기법이 실사 촬영으로는 도저히 표현 불가능한 영역을 표현할 수 있게 해준 것이다(신현준, 2006).

이러한 자연사 다큐멘터리의 대표적인 프로그램들을 최현주(2013)의 연구를 토대로 살펴보면 다음과 같다. 먼저, EBS 다큐프라임 3부작 〈한반도의 공룡〉(2008)을 들 수 있다. 8000만 년 전 한반도에 생존했던 공룡들의 삶을 다룬 이 작품은 타르보사우르스Tarbosaurs인 '점박이'를 주인공으로 하여 백악기 한반도에 실존했을 공룡의 삶을 다룬 것으로, 주인공 공룡 점박이가 태어나 자라면서 여러 가지 위험을 겪다가 숲의 제왕이 되는 과정을 첨단 컴퓨터 그래픽 기술로 표현했다. 즉, 공룡들의 생김새와 생태적 특성에 대해 철저한 고증과 연구 과정을 거쳐 표현한 이 작품은 이야기의 구성에서 영화적인 상상력을 동원한 것이다. 전통적인 다큐멘터리가 설명적 양식에 크게 의존한 반면, 이 작품은 과학적 사실을 다큐드라마 형식의 이야기로 자연스럽게 그려냈다.

EBS 다큐프라임 3부작 〈한반도의 매머드〉(2010) 또한 위와 같은 자연사 다큐멘터리이다. 45억 년 지구 역사에서 가장 춥고 혹독했던 빙하기에 많은 동물이 멸종되어 사라졌지만 뛰어난 적응력으로 크게 번성했던 동물이 바로 매머드였다. 이 프로그램은 한반도에서 태어난 어린 매머드 '맘무'를 주인공으로 그의 탄생과 성장 과정, 그리고 멸종까지 빙하기 매머드의 삶을 다루고 있다. 제작진은 매머드, 털코뿔소, 동굴사자, 검치호랑이 등 빙하기 동물들을 컴퓨터 그래픽 작업으로 완벽하게 재현했는데, 이들의 생생한 재현을 위해 12억 원의 제작비 대부분을 사용했다고 한다. 그리고 매머드가 움직이는 영상을 생동감 있으면서도 자연스럽게 제작하기 위해 실사 영상과 컴퓨터 그래픽을 합성하는 방식을 사용했다. 매머드가 움직이는 장면을 촬영하기 위해, 그의 행동 반경을 고려하여 배경을 실사로 미리 촬영해두고, 이후에 매머드의 움직임을 블루스크린으로 촬영해 합성하는 방식으로 제작한 것이다.

자연사 다큐멘터리 가운데 스토리텔링 측면에서 새로운 시도를 한 프로그램이 있는데, 바로 MBC의 다큐멘터리 〈공룡의 땅〉(2009)이다. 〈공룡의 땅〉은 국제공룡탐사대가 아시아 최초로 40일간 고비사막을 탐사하는 내용을 다룬 다큐멘터리이다. 1억 년 전 한반도에 공룡이 살았다고 하지만 어떤 공룡이 살았는지 그 실체를 알 수는 없었다. 남해안 일대에서 공룡의 발자국이 4000족 이상 발견되었고, 경기도 시화호에서는 공룡 알둥지가 발견되었을 뿐이다. 1억 년 전 한반도에 살았던 공룡에 대한 궁금증을 해결할 수 있는 곳이 바로 몽골의 고비사막이다. 고비사막은 한국과 가장 유사한 환경을 지닌 곳이자 아직 문명화되지 않은 곳이라, 이곳에서 한반도 공룡에 대한 실마리를 찾을 수 있을 것이라고 기대하기 때문이다.

〈공룡의 땅〉은 이야기 구성에서 새로운 시도를 했다. 1억 년 전 한반도에 살았던 공룡을 탐사하는 탐사대의 활동(현재)을 펼쳐나가면서, 탐사대가 발견한 공룡 화석을 토대로 공룡의 모습(과거)을 컴퓨터 그래픽으로 재현하여 이야기 전개 중간중간에 삽입했다. 즉, 현재의 탐사 여정과 과거 공룡의 삶을 교차로 제시하며 이야기를 전개해나갔는데, 때로는 현재 시점에서 탐사대가 탐사하는 모습(실사)과 과거 공룡의 모습(CG)을 한 화면에 담아내기도 했다. 고비사막의 모래 폭풍 속에서 사투를 벌이는 탐사대의 모습과 최첨단 그래픽 기술을 통해 과학적이고 완벽하게 복원된 공룡 이야기가 환상적으로 결합되었다. 이러한 이야기 구조는 다소 무미건조할 수 있는 탐사대의 로드무비식 이야기 전개에 공룡 이야기를 사실감 있게, 그리고 역동감 있게 덧입혀 흥미로움을 불러일으켰다. 이야기를 전달하는 방식에서도 독특한 방식을 사용했다. 전지적 시점의 보이스오버 내레이션으로 전체적인 이야기를 이끌고 가면서도, 과거 공룡의 모습을 재현한 영상에서는 주인공인 공룡 타르보사우르스(내레이터: 유해진)의 1인칭 관점에서 내레이션을 하며 설명을 덧붙인 것이다.

이와 같이 현실 세계에 존재하지 않는 가상 생물체의 형상을 마치 살아있는 것처럼 생동감 있게 표현하는 컴퓨터 그래픽 기술과 가상 캐릭터virtual character 기술의 발전으로, 공룡의 진화와 같은 상상의 영역을 실제적인 영상 영역으로 바꿔놓은 자연사 다큐멘터리가 등장한 것이다.

2) 심리 다큐멘터리

2000년대 이후 등장한 새로운 장르의 다큐멘터리 중 하나가 인간의 심리를 과학적·이성적으로 분석하는 심리 다큐멘터리이다. 심리 다큐멘터리의 스토리텔링 방식을 분석한 최현주(2013, 2014)의 일련의 연구[1]를 토대로 심리 다큐멘터리에 대해 살펴보도록 하겠다. 인간 심리 다큐멘터리는 인간 외

---

1   심리 다큐멘터리의 대표적인 프로그램들에 대한 논의는 저자의 2013년 논문과 2014년 논문에서 필요한 부분들만 그대로 가져옴을 밝힙니다.

부 환경에만 관심을 두었던 다큐멘터리의 시선을 인간 내부로 돌려 인간의 행동 너머에 보이지 않는 인간 심리를 탐구하는 다큐멘터리이다. 다큐멘터리의 역사를 돌이켜보면, 다큐멘터리는 주로 인간의 외부 환경에만 관심을 두었던 것이 사실이다. 그것이 감독 자신을 둘러싸고 있는 현실적인 문제이든, 아니면 이국적인 풍물이든 간에 카메라의 시선은 항시 인간의 외부를 향해왔던 것이다. 하지만 테크놀로지의 발달로 카메라는 인간 내부를 향해 그 시선을 돌리게 되었다.

한국 텔레비전 다큐멘터리에서 인간의 행동 밑바탕에 깔려 있는 심리를 과학적으로 접근한 것은 EBS의 〈아이의 사생활〉(2008)과 〈인간의 두 얼굴〉(2008) 등에서 비롯되었다. 이러한 인간 심리 다큐멘터리가 등장할 수 있었던 것은 소형 관찰 카메라와 컴퓨터 그래픽 기술의 발전으로 인간의 눈으로 볼 수 없는 것들을 표현해낼 수 있게 되면서부터이다. 인간의 행동을 유발하는 특정한 상황을 마련해놓고, 그러한 상황에서 인간이 왜 그렇게 행동하는가를 심리학적·과학적으로 설명하기 위해서는 카메라 촬영의 한계를 넘어 인간의 내면을 시각화하는 기술이 뒷받침되어야 했기 때문이다. 이러한 인간 행동 또는 심리 관련 다큐멘터리는 다양하고 흥미로운 심리 실험들로 인해 보는 재미도 적지 않을 뿐만 아니라, 인간의 본성에 대한 과학적 발견의 시간도 갖게 해줌으로써 큰 반향을 불러일으켰다.[2]

EBS 다큐프라임 인간탐구 대기획 5부작 〈아이의 사생활〉(2008)은 아동기 아이들의 심리를 다양한 심리 실험을 통해 밝혔다. 2008년 〈아이의 사생

---

[2] 인간의 심리를 여러 가지 실험을 통해 처음으로 설명해준 〈아이의 사생활〉과 〈인간의 두 얼굴〉 등은 폭발적인 인기를 얻으며 학부모들로부터 앙코르 요청을 받기도 했으며, 다큐멘터리의 내용이 책으로 출간되기도 했다.

활〉시즌 1은 5부작으로, 제1부 〈남과 여: 남성적인 뇌, 여성적인 뇌〉, 제2부 〈도덕성: 성공의 척도, 도덕성〉, 제3부 〈자아 존중감: 행복을 이끄는 보이지 않는 힘〉, 제4부 〈다중지능: 똑똑한 것에도 종류가 있다〉, 제5부 〈나는 누구인가: 나를 나답게 하는 무엇을 찾아서〉 등으로 구성되어 있다. 2009년에는 〈아이의 사생활〉 시즌 2가 방송되었는데, 제1부 〈형제자매와 또래〉, 제2부 〈사춘기와 성〉, 제3부 〈인터넷 사용〉 등 총 3부작으로 구성되어 있다. 시즌 1이 아이의 내면과 심리에 초점을 맞추었다면, 시즌 2는 형제자매와 친구, 성, 인터넷 등 아이에게 영향을 미치는 외부 요인을 다뤘다. 〈아이의 사생활〉의 구성 내용 중 한 부분을 보자면, 시즌 1의 제1부 〈남과 여: 남성적인 뇌, 여성적인 뇌〉는 남녀 아이의 행동 및 인식의 차이를 심리학적·생물학적 측면에서 접근한 프로그램으로, 남녀는 생물학적으로 다르다는 것을 다양한 실험과 전문가의 과학적인 설명으로 보여주고, 성별에 따라 다르게 교육하는 것이 필요하다고 주장한다.

2008년 8월 방송된 EBS 〈인간의 두 얼굴〉에서는 특정한 상황에서 사람들은 왜 그렇게 행동했는가를 다양한 심리 실험과 실제 사건을 엮어 밝혔다. 시즌 1은 〈상황의 힘〉, 〈사소한 것의 기적〉, 〈평범한 영웅〉 등 세 편으로 구성되었는데, 상황에 따라 달라지는 인간의 심리(상황에 대한 인간의 두 얼굴)를 그려냈다. 〈인간의 두 얼굴〉 시즌 1이 외부 상황에 따라 변화하는 인간 행동의 모습을 보여주었다면, 2009년 4월 방송된 시즌 2에서는 '착각'이란 키워드를 통해 인간 행동의 원인을 인간 내면(착각에 대한 인간의 두 얼굴)에서 찾아 보여주었다. 시즌 2는 〈착각의 진실〉, 〈아름다운 세상〉, 〈긍정적 착각〉으로 구성되어 있다. 이들 작품에서는 인간은 상황의 영향을 받기 쉽다는 것을 여러 가지 흥미로운 실험과 실제 사건을 통해 보여준 뒤, 인간의 또 다른 모습인 상황을 변화시키는 인간의 모습을 보여준다. 즉, 인간은 상황에 지배당하지만, 이러한 상황을 변화시키는 것 또한 인간이라는 것을 실험과 실제 사건들을 통해 보여준 것이다.

EBS 다큐프라임 3부작 〈남과 여〉(2011)는 남자와 여자가 왜 서로 다르게 인지하고 다르게 행동하는지 비교 심리실험을 통해 접근했다. 심리학과 과학 분야의 최신 연구 결과를 바탕으로 남자와 여자의 행동 패턴을 집중 분석함으로써 눈에 보이는 행동을 토대로 보이지 않는 인간의 심리를 집중적으로 파헤친 것이다. 제1부 〈끌림, 무의식의 유혹〉 편에서는 자신도 모르는 사이에 작동하는 끌림의 작용과 남녀가 서로에게 매력을 느끼는 요소의 차이에 대해 다양한 심리 실험을 통해 알아보았다. 제2부 〈사랑의 동상이몽〉 편에서는 남녀 간의 서로 다른 신체구조와 감정반응체계 차이로 인한 오해와 착각의 현상들을 학문적으로 분석했다. 제3부 〈결혼 안 하는 남자, 결혼 못 하는 여자〉 편에서는 유례없는 경제 불황과 취업 한파 속에서 '결혼 파업'을 선언한 88만 원 세대와 골드 미스, 동거 커플, 자기 계발을 위해 연애와 결혼을 미루는 미혼 남녀의 취재를 통해 동시대를 살아가는 대한민국 남녀의 연애관과 결혼관을 제시했다.

이들 심리 다큐멘터리는 전문가를 화면에 등장시켜 정보를 전달하는 경우가 많은데, 전문 지식인이라는 사회적 지위에서 나오는 권위를 통해 정보에 권위와 신뢰성을 부여한다. 즉, 전통적인 다큐멘터리에서 전달하는 정보의 권위와 신뢰가 화면에는 보이지 않은 채 모든 것을 다 아는 듯이 말하는 '신의 목소리' 스타일에서 나왔다면(Nichols, 1991; 니콜스, 2005), 이들 다큐멘터리에서는 실험과 실제 사건에 대한 전문가의 해석에서 정보의 권위와 신뢰성이 나온다. 다큐멘터리의 관습적인 장치로서 보이스오버 내레이션에 부여되었던 권위가 화면에 등장하는 전문가로 이동됨으로써 전달하는 정보의 신뢰성을 학계의 권위에 의존하고 있는 것이다.

또한 이들 심리 다큐멘터리는 대부분 실험의 전 과정을 카메라 앞에서 펼쳐 보여주는데, 이는 학계에서 지식을 구축하는 과정을 펼쳐 보여준다고 볼 수 있다. 실험 결과로 얻게 된 지식만을 일방적으로 전달하는 전통적인 다큐멘터리 형식에서 벗어나, 감독이 하나의 상황을 계획하고, 그 계획을 수행해가는 '과정'을 담아내는 양식인 수행적 양식을 따르고 있는 것이다. 위에서 살펴본 심리 다큐멘터리에서도 이러한 수행적 양식을 사용해, 심리 실험 상황을 기획하고, 그 실험 과정을 관찰하여 보여줌으로써 가시화할 수 없는 인간의 심리를 드러내고 있는 것이다.

3) 새로운 구성 형식의 다큐멘터리

2000년대 이후 다큐멘터리의 구성 형식에서 전통적인 다큐멘터리의 틀을 벗어나 새로운 시도를 한 다양한 다큐멘터리가 등장하는데, 이들을 '실험적 다큐멘터리'라고 명명할 수 있다. 다큐멘터리와 뮤지컬, 다큐멘터리와 무용 등을 섞어 다양한 장르와 혼합된 다큐멘터리가 등장하기도 하고, 하나의 프로젝트를 부여하고 이를 수행해나가는 프로젝트 다큐멘터리가 등장하기도 했으며, 내레이션이나 자막 없이 인터뷰로만 구성된 다큐멘터리가 나타나기도 했다. 여기서는 최근에 다큐멘터리 영역에서 새롭고도 다양하게 시도되는 다큐멘터리 대해 살펴보도록 하겠다.

(1) 뮤지컬 다큐멘터리

먼저, 다큐멘터리에 가요, 민요, 랩, 무용, 춤 등의 요소를 가미한 다양한 뮤지컬 다큐멘터리에 대해 살펴보자. KBS 스페셜 〈세상의 모든 라면박스〉(2006)는 서울에서 종이박스를 주우며 살아가는 다섯 할머니의 사연을 담은 프로그램으로, 민요가 어우러진 뮤지컬 형식의 다큐멘터리이다. 이야기는 종이박스를 주워 살아가는 다섯 할머니들 각각의 사연이 나열된 옴니버스식으로 구성되어 있다. 특이한 점은 각 할머니의 사연이 제시될 때마다 소리꾼 김용우가 등장하여 할머니의 사연을 은유하여 만든 노래를 부르는 것으로 마무리된다는 점인데, 이 장면은 실사 장면에 판타지 느낌을 주는 컴퓨터 그래픽을 합성하여 표현했다. 또한 프로그램의 오프닝과 엔딩도 소리꾼 김용우의 민요가 함께 어우러짐으로써 뮤지컬 형식이 가미된 다큐멘터리라고 할 수 있다. 전달 방식은 전지적 작가 시점의 내레이션과 소리꾼 김용우의 뮤지컬 형식의 내레이션이 혼합된 설명적 방식이다.

2010년 KBS가 추석 특집으로 제작한 〈서울의 달밤〉(2010) 또한 뮤지컬 다큐멘터리이다. 이 작품은 뮤지컬 〈빨래〉의 레퍼토리를 통해 지방 출신 청춘들이 겪는 서울살이의 애환을 그렸다. 뮤지컬 〈빨래〉는 2005년 극단 명랑시어터 수박에서 초연된 작품으로, 강원도에서 상경한 서점 직원 서나영과 몽골 출신 이주노동자 솔롱고의 힘겨우면서도 희망찬 서울살이를 서울 달동네를 배경으로 그리며 한국뮤지컬 대상에서 작사/극본상 등을 받았다. 이 뮤지컬을 토대로, 고향에서는 생각하지도 못한 반지하, 옥탑방, 고시원을 전전하며 살아가는 젊은이들과 그들의 이삿짐을 오랜 세월 나른 이삿짐센터 사장이 바라보는 청춘들의 주거 실태가 펼쳐진다.

이 작품은 전통적인 휴먼 다큐멘터리 형식과 뮤지컬 형식을 번갈아 보여주며 새로운 형식을 선보였다. 다큐멘터리 영상의 무미건조함을 보충하는 수단으로 사용되던 음악이 이 작품에서는 작품 전반을 이끌어가는 중심축으로 사용되었다. 인터뷰의 반복으로 시청자들이 지루함을 느낄 때쯤 뮤지컬 장면이 삽입되어 시청자들의 흥미를 끈다. 이때 각 뮤지컬의 가사와 장면들은 앞에 제시된 인터뷰 내용과도 연관되어 있다. 하나의 뮤지컬 장면

안에서도 무대 세트에서 촬영한 장면과 배우들이 무대와 비슷한 배경의 실제 장소에서 연기한 야외 촬영 장면, 그리고 실제로 소극장에서 공연을 하는 모습과 관객들이 공연을 보는 모습을 담은 장면들을 자연스럽게 편집하여, 시청자들에게 흥미와 공감을 이끌어냈다.

2012년 경남MBC가 제작한 〈사투리의 눈물〉은 내레이션을 랩으로 표현한 작품이다. 현대 사회에서 사투리는 교양 없고 촌스러운 언어로 취급받고 있는데, 이 작품은 없어져서는 안 될 소중한 우리의 지역 말인 사투리가 촌스럽다는 이유로 점점 사라지고 있음을 보여준다. 사람들에게 사투리가 어떻게 인식되고 있는지를 보여주고, 사투리를 보전하기 위해 우리가 어떻게 해야 할 것인가에 대한 내레이션을 랩으로 재미있게 표현했다.

이 작품은 영상 전체에 랩과 음악이 사용되었다. 마치 하나의 뮤직비디오를 보는 것처럼 랩의 박자와 음악의 리듬에 맞추어 샷의 변환이 이루어진다. 이는 다큐멘터리 영상에 전체적인 리듬감을 만들어내면서 다큐멘터리를 좀 더 흥미롭게 만든다. 랩으로 하는 내레이션을 '내랩션(내레이션+랩)'이라고 하는데, 뮤직비디오처럼 영상 중간중간에 사투리로 구성된 내랩션을 녹음하는 내레이터의 모습이 보인다.

사투리의 우수성을 보여주기 위해, 사투리와 서울말의 차이를 보여주는 여러 가지 실험을 직접 하기도 한다. '2의 2승', '2의 E승', 'E의 2승', 'E의 E승'을 발음할 때 이들의 차이를 서울말은 나타낼 수 없지만, 사투리는 표현할 수 있음을 흥미로운 방식으로 보여준다.

또한 사투리에는 다양한 어휘가 있다는 것을 보여준다. '많다'라는 표현이 표준어에 비해 사투리에는 얼마나 다양하게 많은지 내레이션 랩을 통해 보여준다. 표준어의 경우에는 '매우', '아주', '몹시', '너무'가 전부이지만 경상도 사투리에는 '억수로', '한거석', '허들시리', '천지삐까리', '몽창시리', '쌨다', '쌔삐렀다', '한빨띠', '대끼리', '댓바이'란 표현들이 있는 것이다. 또한 전문가의 인터뷰를 통해 방언 속에는 지역의 역사와 정서가 녹아 있음을 알려준다. 예를 들면, '말하다'라는 말의 사투리 표현 '씨부리다'는 15세기에 '히부리다'란 말의 변형된 형태라는 것이다.

그리고 현재 사투리의 위기에 대해 보여준다. 한 연구 결과에 의하면, 60대는 여전히 방언을 많이 사용하고 이해하지만 20~30대는 거의 방언을 이해하지 못해 소통이 안 될 정도가 되어간다고 한다. '세련되어 보인다'는 서울말과 달리 사투리는 '촌스럽다', '무식하다'라는 인식을 받는다. 방송, 영화에서도 사투리를 쓰는 캐릭터는 보통 우스운 역할, 무식한 역할, 저급한 사람으로 표현될 때가 많아서 방송으로 인해 사람들이 세뇌되었음을 알려준다.

이 다큐멘터리는 한국의 표준어 위주 정책이 세계 어디에서도 볼 수 없는 폐쇄적인 정책이라고 비판한다. 또한 우리 선조들이 오랫동안 사용해온 생활과 문화 감정이 담겨 있는 방언을 표준어에서 제외하려는 것이 잘못되었다고 비판한다. 이 작품은 사투리를 사용하는 지방민들에게 심리적·정서적 압박을 가하지 않았는지 성찰해보게 하며, 사투리가 편안하게 사용될 수 있는 사회적 환경을 만들어주어 다양한 방언이 소통 언어로 활용되기를 제안하고 있다.

이러한 다큐멘터리들보다 한층 더 실험적인 다큐멘터리가 있다. 랩과 판소리, 무용으로 영화의 의미를 함축적으로 담아낸 이정황 감독의 〈유신의 추억: 다카키 마사오의 전성시대〉(2012)가 그것이다. 이 영화는 랩, 판소리, 가요 등 다양한 장르의 음악을 통해 사회를 비판하고 역사를 인지시키는 특징이 있다. 각 장르의 음악은 표현하고자 하는 의미가 다른데, 반항적인 이미지가 있는 랩 음악은 현대인의 정치적·사회적·역사적 무관심을 비판하기 위한 용도로 사용했다. 또한 랩 장르의 빠른 비트는 현대 사회의 빠른 모습을 보여주는 데 사용했으며, 역사적인 아픔을 표현하는 부분에서는 내레이션 대신에 우리 역사의 한을 표현하는 판소리를 사용하고 있다. 영화의 마지막 부분에는 가요 「아침이슬」을 사용했는데, 이는 당시 억압받는 민중들의 모습을 가사로 표현하여 많은 호응을 얻은 노래이다. 제5공화국까지 금지곡으로 지정되었던 이 음악을 영화의 엔딩 부분에 삽입함으로써 음악으로 그 시절을 상기시키고 있다. 그리고 이 영화는 다양한 장르의 음악뿐만 아니라 현대 무용도 영화에 이용한다. 영화의 엔딩은 현대 무용을 이용해 마무리하는데, 무용을 통해 당시 수감생활 중 가혹한 고문에 맞서던 이들의 희생을 표현한 것이다. 자유를 갈망하는 무용의 몸짓 하나하나는 희생당한 이들의 넋을 기린다는 의미를 담고 있다.

(2) 프로젝트 다큐멘터리

두 번째로 프로젝트 다큐멘터리의 등장이다. 제작진이 상황을 설정 및 구상해 프로젝트를 부여하고 출연진이 이 프로젝트를 수행하는 과정과 이로 인해 도출되는 결과를 관찰하는 프로그램으로, 수행적 다큐멘터리 양식의 변형이라고 볼 수 있다.

먼저 SBS 〈최후의 권력: 7인의 빅맨〉(2013)을 예로 들 수 있다. 이 다큐멘터리는 '권력은 무엇인가'라는 물음을 통해 진정한 권력이 무엇인지 알아보고자 한다. 제작진은 정치인 일곱 명 – 이념, 정치 성향, 세대, 소속 정당, 걸어온 길이 모두 다른 정치인들 – 을 한자리에 모아, 코카서스 산맥으로 7박 8일간의 여정을 떠나게 했다. 그들에게 주어진 과제는 정해진 시간 안에 목적지를 정확하게 찾아가는 것으로, 이를 위해서는 무엇보다 리더의 역할이 중요하다. 그들은 매일 '빅맨'이라는 리더를 뽑아 여행하게 되는데, 정해진 목적지까지 도착하지 못한다면 저녁은 굶어야 하고 리더의 권위는 떨어진다. 리더의 역할에 따라 이들의 여행 과정이 달라지는 모습을 통해 우리 시대의 진정한 권력이 무엇이며 추구해야 할 리더십의 방향은 어떤 것이어야 하는지에 대해 생각해보게 하는 것이다. 즉, 이 프로그램은 출연진에게 미션을 주고 그 수행 과정을 관찰하며 권력의 의미를 고찰한 것이다.

EBS 다큐프라임 〈가족쇼크〉(2014)는 9부작[3]으로 이루어진 기획물인데, 그중 제4부 〈식구의 탄생〉(2014.11.24)도 프로젝트 다큐멘터리의 전형이라고 할 수 있다. 한국의 1인 가구 비율은 크게 증가하고 있는 추세이다. 2014년 기준 네 가구 중 한 가구가 1인 가구인 상황이다. 이에 가족은 '혈연'뿐만 아니라 '관계'에 의해서도 형성된다는 것을 보여주기 위해 여덟 명의 1인 가구가 함께 식사를 하는 프로젝트를 진행했다. 따뜻한 밥 한 끼로 식구가 될 수 있는지를 보는 것이다. 이들에게 각기 장 보기, 텃밭 가꾸기, 담소 나누기 등과 같은 역할을 부여하고, 8주 동안 일주일에 하루 함께 모여 식사를 하며 이야기를 나누도록 했다. 그리고 이들의 모습을 관찰하여 시간의 흐름에 따라 영상으로 담았다. 8주가 지난 후 이들은 서로 긴밀한 관계를 형성하게 되는데, 이를 통해 가족이란 '혈연'이 아닌 '관계' 속에서도 탄생된다는 것을 보여준다.

또 하나의 프로젝트 다큐멘터리이자, 예능과 다큐멘터리의 경계선에서 많은 논란[4]을 일으켰던 프로그램이 바로 SBS 〈100일간의 기적 프로젝트 송

---

3 제1부 〈나는 부모입니다〉, 제2부 〈당신의 가족은 안녕하십니까?〉, 제3부 〈마석, 집으로 가는 길〉, 제4부 〈식구의 탄생〉, 제5부 〈행복한 훈육, 프랑스 육아의 비밀〉, 제6부 〈부모로 살아간다는 것〉, 제7부 〈마지막 식사〉, 제8부 〈청춘, 고독사를 말하다〉, 제9부 〈엄마의 땅, 키리위나〉.

4 〈송포유〉에 출연한 학생들이 학교 폭력 가해 경험을 당당하게 말하는 인터뷰를 포함해

포유〉(2013)이다. 제작진은 학교 폭력에 가담한 학생들을 변화시키고자 100일간의 청소년 합창단 프로젝트를 기획한다. 폴란드 세계 합창대회 출전을 목적으로 가요계를 대표하는 두 가수 이승철과 엄정화가 각각 고등학생들과 팀을 꾸려 합창 대결을 벌이는 배틀 형식으로 진행된다. 목표 없이 살아가고 있는 10대들이 세계 합창대회라는 하나의 목표를 준비해가면서 변화하는 모습을 보여주고자 한 것이다. 100일 동안 유럽 합창대회 출전권을 두고 프로젝트를 진행하는 〈송포유〉도 수행적 다큐멘터리 양식의 변형이라고 볼 수 있는데, 이는 특정한 목적하에서 하나의 프로젝트를 설정하고 이를 수행해가는 과정을 담아내고 있기 때문이다.

　D-Day 100일을 시작으로 프로젝트는 시작된다. 이승철과 엄정화는 합창대회의 멘토로서 프로젝트의 합창단원을 뽑기 위해 각 학교에서 오디션을 실시한다. 엄정화가 투입된 서울도시과학기술고등학교(이하 과기고)에는 아르바이트로 인한 연습 불참, 지각, 결석으로 인해 연습 초반부터 고비를 맞는다. 한편 이승철이 투입된 성지고등학교(이하 성지고)에서는 합창단 솔로를 뽑기 위해 테스트를 시행한다. 중간점검을 며칠 앞두고 과기고 아이들은 집중하지 못하고, 성지고 학생들 역시 춤 동작이 마음에 들지 않는다며 선생님과 마찰을 일으킨다. 중간점검 날, 두 학교는 서로 기선을 제압하며 합창 무대를 선보인다. 한결 나아진 모습을 선보인 과기고와는 달리 성지고는 준비되지 않은 모습으로 무대를 형편없이 마치게 된다. 중간점검에서 탄력을 받은 과기고는 합숙훈련에 들어가는 등 더욱 열심히 준비하기 시작한다.

문제아를 보여주는 방식에서 필터링 부족이 문제가 되었고 이로 인해 일진 미화라는 논란을 빚었다. 피해 학생의 입장에선 가해자들이 폭력을 정당화하는 이야기를 할 때 또 다른 트라우마가 생길 수 있기 때문이다.

하지만 아이들은 하나둘씩 지쳐가고 어떤 학생은 병원에 가야 한다는 핑계를 대며 나가야 한다고 말하는 등 엄정화와의 갈등이 시작된다. 한편 성지고는 중간점검의 실수를 만회하기 위해 특별 트레이닝에 들어간다. 과기고는 지금까지 연습했던 합창을 전교생에게 보여주고 친구들에게 큰 박수를 받으며 조금씩 변화하는 모습의 조짐을 보여준다. 유럽 합창대회 출전권을 두고 대결을 펼친 결과, 성지고가 우승해 폴란드 세계 합창대회에 출전하고 은상을 수상한다.

〈송포유〉는 제작진이 이를 '엔터다큐'로 지칭하듯이, 다큐멘터리 속성과 예능의 속성이 혼재되어 있다. 특히 인기 있는 두 가수가 합창단의 멘토로 등장한다든가, 오디션 형식을 이용한다든가, 선정적인 출연진 선정과 갈등 지향적이고 자극적인 연출은 예능적인 요소이다. 분명히 예능적인 요소가 많이 있지만, 이른바 문제 학생들을 세계 합창대회 출전이라는 프로젝트를 통해 변화시키고자 하는 목적하에 그 과정을 관찰적 방식으로 담아낸다는 점에서, 즉 허구가 아니라 실제 현실을 그대로 담고 있다는 점에서 다큐멘터리라고 할 수 있다.

하지만 전체적으로 다큐멘터리적인 깊이로 들어가기보다는 예능적인 가벼움으로 문제를 다루었다. 가해 학생들이 왜 그런 지경에 이르렀는지, 부모와 사회의 책임은 없는지, 피해 학생들에 대한 미안함은 없는지, 그래서 그 아이들은 과거 자신의 잘못을 반성하고 있는지 등의 문제를 제대로 짚어내지 못한 것이다. 이러한 문제들에 다각적으로 접근해 풀어냈어야 이들의 삶을 이해해볼 수 있는데, 합창단원이 되는 과정을 표피적으로 담아내는 데 그쳐 이들 내면의 이야기를 끄집어내지 못한 것이다. 그러다 보니 이 프로그램은 다큐멘터리와 예능 프로그램의 모호한 경계에서 머무르게 되었다.

(3) 인터뷰 다큐멘터리

다큐멘터리가 내레이션과 자막에 의지하는 것에서 벗어나 인터뷰로만 구성된 다큐멘터리도 등장했다. MBC 〈가족〉(2003)과 EBS 〈성장통〉(2008)을 대표적인 작품으로 들 수 있다. 2003년 9월 방송된 MBC 스페셜 〈가족〉 4부작은 출연자들의 인터뷰와 영상만으로 프로그램을 구성한 인터뷰 다큐멘터리이다. 자주 다루어져 자칫 진부할 수 있는 가족이라는 소재를 가지고, 가족 간에 벌어지는 갈등과 화해, 기쁨과 슬픔 등을 인터뷰로만 담아냈다.

다큐멘터리 〈가족〉은 1부 〈어머니와 딸〉, 2부 〈아버지와 아들〉, 3부 〈부부: 남편과 아내 I〉와 4부 〈부부: 남편과 아내 II〉로 구성되었는데, 각 편당 100쌍 가량의 모녀·부자·부부들의 인터뷰가 시행되었고, 이 중에서 수십 명의 이야기가 각 시리즈별로 펼쳐진다. 기존의 휴먼 다큐멘터리는 주로 한 명이나 소수 몇 명의 특정 인물을 중심으로 이야기를 전개하는 데 반해, 이 작품은 수십 명의 이야기를 들으며 다양한 관계와 상황을 지켜봄으로써 최대한의 보편성을 획득하고자 했다.

이 프로그램의 가장 큰 특징은 인터뷰로만 구성되어 있다는 점이다. 시청자는 인터뷰하는 인물의 표정, 눈빛 등을 보면서 그 사람의 진솔한 이야기에 몰입하게 되고 때로는 해당 인물의 이야기에 공감대를 형성하여 자신의 경험을 떠올리기도 한다. 기존 다큐멘터리에서는 내레이션이 인물들의 상황을 설명하고 그들의 심정을 대변하고, 그들이 하는 말들을 재해석하는 역할을 했다. 하지만 내레이션이 전혀 없는 〈가족〉에서는 등장인물들이 스스로 자신의 상황을 말하고 심정을 고백하며 자신이 처한 상황과 말에 의미를 부여한다. 그 모습을 카메라는 그저 묵묵히 담아낼 뿐이다.

이 작품에는 자막 또한 없다. 등장인물의 이름, 나이, 직업, 학력 등을 자막을 통해 공개하지 않으며 화면을 통해 보이는 모습이 전부이다. 굳이 자막이라고 한다면 내용 분류상 필요한 소제목밖에 없다. 이것은 시청자가 어떤 선입견도 없이 이야기 자체에 몰입하게 하고 등장인물에 대해 다양하고 풍부한 해석의 가능성을 남겨놓기 위한 장치라고 볼 수 있다. 과도한 내레이션과 자막으로 인해 제작자의 주관적 해석이 들어간 주입적인 형식에서 벗어나, 이 작품은 최대한 시청자들이 스스로 열린 해석을 할 수 있도록 차별화된 형식을 취하고 있는 것이다.

EBS 다큐프라임 〈성장통〉(2008)은 인간이 성장해가면서 느끼게 되는 고통에 대해 인터뷰로 구성한 다큐멘터리이다. 모든 것은 탄생과 더불어 성장해간다는 측면에서 성장에 대한 이야기를 담은 작품이다. 약 7개월의 제작기간 동안 100여 명을 인터뷰하며 그들의 삶을 통해 우리가 어떻게 성장해가는가에 대한 이야기를 담았다. 제1부 〈만남〉은 결혼의 환상이 깨어지며 겪는 아픔, 제2부 〈나이〉는 사회 속에서 끝없이 밀려나는 노인들의 삶과 죽음, 제3부 〈꿈〉은 10대 청소년들의 찬란했던 꿈이 시들어가는 과정을 담아냈다. 내레이션 없이 인터뷰로만 구성된 이 다큐멘터리에서 인터뷰들을 연결하는 데에는 애니메이션이 사용되었다. 또한 인터뷰 영상과 더불어 작품 곳곳에 출연자들의 일상을 담은 흑백사진이 등장하는데, 이는 스틸 사진의 '서정적인 힘'을 활용해 시청자들에게 생각할 여지를 제공한다.

(4) 웹 다큐멘터리

국내에서 웹 다큐멘터리Web documentary에 대한 본격적인 시도는 대학에서 먼저 이루어졌다. 동의대학교 영화학과와 프랑스 에스트대학교 웹문화기술학과는 2013년부터 웹 기반의 인터랙티브 다큐멘터리Interactive Documentary를 공동으로 제작해 인터넷 플랫폼[5]에 게시해오고 있다. 2014년에는

〈디지털과 도시〉를 주제로 파리와 부산을 배경으로 한 웹 다큐멘터리를 공동 제작했으며, 2015년에는 〈교차된 시선: 한국과 프랑스〉를 주제로 웹 다큐멘터리를 제작했다. 〈교차된 시선: 한국과 프랑스〉에서는 '프랑스의 한국 커뮤니티, 한국의 프랑스 커뮤니티', '한국과 프랑스의 미용과 성형', '프랑스의 한국어 교육, 한국의 프랑스어 교육', '한국과 프랑스의 음식문화' 등을 주제로 한 영상을 한국의 대학교와 프랑스의 대학교에서 각각 제작해 한국과 프랑스의 문화를 비교해볼 수 있도록 웹상에서 함께 제시했다(《부산일보》, 2015.9.22).

일반 기업체인 삼성화재에서도 삼성화재의 배구선수단 '블루팡스'의 선수들에 대해 웹 다큐멘터리를 제작해 자사 웹사이트를 통해 공개했다. 2016년 9월 26일 공개된 웹 다큐멘터리의 첫 주인공은 바로 2016~2017 시즌 삼성화재 블루팡스의 새 주장이자 주전센터인 유광우 선수로, 새벽부터 시작되는 그의 하루를 기록했다. 웹 다큐멘터리의 아홉 번째 주인공은 한국에서의 첫 시즌을 맞이한 외국인 선수 타이스 덜 홀스트Thijs Ter Horst 선수이다. 온 가족이 배구 선수인 타이스 선수는 배구에 대한 생각부터 한국에서 펼치는 자신의 배구 경기와 팀 삼성화재에 대한 이야기까지 솔직히 털어놓았다. 이렇게 삼성화재는 매주 월요일과 목요일에 선수에 대한 다큐멘터리를 제작해 웹 페이지에 공개했다.

초고화질UHD 웹 다큐멘터리인 〈천하무림기행〉(2016.4.4~29)[6]은 10분 분량의 웹용 동영상으로 2016년 4월 4일 처음으로 네이버 TV캐스트에서 선보였다. 〈천하무림기행〉은 네이버 TV캐스트에 공개됨과 동시에, 케이블

---

5   http://mlv.djehouti.com/projet2
6   http://tvcast.naver.com/v/816248/list/71041

TV와 IPTV 플랫폼에서도 방송되었는데, 10분 내외의 웹용 동영상 다섯 편을 한 편의 방송용 콘텐츠로 묶어 공개한 것이다. 다섯 편의 웹용 동영상을 일주일 동안 공개하고 나면, 케이블TV와 IPTV 채널에서 이 다섯 편을 한 편의 동영상(40~50분 분량)으로 묶어 매주 토요일에 방송했다. 따라서 4주간 10분 내외의 동영상 20편이 제공되었으며, 방송용 다큐멘터리는 총 4부작이 방송된 것이다. 웹 다큐멘터리 〈천하무림기행〉은 공개 2주 만에 100만 뷰를 돌파했으며, 네이버 TV캐스트 누적 조회 수 127만 뷰를 돌파했다(2016.8.2 오전 5: 30 기준). 매 에피소드는 네이버 실시간 영상 TOP 100위 안에 들었다(최홍규, 2016).

〈천하무림기행〉은 만화나 영화, 게임으로만 접할 수 있었던 '무협'이란 허구적 소재를 '다큐멘터리'라는 사실적 장르로 접근한 최초의 프로그램이다. 이 작품은 중국의 무림 영화·드라마가 제작되는 '헝뎬橫店 영화촬영소'를 소개하는데, 중국 저장성에 위치한 이 촬영소는 베이징의 자금성과 똑같은 크기의 스튜디오로 지난 1996년부터 현재까지 총 1600여 편의 영화와 드라마가 제작된 곳이다. '이 세상에 숨겨진 고수가 있을 것이다'라는 가정으로 이야기를 전개하는 에피소드들도 있다. 아울러 무협을 좋아하는 팬 사이에서 인기가 높은 중국 무협 드라마 〈천룡팔부〉, 〈신조협려〉 등에 얽힌 뒷이야기도 전한다(김지영, 2016).

중국 무협의 과거와 현재를 조명하는 이 다큐멘터리는 CG와 특수효과를 이용해 실제와 가상 사이를 넘나들며 무협이라는 판타지적 이미지를 표현함으로써 오락적 요소를 가미했다. 이 작품은 영화 그 이상의 볼거리를 제공하며 무협의 판타지와 실제를 다큐멘터리 방식으로 전한다. 또한 〈천하무림기행〉은 UHD 고화질을 통해 중국의 현장에 있는 것과 같은 생생함을 제공해주었다.

이러한 콘텐츠를 10분 내외의 분량으로 공개한 〈천하무림기행〉은 어렵고 지루한 것이 아니라, 재미있고 흥미로운 다큐멘터리, 긴 시간을 투자해야 하는 것이 아니라 짧은 시간 동안 잠시 즐길 수 있는 다큐멘터리로 사람들에게 다가갔다. 즉, 〈천하무림기행〉은 다큐멘터리를 웹이라는 플랫폼의 특성에 맞춰 새로운 포맷으로 표현한 성공적인 사례로, 이는 다큐멘터리도 드라마처럼 웹과 모바일에서 즐길 수 있는 콘텐츠가 될 수 있다는 가능성을 보여준 것이다(최홍규, 2016).

2. 독립 다큐멘터리의 대중화

　한국 독립 다큐멘터리는 1980년대 후반 이후 민주주의 투쟁과 생존권 투쟁 등 사회의 부조리한 부분들을 고발하고 기록하면서 꾸준히 제작되어왔는데, 2000년대에는 디지털 영상 테크놀로지가 등장하면서 그 외연을 더욱 확대하게 된다. 디지털 장비에 대한 손쉬운 접근성과 편리함은 누구나 작품을 제작할 수 있게 했고, 이로 인해 다큐멘터리가 다루는 주제가 사회적이고 정치적인 공적 이슈로부터 지극히 개인적이고 사적인 내용까지 그 폭을 넓히게 된 것이다. 즉, 2000년대 이후, 한국의 독립 다큐멘터리는 제작 주체가 다변화되면서 다양한 소재와 주제의 내용들을 양산하게 되었다.

1) 소재의 확장

　2000년대 이후, 한국 다큐멘터리의 소재는 과거에 비해 훨씬 더 폭넓고 다양해졌다. 다큐멘터리가 다루는 소재의 영역을 확장한 작품의 한 예로,

현대 사회에서 사라져가는 우리 무속의 세계를 다룬 박기복 감독의 〈영매〉(2002)를 들 수 있다. 이 작품은 감독이 전라남도 진도에 내려가 1년 동안 무속인들과 깊은 관계를 맺으며 촬영했기에 굿의 의미와 굿의 과정 등에 대해 구체적이고도 심층적인 내용을 담아낼 수 있었다.

또 하나의 주목할 만한 영화는 비전향 장기수[7]들의 이야기를 그린 김동원 감독의 〈송환〉(2004)이다. 북의 정치공작원으로 남파되었다가 체포되어 복역 중인 사람들 가운데 공산주의 신념을 포기하지 않은 사람들, 즉 7년 이상의 장기 복역을 하면서도 사상적 전향을 하지 않은 사람들을 비전향 장기수라고 하는데, 이들은 북한으로 송환(포로나 불법으로 입국한 사람을 본국으로 돌려보내는 것)되기를 원한다. 1999년부터 이들에 대한 본격적인 송환운동이 시작되고 2000년 6·15 남북공동선언과 함께 송환운동은 급물살을 탔다. 2000년 9월에는 드디어 송환 작업이 이루어져, 비전향 장기수 63명이 북으로 송환되었다.

김동원 감독은 바로 이 '송환'에 주목했다. 감독은 두 명의 비전향 장기수와 한동네에 살게 되면서 이 영화를 제작하게 된다. 이들은 북한의 정치공작원으로 남파되었다가 체포되어 30년 동안 감옥에 살면서도 사상을 전향하지 않고 출소한 사람들이다. 1992년 봄, 출소해도 딱히 갈 데가 없었던 비전향 장기수 조창손 씨와 김석형 씨는 당시 김동원 감독이 살고 있던 봉

---

7 비전향 장기수는 '국가보안법'·'반공법'·'사회안전법'으로 인해 7년 이상의 형을 복역하면서도 사상을 전향하지 않은 사람들을 의미한다. 1960년대를 전후해 풀려났다가 1975년 '사회안전법'이 제정되면서 보안감호분을 받아 재수감되어 평균 31년 정도 감옥 생활을 했다. 1998년 남파 간첩에 대한 전향제도가 폐지되었기 때문에 비전향이란 용어가 부적절하며, 더 이상 수감된 상태가 아니기 때문에 장기수란 표현도 적절치 않다는 이유로 정부는 '출소 간첩 등 공안 사범'이란 용어의 사용을 권장했지만, 6·15남북공동선언 이후에는 합의문에 표기된 대로 '비전향 장기수'라는 표현을 병행하여 사용하고 있다.

천동 산동네에 자리를 잡았다. 정이 많던 조창손 씨가 김동원 감독의 아이들을 예뻐하면서 친해지게 되고 이후 차차 다른 많은 장기수도 만나게 된다. 감독은 그들과 긴밀한 관계를 맺으며 그들의 거침없는 이야기와 일상생활을 12년 동안 카메라에 담는다. 총 12년에 걸쳐 제작된 이 영화는 촬영에 쓰인 테이프만 500여 개로, 총 800시간의 촬영 분량을 2시간 30분의 영상에 펼쳐 보인다(배장수, 2003.10.13). 이 다큐멘터리는 당시 다큐멘터리 영화로는 최대 규모인 여덟 개 극장에서 개봉해 2만 4000명에 가까운 관객을 동원했다(이희용, 2004.5.8).

〈송환〉은 김동원 감독이 처음 간첩을 만났을 때 느꼈던 낯설음과 두려움, 그들과 친해지면서 겪게 되는 갈등, 그리고 그들과의 안타까운 이별 등이 감독의 내레이션으로 전개되어 있다. 감독의 시선이나 주관이 작품에 직접적으로 드러난 다큐멘터리이지만, '사실의 기록'이라는 점에서 다큐멘터리의 힘을 발휘한 작품이다. 즉, 이 작품을 통해 관객들은 남파공작원 또는 비전향 장기수에 대한 고정관념에서 벗어나 그들 역시 남북 분단의 희생양이자 고향으로 돌아가려는 귀소 본능을 지닌 평범한 인간이라는 사실을 받아들이게 되는 것이다.

2) 다양한 양식의 등장

(1) 모큐멘터리의 등장

윤준형 감독의 〈목두기 비디오〉(2003)는 국내에서 최초로 시도된 모큐멘터리로 한국판 '블레어 윗치'라고 일컬어지기도 한다. '목두기'는 정체를 알 수 없는 귀신을 일컫는 우리말인데, '귀신' 대신 '목두기'라는 단어를 사용함으로써 참신함을 주었다. 〈목두기 비디오〉는 여관방 '몰래카메라'에 우연히 잡힌 귀신 형상의 실체를 추적하는 과정을 담았는데, 이 영화의 내용을 좀 더 구체적으로 살펴보면 다음과 같다.

몰래카메라에 잡힌 귀신 형상의 이미지가 인터넷에 급속도로 퍼져나가고, 이것을 본 제작진이 추적에 나선다. 제작진은 몰래카메라가 올라온 커뮤니티 운영자를 직접 만나 동영상의 입수 과정과 동영상에 찍힌 형상에 대해 물어본다. 화면을 분석하여 여관의 소재를 파악한 제작진은 여관 주변인들에 대한 탐문과 취재를 통해 여관 주인과 귀신이 모두 20여 년 전 부산에서 발생한 '일가족 살해 사건'과 관련이 있음을 알게 된다. 그 사건은 20여 년 전 당시 고등학생인 장남(최경호, 18세)이 엄마(문은옥, 41세)와 여동생(최은미, 8세)을 살해하고 자신도 자살한 사건이다. 여러 가지 자료를 토대로 사건이 발생했던 부산의 폐가를 찾아가, 주위 사람들에 대한 인터뷰를 통해 살인을 한 장남(최경호)의 아버지 최병선에 대한 이야기를 듣게 된다.

당시 최병선은 베트남 전쟁에서 돌아와 정신요양원에서 치료를 받았다고 하는데, 사건 발생 전 실종되었다고 한다. 제작진은 그 정신병원을 찾아가 최병선의 퇴원 일자와 실종신고 일자가 상당 기간 차이가 있으며, 실종신고자는 부인이 아닌 동생 최용태로 되어 있다는 것을 발견한다. 폐가에서 발견한 딸 최은미의 그림을 분석한 결과, 최병선이 실종된 시기를 기점으로 최은미의 그림에 큰 변화가 나타났는데 이를 통해 그림에 나타난 아버지가 동일인이 아닐 수도 있다는 전문가의 말을 듣게 된다.

이에 제작진은 여관 주인(자신을 그 일가의 먼 친척이라고 소개했지만, 실상 쌍둥이 동생)을 인터뷰한 영상을 검토하던 중 그가 왼손을 사용하는 것을 발견하게 되는데, 이는 최병선이 쌍둥이 동생인 최용태의 행세를 하고 있다는 것을 보여주었다. 사건 당시 실종되고 없었다던 아버지 최병선이 20년 넘게 쌍둥이 동생 최용태의 행세를 하며 살아온 것이다. 정신병원에서 퇴원한 후

귀가한 최병선은 그의 아내와 동생이 저지른 불륜, 그리고 그 사이에서 태어난 딸을 보고, 우발적으로 동생 최용태를 살해한 후, 의심받을지도 모른다는 생각에 동생의 모습으로 살아왔던 것이다. 여관 몰래카메라에 나났던 장남의 영혼과 '아버지'라는 소리. 그것은 어쩌면 자신에게 살인자의 누명을 씌운 채 20년 동안을 동생의 신분으로 살아온 아버지 최병선의 존재를 알리려는 목소리였을지도 모른다.

〈목두기 비디오〉는 영화가 끝날 때까지 이 영화의 내용이 완전히 허구라는 사실을 알려주지 않는다. 영화가 끝나고 자막이 올라가면서 출연자들이 사실은 다 연기자였음을 알게 되고 나서야 관객들은 이 영화의 내용이 허구임을 깨닫게 된다. 즉, 이 영화는 허구적인 이야기를 다큐멘터리 형식을 이용해 제작한 것이다. 우선, 〈목두기 비디오〉는 SBS의 대표적인 시사 다큐멘터리 〈그것이 알고 싶다〉의 형식과 이야기 전개 방식을 그대로 따른다. 카메라에 잡힌 여관이나 상점 등의 간판은 흐릿하게 하여 이름을 알아볼 수 없게 하고 인터뷰에 응한 사람의 얼굴은 모자이크 처리되고 음성은 변조된다. 몰래카메라로 촬영되었음을 암시하기 위해 로우앵글low camera angle(카메라가 촬영 대상을 올려다보며 촬영하는 것)로 잡은 화면구도가 자주 이용되며 화면은 거칠고 사운드는 조악하다. 또한 시사 프로그램에 자주 등장하는 성우를 내레이터로 사용할 뿐만 아니라, 전문가 인터뷰와 옛날 신문 검색들을 이용함으로써 허구임에도 관객이 신빙성 있는 이야기로 느끼도록 설득력 있게 제시했다.

〈목두기 비디오〉의 윤준형 감독은 공포감의 극대화를 위해 다큐멘터리 기법을 차용했다고 밝힌 바 있는데, 다큐멘터리의 극사실감을 통해 관객을 모으려는 상업적인 관점에서 '허구'를 차용한 것이다. 다큐멘터리에 대한 비판적 성찰을 목적으로 하기보다 허구적 내용을 리얼리티 형식으로 담아

불안감과 공포감을 극대화시키고자 한 상업적인 기획에서 제작되었다는 점에서, 이 작품은 엄밀한 의미에서 페이크fake(가짜) 다큐멘터리라고 할 수 있다. 하지만 다큐멘터리에서 관습적으로 사용하는 사실적인 기법을 사용했다고 해서 모두 '사실성'을 담보하는 것은 아니라는 것을 말해준다는 점에서 이 작품 또한 수용자가 다큐멘터리 장르와 그것이 기초하는 사실성 담론에 대해 성찰할 수 있도록 이끌어준다. 즉, 다큐멘터리의 관습을 이용하여 제작된 허구의 텍스트는 다큐멘터리의 사실성에 대한 관객의 믿음을 저하시키게 되고, 이는 제작자의 의도와 무관하게 다큐멘터리와 그것이 주장하는 진실성에 대해 근본적인 비판을 가할 수 있게 해주는 것이다.

(2) 수행적 다큐멘터리의 등장

김재환 감독의 〈트루맛쇼〉(2011)[8]는 한국에서 최초로 제작된 수행적 다큐멘터리라고 할 수 있는데, 미국에서 〈슈퍼사이즈 미〉(2004)로 대표되는 수행적 다큐멘터리 형식이 한국에서도 등장하게 된 것이다. 수행적 다큐멘터리란 단순히 즉흥적인 상황을 기록하는 것이 아니라, 제작진이나 감독이 체계적이고 철저한 계획을 세우고 그 계획을 수행하는 과정과 결과를 보여주는 형식이다.

〈트루맛쇼〉는 방송 프로그램에 소개된 맛집이 왜 맛이 없는가를 보여주

---

8   김재환 감독은 전직 MBC 교양 PD 출신으로 독립프로덕션 B2E의 대표이다. MBC는 주
     식회사 B2E와 김재환 감독을 상대로 충격적인 맛집 탄생의 실상을 적나라하게 담은 〈트
     루맛쇼〉의 상영금지 가처분 신청을 제기했으나 재판부는 방송사의 맛집 소개 프로그램
     이 돈을 받고 음식점을 출연시켜준다는 이 영화의 내용은 공공의 이해에 관한 사항으로
     MBC의 가처분 신청은 이유 없다고 밝혔다. 이에 따라 〈트루맛쇼〉는 예정대로 2011년 6
     월 전국 10개 상영관에서 개봉되었다(최현주, 2016).

기 위해, 제작진이 직접 음식점을 개업하고 방송 프로그램에 맛집으로 소개되는 과정을 담아냈다. 제작진은 맛집으로 성공하기 위해서는 맛도 중요하지만 방송 출연이 중요한 역할을 한다는 것을 보여주며, 제작진은 경기도 일산 웨스턴돔에 '맛 Taste'이라는 식당을 실제로 직접 차리고, 텔레비전 방송 출연을 하기로 한다. 방송사와 음식점을 이어주고, 해당 음식점마다 대박 행진을 이뤄냈다는 '전설의 맛집 브로커'가 제작진의 식당으로 와서, 음식점이 맛집으로 방송 출연을 하기 위해서는 식당만의 특이한 콘셉트가 있어야 하며, 없는 경우에는 새로운 메뉴를 만들어내서라도 방송할 준비를 해야 한다고 알려준다. 그뿐만 아니라 맛집 소개 프로그램에 손님 역할로 출연하는 사람들도 모두 섭외된 사람들로, 대사 하나 손동작 하나까지도 모두 사전에 계획된 대본에 의해 충실하게 연기하는 것임을 보여준다. 맛집 프로그램의 모든 것은 연출된 상황으로 리얼리티란 존재하지 않는다는 것이다.

〈트루맛쇼〉 제작진이 다큐멘터리를 위해 만든 식당은 1500만 원을 지불하고 SBS 〈생방송 투데이〉의 '스타 맛집'에 출연한다. 이는 방송에 나간다는 것은 해당 프로그램의 코너를 돈을 주고 사는 것임을 알려준다. 방송을 마치고 나면, 방송 출연을 인증하는 액자까지 방송사 공식 지정 업체에서 돈을 주고 사야 한다. 이러한 일련의 상황들은 단순히 몇몇 프로그램에 한정된 것이 아니라 방송 전체에 만연해 있으며, 현재 맛집 프로그램의 문제점이 단순히 프로그램 제작자만의 문제가 아니라, 시청률 때문에 극심한 경쟁을 부추기는 방송사와 외주제작사, 대박만을 목표로 하는 식당들 모두가 개입된 포괄적인 문제임을 보여준다.

이처럼 이 영화는 제작진이 음식점을 차리고 그 음식점이 방송 프로그램에 맛집으로 소개되는 일련의 과정을 담고 있다. 이 작품에서 제작진이 개업한 음식점은 평범한 가게가 아니라 촬영을 위한 하나의 세트장이었다. 음식점 실내의 거울이나 액자 뒤로 카메라를 설치해놓았으며, 외부에서도 실내의 모습을 촬영할 수 있도록 카메라를 설치해놓았다. 이러한 장치를 통해 〈트루맛쇼〉 제작진은 음식점을 개업하고 텔레비전 맛집 프로그램에 출연하는 전 과정을 적나라하게 카메라에 담아낼 수 있었던 것이다. 맛집 프로그램의 폐해를 보여주기 위해 제작진이 수행할 하나의 계획을 세우고 수행하는 과정과 결과를 보여준 이 영화는 미국에서 1980년대 이후에 등장한 수행적 다큐멘터리의 형식을 따랐다.

또 다른 수행적 다큐멘터리로 〈잉여들의 히치하이킹〉(2013)을 들 수 있다. 영화는 감독인 호재가 자신들이 맡은 역할과 앞으로의 여행 목적에 대해 애니메이션으로 설명하며 시작한다. 스스로를 잉여 인간이라고 소개하는 호재, 하비, 휘, 현학은 돈 한 푼 없이 유럽에서 여행하는 계획을 세운다. 이 무모한 도전은 영화과에 재학 중인 네 명의 친구가 대학 등록금을 마련하지 못해 그 돈으로 유럽여행이나 하자는 계획으로 시작된다. 그리고 그 계획은 점차 커져 유럽의 호스텔 영상을 찍어주고 그 대신 숙식을 해결하기도 한다.

무작정 유럽으로 날아간 그들의 거대한 꿈은 현실의 벽에 부딪혀 사그라들고 결국 아무 소득 없이 추위를 피해 남쪽인 이탈리아 로마까지 히치하이킹을 떠나게 된다. 이 과정에서 프로젝트를 위해 함께 온 쌈바, 미란, 상철은 포기하고 한국으로 돌아간다. 유럽에 온 지 46일째, 남은 돈은 2만 원. 그들이 모든 것을 포기하고 집으로 돌아가려고 했을 때 뜻밖의 기회가 찾아온다.

텐트에서 생활하던 중 한 민박집에서 하루 머물 수 있는 도움을 받게 되는데, 이로 인해 한인 민박집이 아니라 외국 호스텔을 촬영하게 된다. 이 영상은 유럽 숙박업계에 신선한 충격을 주게 되고, 그들은 머무는 호텔을 중심으로 돌아다니며 홍보 영상을 찍어주고 숙식을 제공받는 것을 넘어 돈을 받아 수익을 창출하기에 이른다. 그들은 유럽에 온지 3개월 만에 그들만의 방식으로 유럽에 자리를 잡았다. 그들은 남은 시간 동안 동시에 두 개의 뮤직비디오를 제작하게 되면서 갈등과 좌절을 맛보지만 결국 모두 완성하고 한국으로 돌아온다.

이 영화는 제작진이 수행할 하나의 장기적인 계획을 세우고 수행하는 과정과 결과를 보여준다. 땡전 한 푼 없이 유럽을 여행한다는 다소 무모해 보이는 계획을 세우고, 이러한 계획을 수행해가는 모습과 그 결과를 담아낸 것이다. 즉, 〈잉여들의 히치하이킹〉은 잉여 청년들이 무일푼으로 여행을 떠나 자신들의 능력을 활용해 숙식을 해결하고, 홍보 영상을 찍어주는 일을 시작으로 존경하던 가수의 뮤직비디오 촬영까지 하는 등 물물교환 방식으로 영상 제작을 하며 여행을 성공적으로 끝내는 모습을 보여주는 수행적 양식의 다큐멘터리인 것이다.

3) 다큐멘터리의 극장 개봉

국내 최초로 극장에서 개봉한 다큐멘터리는 1995년 변영주 감독의 〈낮은 목소리〉(1995)로, 일본군 위안부 할머니들의 삶과 증언을 담은 다큐멘터리이다. 2003년에는 〈영매: 산 자와 죽은 자의 화해〉가 극장에서 개봉하여 1만 7000명의 관객을 끌어 모았다. 이후 다큐멘터리 영화가 이슈가 된 것은 2004년 개봉한 김동원 감독의 〈송환〉(2004)이다. 이 작품은 극장에서 2만 4000명에 가까운 관객을 동원했는데, 공동체 배급과 극장 배급을 통한 관객 수까지 모두 합하면 관객 수는 거의 6만 명에 이른다. 2007년 김명준 감독의 〈우리학교〉(2007)는 극장 개봉으로 3만 명 정도의 관객을 동원했으며, 공동체 상영에 의한 관객 수까지 모두 합하면 총 10만 명이 넘는 관객을 모았다. 2010년 고故 이태석 신부의 선교 내용을 담은 〈울지마 톤즈〉(2010)는 관객 40만 명을 돌파하며 한국 극장용 다큐멘터리 영화의 가능성을 보여주었다(송광호, 2011; 이형석, 2012). 그러나 다큐멘터리 영화의 대중화를 이끈 작품은 2009년 293만 관객을 동원하면서 다큐멘터리의 돌풍을 몰고 온 독립 다큐멘터리 〈워낭소리〉(2009)와 2014년 480만 명의 관객을 동원한 〈님아, 그 강을 건너지 마오〉(2014)이다. 따라서 이들 두 작품에 대해 좀 더 구체적으로 살펴보도록 하자.

(1) 〈워낭소리〉

〈워낭소리〉(이충렬, 2009)는 경상북도 봉화에 사는 노부부와 죽음을 앞둔 마흔 살 먹은 소의 30년 묵은 교감을 담아낸 작품으로, 한국에서 다큐멘터리가 거의 300만 명에 이르는 관객을 동원했다는 점에서 큰 이슈가 되었다. 그 이전까지 다큐멘터리의 관객 수가 극장 상영과 공동체 상영을 합해도 10만 명 정도였음을 상기해보면, 300만 명이라는 관객 수는 당시 엄청난 숫자였던 것이다. 〈워낭소리〉는 2009년 1월 15일 멀티플렉스를 비롯한 전국 상업영화관에서 개봉했는데, 개봉 첫날 스크린 수는 전국 여섯 개였으며, 관객 수는 1091명으로 매우 미미했다. 조금씩 늘어나던 스크린 수는 개봉 24일째에 129개, 다음 날 143개로 대폭 늘어났으며, 개봉 45일 차인 2월 28일에는 274개의 스크린을 확보했다. 이후 스크린 수는 200개 안팎을 오르내렸다. 당시 200개 안팎의 스크린 수에 300만 명이라는 관객 수는 다큐멘터리 영화로서는 감히 상상할 수도 없는 수치였다(박록삼, 2015: 이용철, 2009).

〈워낭소리〉는 국내외 여러 영화제에서 수상을 했는데, 부산 국제영화제에서 '최우수 다큐멘터리상', 서울 독립영화제에서 관객상을 각각 수상했으며, 최고의 독립영화제인 미국의 선댄스 영화제에 진출하기도 했다. 또한 제16회 상하이 TV페스티벌에서 매그놀리아 어워드 아시아다큐멘터리 부문 은상을 수상하기도 했다. 〈워낭소리〉가 이처럼 큰 반향을 일으킨 것은 이 작품이 극영화적 연출 기법을 적극 사용한 것에도 어느 정도 영향이 있는데, 바로 이 점은 다큐멘터리에 대한 논란을 불러일으키게 된다.

〈워낭소리〉에 대한 맹수진(2010)의 연구에 의하면, 〈워낭소리〉는 몰입을 극대화하기 위해 극영화적 감정선을 따라 편집했다. 일례로 할아버지, 할머니, 소의 얼굴을 빈번하게 교차편집함으로써 노부부와 소의 관계를 삼각관계라는 갈등 구도로 만드는데, 이는 아무런 의미를 담지 않는 무표정한 얼굴에 갈등 구도의 의미를 부여함으로써 실제 현실의 기록이 아니라는 비판을 받기도 했다.

또한 이 영화에는 사람들의 마음에 깊은 울림을 준 장면인, 소가 우는 장면이 두 번 등장한다. 소를 절대 팔지 않겠다던 노인이 드디어 소를 우시장에 내놓은 날, 카메라는 소의 눈을 포착한다. 우시장에 있는 살집 좋은 소들 사이로 마른 몸을 드러낸 소의 눈에서 한줄기 눈물이 흐른다. 이 편집은 할아버지와 헤어지게 된다는 사실에 소가 슬퍼했고 우시장에서 이젠 소 취급도 받지 못한다는 사실에 더욱 슬퍼한다는 이야기를 만들어낸다. 하지만 소의 눈물 장면은 소의 얼굴이 프레임을 꽉 채운 클로즈업 샷으로 공간이 전혀 나타나지 않는다. 과연 소는 그때 그 장소에서 눈물을 흘렸던 것인지 알 수 없는 것이다. 그리고 마침내 팔려가기 전날 할머니가 소에 여물을 주면서 고생했다고 위로할 때 소가 눈물을 흘린다. 이때도 소의 얼굴이 클로즈업 샷으로 처리되어 인위적인 편집이라는 비난을 받는다. 이러한 작위적인 편집 없이도 충분히 정서적 울림이 가능했을 장면을 인위적인 편집으로 그

감동을 반감시킨 것이다. 이처럼 극영화적 연출 기법을 적극 사용한 〈워낭소리〉는 다큐멘터리와 픽션의 경계, 다큐멘터리에서 현실 재현의 문제에 대한 논의를 불러일으키기도 했다.

(2) 〈님아, 그 강을 건너지 마오〉

2014년 11월 개봉한 〈님아, 그 강을 건너지 마오〉(진모영, 2014)는 멀티플렉스를 비롯한 전국 상업영화관에서 상영되어 관객 480만 명을 동원하며 역대 독립영화사상 최고의 흥행 기록을 세웠다. 진모영 감독이 연출한 이 다큐멘터리는 강원도 횡성 산골 마을에 사는 조병만(2013년 당시 98세) 할아버지와 그의 부인 강계열(89세) 할머니가 76년 동안 이어온 애틋한 사랑을 담았다. 장성한 자녀들을 모두 도시로 떠나보내고 76년이라는 긴 시간 동안 서로를 의지하며 살아온 노부부의 사랑과 아름다운 이별을 그린 것이다. 이 영화는 강 할머니가 하얀 눈이 덮인 할아버지의 무덤 앞에서 서럽게 울고 있는 장면으로 시작되어 과거 노부부가 서로를 위하며 살아가는 모습을 보여준다. 노부부는 고운 한복을 같은 색으로 맞춰 입고, 어딜 가든 서로 손을 꼭 잡고 다닌다. 들에서 따온 꽃을 할머니 머리에 꽂아주기도 하고, 늦은 밤 마당 끝에 있는 화장실에 가는 할머니를 위해 할아버지는 밖에서 지키며 노래를 불러준다. 이들은 속 깊은 대화를 나누며 살아가는데, 어느 날 할아버지가 몸져누우며 노부부는 가슴 아픈 이별을 하게 된다. 이 영화가 흥행에 성공한 것은 이와 같이 평생을 연애하듯 함께 해온 노부부의 애틋한 사랑과 아름다운 이별을 준비하는 그들의 깊이 있는 이야기가 전 연령층의 관객에게 잔잔한 감동을 주며 폭넓은 공감대를 형성했기 때문이다.

하지만 영화의 감동적인 이야기만이 이 영화의 흥행 성공을 가져온 것은 아니다. 〈워낭소리〉의 개봉 첫날 스크린 수는 전국 여섯 개였던 반면, 〈님아, 그 강을 건너지 마오〉는 첫날 무려 186개의 스크린에서 개봉하여 806개까지 스크린 수가 늘어난 것이다. 이는 메이저 배급사인 CJ 계열사 CGV가 〈님아, 그 강을 건너지 마오〉의 배급과 마케팅에 나섰기 때문에 가능한 일이었다(박록삼, 2015).

이와 같이 2009년 300만 명에 가까운 관객을 동원한 〈워낭소리〉와 2014년 480만 명을 동원한 〈님아, 그 강을 건너지 마오〉는 극장 개봉으로 흥행에 대성공을 이루었는데, 이는 독립 다큐멘터리의 대중화를 보여준 획기적인 사건으로 다큐멘터리 영화의 새로운 가능성을 보여주었다. 이처럼 최근에는 독립 다큐멘터리도 전문 배급사에 의해 상업영화관에서 개봉을 할 뿐만 아니라, 케이블방송이나 IPTV 등 다양한 매체로 상영과 배급망을 확대해가고 있다.

3. 방송 환경의 변화와 다큐멘터리

1991년 서울방송SBS이 개국함에 따라, KBS, MBC와 더불어 다시 방송 3사 시대로 접어들게 되었다. 1980년에 시행된 언론 통폐합 조치로 사라졌던 민영방송이 11년 만에 부활한 것이다. 1995년에는 난시청 해소와 문화 다양성을 목표로 케이블 TV가 본 방송을 시작했다. 24개 채널로 시작된 케이블 TV는 현재 200여 개 채널에 달한다. 2002년에는 한국디지털위성방송 KDB이 '스카이라이프SkyLife'라는 이름으로 위성방송을 시작했다. 스카이라이프는 보고 싶은 프로그램만 골라서 유료로 시청할 수 있는 PPVPay Per View채널, CNN, NHK 등 외국방송 채널, 영화, 스포츠, 오락, 음악, 교육 등 전문 채널, 홈쇼핑 채널 등을 포함하여 200여 개의 TV 채널과 오디오 채널로 구성되어 있다. 2005년에는 이동하면서 다채널 멀티미디어 방송을 볼 수 있는 DMBDigital Multimedia Broadcasting 방송이 시작되었는데, 수신료 기반의 유료 이동 방송인 위성 DMB는 2011년 말까지 약 3000억 원의 누적 적자를 기록해 8년 만인 2012년 폐업했다. 현재는 광고 기반의 무료 이동 방송인 지상파 DMB만이 서비스를 제공하고 있다.

2008년에는 초고속 인터넷을 이용해 방송 프로그램을 텔레비전 수상기로 제공하는 IPTVInternet Protocol Television가 도입되었다. 또한 스마트폰의 등장으로 언제 어디서나 원하는 방송을 시청하는 것도 가능해졌다. 2011년에는 특정한 장르가 아닌 보도, 교양, 예능, 드라마 등 모든 장르를 편성할 수 있는 케이블 종합편성채널(이하 종편)이 등장했다. 종편에는 JTBC, TV조선, 채널A, MBN의 네 개 채널이 있다. 이와 같이 2000년대 이후 방송 시장에는 수많은 매체와 채널이 등장하여 이른바 '다매체·다채널 시대'의 경쟁 체제로 접어들게 되었다.

이와 같은 새로운 매체나 서비스가 등장할 수 있었던 것은 바로 '방송'과 '통신'의 기술이 융합되었기 때문이다. 휴대폰을 이용한 DMB 방송의 시청, 또는 IPTV의 시청은 통신망(초고속인터넷망)을 사용해 방송 서비스를 이용하는 것이고, 디지털 TV로 SNS나 이메일을 이용하는 것은 방송용 단말기로 통신을 이용하는 것이다. 그뿐 아니라 스마트폰, 스마트패드 등의 스마트 미디어가 등장함으로써 다양한 기기 간의 호환성과 연계성이 높아져, 장소와 기기가 달라져도 다양한 스마트 기기를 연동해 미디어 서비스를 끊임없이 이용할 수 있는 서비스인 N스크린 서비스도 등장했다. KBS, MBC, SBS, EBS 등 지상파 방송사는 N스크린 서비스 푹Pooq을 운영하고 있으며, CJ헬로비전은 티빙Tving, SK텔레콤은 호핀hoppin, KT는 올레tv모바일(2013년 10월, 올레TV Now에서 명칭 변경), LG는 U+HD TV를 운영하고 있다. 이처럼 방송과 통신의 융합으로 콘텐츠를 이용하는 TV, PC 그리고 모바일 기기 간의 경계가 사라지고 있으며, 이로 인해 콘텐츠의 소비가 매체의 제약에서 벗어나 이전보다 훨씬 자유로워졌다.

이와 같은 방송 환경의 변화는 '다매체·다채널 환경', '방송·통신 융합 환경', '멀티 플랫폼 환경' 등 다양한 측면에서 여러 가지 용어로 일컬어진다. 방송과 통신이 융합된 다매체·다채널 환경에서 다큐멘터리 프로그램은 다른 어떤 장르보다 각광을 받는 분야이다. 그 이유는 다큐멘터리는 뉴스보다 시의성에 덜 구애받고 방송할 수 있기 때문이다. 또한 다른 장르에 비해 다큐멘터리는 문화적 장벽이 낮으므로 국내 시장뿐 아니라 외국 시장으로 진출할 수 있는 기회가 많다(김연식·구종상, 2002). 이미 2000년대 초반부터 서구에서는 케이블, 위성 방송사뿐 아니라 공·민영 지상파 방송사들이 활발하게 다큐멘터리를 구매하기 시작했다.

지금의 방송 환경이 다른 장르보다 다큐멘터리의 제작과 유통에 상당히 우호적인 환경인 것은 사실이지만, 그럼에도 방송 환경 자체가 매우 열악한 상황이다. 이미 방송 시장이 '레드 오션red ocean(붉은 피를 흘리며 경쟁해야 하는 포화된 시장)'이라고 칭해지는 데서 알 수 있듯이 수많은 매체와 채널이 치열하게 경쟁하고 있다. 이와 같은 다매체·다채널 환경 속에서 전국적으로 큰 규모의 시청자를 모을 수 있는 기회는 점차 줄어들고 시청자는 매체 및 채널의 수만큼이나 분산화·파편화되어가고 있다. 수백 개의 다채널 방송 환경 속에서 시청자의 관심을 끌고, 다른 채널로 넘어가는 것을 막기 위해 프로그램의 상업화·오락화 경향이 강화되는데(이종수, 2007), 이러한 경향은 다큐멘터리에도 그대로 나타나고 있다. 즉, 21세기 들어 다채널 경쟁 상황이 TV 다큐멘터리 트렌드에 미친 가장 직접적 효과는 다큐멘터리의 상업화·오락화 경향이라고 할 수 있다.

이러한 현상은 이미 미국에서도 나타난 바 있다. 미국에서는 1980년대에 케이블 TV가 등장하면서 방송 환경이 극심한 경쟁체제로 바뀌었다. 방송이 경쟁체제에 돌입하게 되자, 다큐멘터리의 상업화가 급속도로 진행되었다. 케이블채널에서 의미 있고 진지한 다큐멘터리를 제작하기보다는 자신의 채널에서 판매할 수 있는 상품으로서의 다큐멘터리 가치에 더 관심을 집중했던 것이다(엘리스·맥레인, 2011: 346~347). 실제로 이로 인해 치열한 방송 시장의 경쟁 속에서 정통 다큐멘터리는 쇠퇴하고 상업적·오락적 요소가 가미된 다큐멘터리 프로그램이 등장하고 있다. 그러면 다큐멘터리의 상업화·오락화 경향이 다큐멘터리에서 어떠한 형식으로 나타나고 있는지, 이에 대해 좀 더 구체적으로 살펴보도록 하자.

1) 다큐 혼종화

먼저, 다큐 혼종화Docu-hybridization이다. 다큐멘터리가 시청률 제고를 위해 재미있는 요소나 기법들을 도입하고, 그로 인해 전통 다큐멘터리에 '오락성'이 더해지면서 세미 다큐멘터리, 소프트 다큐멘터리, 변형 다큐멘터리 등으로 불리는 연성화된 다큐멘터리가 등장한 것이다(최현철·길환영·추혜원, 2003).

또한 상업적인 전략의 하나로 장르 간의 혼합 현상이 나타나고 있다. 역사, 과학, 문화, 기행 등 다큐멘터리 장르 간의 경계를 넘어 장르가 혼합된 다큐멘터리가 등장한 것이다. 자연과 역사 장르가 혼합된 자연사 다큐멘터리는 자연과 역사를 좋아하는 두 시청자층을, 자연과 기행 장르가 혼합된 자연기행 다큐멘터리는 자연과 기행을 좋아하는 두 시청자층을 모두 유인할 수 있다는 상업적 전략에서 등장한 측면이 있다.

여기에서 한 발 더 나아가 최근에는 다큐멘터리 영역에서 '사실'과 '허구', '실제 세계'와 '가상 세계'의 구분마저도 혼합하는 양상이 나타나고 있다. 이 야기의 진정성과 사실성은 고수하면서도 이야기를 표현하는 데 허구적인 장치를 사용하는 다큐드라마가 등장하는가 하면, 정반대로 허구적인 이야 기를 다큐멘터리적인 기법으로 담아내는 페이크 다큐멘터리도 등장했다.

다큐멘터리 장르 혼종화에서 주목해야 할 것은 바로 '페이크 다큐멘터리 fake documentary' 또는 '모큐멘터리mockumentary'의 등장이다. 이는 허구적인 이야기를 다큐멘터리 형식으로 담아낸 것으로 픽션과 다큐멘터리를 혼합했 다. 한국 TV에서 등장한 대표적인 페이크 다큐멘터리는 케이블 TV tvN의 〈리얼스토리 묘〉(2006~2010)와 〈독고영재의 현장 르포 스캔들〉(2007~2008) 이라고 할 수 있다.

케이블 TV tvN의 〈리얼스토리 묘〉는 실제 이야기가 아닌 허구적인 이야 기를 다루면서 마치 실제 이야기를 있는 그대로 담는 듯한 다큐멘터리 기법 을 사용했다. 방송의 내용이 특정 사건과 관련된 '현장 기록'이라는 자막을 제시하고, 몰래카메라 기법이나 CCTV 영상을 사용해 화면을 구성함으로써 실제 상황을 있는 그대로 기록해놓았다는 인상을 심어주지만, 프로그램이 다루는 내용은 완전히 허구이다.

같은 채널인 tvN에서 방영한 〈독고영재의 현장르포 스캔들〉 또한 허구 적 내용을 다큐멘터리로 포장한 프로그램이다. 남녀 간의 불륜관계를 허구 적으로 구성한 프로그램이지만, 출연자를 모자이크 처리하고 몰래카메라 촬영 등 다큐멘터리 기법을 사용하며 페이크 다큐멘터리를 표방한다. 이들 프로그램은 온전히 상업적인 목적에서 시청자들의 관심과 흥미를 끌기 위 한 수단으로 다큐멘터리 기법을 차용하는 것이기 때문에 '모큐멘터리'가 아 니라 말 그대로 가짜 다큐멘터리인 '페이크 다큐멘터리'라고 하는 것이 더 적절하다. 이러한 페이크 다큐멘터리는 픽션과 논픽션(다큐멘터리)의 혼합으로 그 경계를 모호하게 하고 있다.

또한 치열한 경쟁에 놓인 방송 시장은 '다큐 예능' 또는 '리얼 예능'이라 불리는 새로운 장르의 프로그램까지 등장하게 했다. KBS의 〈인간의 조건〉(2013~2014)[9]이나 MBC의 〈나 혼자 산다〉(2013~현재)[10]는 기록이라는 다큐의 요소와 재미라는 예능의 조건을 적절히 접합하여 새로운 프로그램으로 탄생했다(이건협, 2013).

이처럼 경쟁적인 방송 시장에서 다큐멘터리는 다양한 상업적 전략을 추구하는데, 이러한 다큐멘터리를 관통하는 핵심적인 사항은 다큐멘터리가 더 이상 '사실의 재현'에만 집착하지는 않는다는 점이다. 표면적인 사실의 재현을 고집하기보다는 오히려 진실에 접근할 수 있다면 '허구적 세계'이건 '허구적 장치'이건 모두 사용할 수 있다는 유연한 자세를 취하고 있는 것이다. 이는 다큐멘터리와 픽션 간의 경계를 모호하게 하며 다큐멘터리의 정체성을 불분명하게 한다는 비판의 여지를 준다. 하지만 다큐멘터리가 '진실을 드러내는 작업'이라는 점에 주목한다면, 진실에 대한 기계적이고 표피적인

---

9   KBS 홈페이지 의하면, 〈인간의 조건〉은 현대 문명의 이기 속에서 과연 사람이 사람답게 살기 위한 조건이 무엇인지 고민해보는 리얼버라이어티 프로그램이라 소개한다. '핸드폰, 인터넷, TV 없이 일주일 살기', '화학제품 없이 살기', '생활 쓰레기 없이 살기' 등 현대인의 생활필수 조건들 중 하나가 없는 상태에서 일주일 동안 합숙하며, 그 상황에서 발생하는 다양한 생활 패턴의 변화와 의식의 변화를 보여주는 리얼체험 예능 프로그램이다.

10 MBC 홈페이지에 의하면, 〈나 혼자 산다〉는 독신 남녀와 1인 가정이 늘어나는 세태를 반영해 혼자 사는 유명인들의 일상을 관찰 카메라 형태로 담은 다큐멘터리 형식의 예능 프로그램이라고 소개한다. 오랫동안 혼자 살아온 출연자들의 일상을 보며 재미와 더불어 감동, 그리고 다양한 노하우도 배우게 되는 것이 이 프로그램의 장점이다. 혼자 사는 사람들의 봄, 여름, 가을, 겨울 대처법이 다르고 평일, 주말을 보내는 방법이 다 다르기 때문이다.

접근에서 벗어나 진실을 드러낼 수 있는 다각적인 접근을 한다는 측면에서 다큐멘터리는 개념적인 면에서도 그 영역을 더욱 확장해가고 있는 것이다.

2) 블록버스터급 대형 다큐멘터리

다큐멘터리의 상업화 경향에 의해 나타나는 현상 중의 또 다른 하나는 블록버스터급 대형 다큐멘터리의 등장이다. 수많은 매체와 채널의 등장으로 시청자가 파편화·분산화되면서 이는 프로그램의 시청률 감소와 광고료 하락으로 이어지게 되었다. 이에 따라 시간당 다큐멘터리 제작비도 일반적으로 축소되는 경향이 나타났다. 이와 같은 경향은 저렴한 예산으로 제작할 수 있는 저예산 다큐멘터리들의 양산과 다큐멘터리의 질적 하락을 야기하기도 한다. 그러나 다른 한편에서는 방송사들이 해외 수출을 염두에 두고 수십억 원에 이르는 막대한 제작비와 오랜 제작 기간을 투입해 블록버스터급 대형 다큐멘터리들을 기획·제작하고 있다. 이들 작품은 기획 단계부터 수출을 염두에 두고 세계인에게 소구할 수 있는 독창적인 소재를 발굴하여 아름다운 영상미와 높은 완성도로 제작함으로써 '명품' 다큐멘터리로 일컬어지기도 한다. 이와 같은 작품은 국내에서 높은 시청률을 기록하며 좋은 반응을 받을 뿐만 아니라, 글로벌 시장에서도 국제적인 상을 수상하며 해외 판매에서 우수한 실적을 거두고 있다. 그럼 KBS, MBC, SBS 그리고 EBS 지상파 방송사 네 곳에서 제작한 대형 다큐멘터리들에 대해 좀 더 구체적으로 살펴보자.

먼저 KBS의 경우, 2007년 〈차마고도〉를 시작으로, 2008년 〈누들로드〉, 2012년 〈슈퍼피쉬〉 등 엄청난 스케일의 대형 다큐멘터리가 제작되어 주목을 받았다. KBS 〈차마고도〉(2007)는 실크로드보다 200여 년 앞서 이용된 고대 문명 교역로인 차마고도를 아름다운 영상미로 담아낸 6부작 다큐멘터리로 제작 당시로는 기록적인 12억 원의 제작비를 들여 제작했다. 차마고도는 중국 서남부에서 티베트를 넘어 히말라야와 네팔을 거쳐 인도까지 2700여 km에 달하는 옛길로, 최저 고도가 해발 2000m를 넘는 고산지대에 있다. 이 같이 세계에서 가장 험한 무역로로 알려진 차마고도를 KBS에서 세계 최초로 다룬 것이다. 다큐멘터리에서 작품이 완성되기 전에 판매하는 것은 전례가 없는 일인데, 〈차마고도〉는 국내 방송 다큐멘터리 사상 최초로 완성 전 수출 계약에 성공했으며, 일본 NHK는 투자 형식으로 다큐멘터리 제작에 참여했다. 제작 기간 1년 4개월, 제작비 편당 2억 원을 투입해 만든 〈차마고도〉는 유럽 5개국을 비롯해 세계 18개국에 수출되는 성과를 올렸다(제작 당시인 2008년 11월 기준; 연합뉴스, 2008.11.28).

〈차마고도〉는 국내에서도 좋은 반응을 얻었는데, AGB닐슨미디어리서치에 따르면, 1부에서 6부까지 전체 평균 시청률 11.4%를 기록했다(연합뉴스, 2007.11.26). 2007년 12월 중순에는 DVD로 출시되어 2008년 10월까지만 해도 1만 세트 이상 팔렸다(연합뉴스, 2008.11.28). 또한 방송 이후 2008년에 열린 제4회 'KBS 프리미어 영화 페스티벌'에서 극장용 다큐멘터리 영화로 다시 제작한 〈천상의 길: 차마고도〉를 상영하기도 했다. 기존 여섯 편의 TV 다큐멘터리를 약 65분 길이의 극장판 버전으로 압축하여, 전국 7개 지역 씨너스 영화관 10곳에서 상영한 것이다. 국내에서 TV 다큐멘터리를 방영한 뒤 극장판으로 상영한 것은 〈차마고도〉가 처음 시도한 일이다(≪미디어오늘≫, 2008.8.28).

KBS 다큐멘터리 6부작 〈누들로드〉(2008.12~2009.3)는 인류의 문명과 역사를 '국수noodle'라는 친숙하면서도 독창적인 소재를 가지고 실크로드 여정에 따라 보여준 프로그램이다. 7장에서 설명한 바와 같이, 〈누들로드〉는 중국 신장 고고학 박물관의 가장 오래된 2500년 전 국수부터 영국의 와가마마 국수까지 시공간을 초월해 다양한 국수의 역사를 담아낸 것이다. 국수를 가지고 문명사를 이야기하는 데 최첨단 디지털 영상기술을 사용하여 영화 못지않은 화려한 볼거리도 함께 제공해주었다. 제작진은 아시아는 물론 서양 시장까지 진출하기 위한 하나의 전략으로, 세계적인 아시아 퓨전 요리 전문가이자 영국 BBC의 음식 프로그램 진행자로 20여 년간 활동한 켄 홈 Ken Hom을 프로그램 진행자로 등장시켰다.

〈누들로드〉는 2년 4개월 동안 총 제작비 9억 원의 예산을 투자해서 제작했는데, 첫 방송 〈누들로드: 기묘한 음식〉 편이 소개되자, 시청률이 무려 10.5%에 이르렀다(≪미디어오늘≫, 2008.12.18). 〈누들로드〉는 방송 전 이미 해외 8개국에 판매되었으며, 아시아와 유럽 방송 시장에 수출해 12개 주요 방송사에서 방영되었다(≪매일경제≫, 2009.12.23). 〈누들로드〉는 또한 해외에서 권위 있는 상을 수상하기도 했는데, 1편 '기묘한 음식'으로 ABU(아시아태평양 방송연맹) TV 다큐멘터리 부문 대상을 수상했으며, 4편 '아시아의 부엌을 잇다'로 가장 권위 있는 국제상인 '피버디상Peabody Awards'[11]을 수상하기도 했다(≪PD저널≫, 2010.4.2).

KBS 5부작 다큐멘터리 〈슈퍼피쉬〉(2012)는 물고기와 인간의 관계를 통해 본 인류 문명 다큐멘터리로 지구라는 대자연 속에서 물고기가 인류 역사에서 어떤 역할을 해왔는가를 담았다. 제작진은 지중해 연안을 시작으로 아

---

11 '방송계의 퓰리처상'으로 불리는 피버디상은 조지 포스터 피버디상George Foster Peabody Awards의 줄임말로, 사업가이자 자선가였던 조지 포스터 피버디의 이름에서 따온 것이다. 미국방송협회NAB와 조지아대학교 이사회가 주최하는 미국 방송계 최고의 상으로, 1939년 방송매체가 공익 분야에 기여하는 것을 장려하기 위해 제정되었다(≪PD저널≫, 2010.4.2).

프리카 사막, 중국, 호주, 메콩Mekong강 등 다양한 현장의 모습들을 생생하게 담아 뛰어난 영상미를 보여주었다. 물고기의 미세한 움직임을 포착하기 위해 1초당 400프레임 이상 촬영하는 수중 초고속 촬영을 사용했으며, 타임 슬라이스Time-Slice[12] 영상 기법을 통해 현장에서 물고기를 잡는 순간과 현장의 감정을 생생하게 전달했다.

〈슈퍼피쉬〉는 제작 기간 2년 동안 5대륙 24개국을 돌며 20억 원이라는 막대한 제작비를 투자해 만들어져(≪PD저널≫, 2012.2.24; ≪국민일보≫, 2012.8.14), 국내외에서 좋은 반응을 얻었다. 미국에서 열린 휴스턴 국제영화제 다큐멘터리 부문 대상을 수상한 데 이어 2013년 ABU 다큐멘터리부문 최우수상 수상, 싱가포르에서 열린 '아시안 TV 어워즈'에서 최우수상을 수상하는 등의 실적을 거두었다. 또한 〈슈퍼피쉬〉는 마지막회 시청률이 12%로 높은 시청률을 거두었으며, 〈슈퍼피쉬: 끝없는 여정〉(감독 송웅달, 제작 KBS)이라는 3D 영화로 제작되어 극장에서 상영되기도 했다(≪국민일보≫, 2013.7.4; ≪미디어스≫, 2013.10.29).

MBC에서는 '지구의 눈물 시리즈(북극-아마존-아프리카-남극의 눈물)'가 성공한 후 대형 다큐멘터리 제작이 이어지고 있다. MBC 3부작 다큐멘터리 〈북극의 눈물〉(2008)은 위기를 맞은 북극 지역의 동물과 현지 원주민 이누이트의 삶을 통해 지구 온난화의 심각성을 일깨워주는 작품이다. 9개월 간 20억 원의 예산이 투입되어 만들어진 이 작품은 2008년 12월 방송된 후 높은 시청률(3부 평균 12%, TNS미디어코리아 수도권 기준)을 보였으며, 시청자들의 요

---

[12] 타임 슬라이스 촬영은 영화 〈매트릭스〉를 통해 유명해진 기술로, 카메라 수십 대를 이용해 피사체의 순간 움직임을 다양한 각도에서 담아내는 촬영 기법이다(≪국민일보≫, 2012.8.14).

청으로 시리즈가 종영되지 않은 상태에서 재방송이 편성되기도 했다(≪한겨레≫, 2008.12.15). 〈북극의 눈물〉은 책과 DVD로도 출시되어 높은 인기를 얻었고, 유럽 각국의 지상파 방송사에 판권이 판매되기도 했다. 또한 제작진은 인기리에 방영된 이 TV 시리즈에 고화질 HD 화면과 오케스트라 사운드를 보강해 러닝타임 81분의 영화로 만들어 상영했다. 이때 상업적 배급망을 갖추고 상영함으로써, 〈북극의 눈물〉은 상업영화의 틀을 갖춰 개봉하는 첫 사례가 되었다(≪PD저널≫, 2009.9.18).

MBC의 〈아마존의 눈물〉은 아마존의 원시 자연 생태계의 파괴와 이로 인해 그 지역에 살고 있는 원시 부족의 고통을 보여주었다. 아마존의 원시림에서 원시생활 방식을 그대로 간직하고 있는 조에족과 같은 아마존 부족의 모습과 인간에 의해 파괴되어가고 있는 아마존 밀림의 폐해를 생생하게 담아냈다. 이 작품은 사전 조사 9개월, 제작 기간 250일, 제작비 15억 원이 투입되었는데, 한국 다큐멘터리 사상 최고의 시청률(AGB닐슨 수도권 기준 25.3%)을 기록하며 큰 화제를 모았다. 영화로도 제작되어 10만 관객을 돌파했으며, 세계적 권위를 자랑하는 뉴욕 페스티벌에서 은상을 수상하기도 했다(≪OSEN≫, 2011.4.13).

MBC '지구의 눈물' 세 번째 시리즈인 〈아프리카의 눈물〉(2011)은 기후온난화가 아프리카 대륙에 가져온 비극을 담아내고 있다. 이 다큐멘터리는 아프리카에 사는 다양한 원시 부족의 삶을 보여주고, 지구온난화로 사막화되어가는 척박한 땅에서 물과 초지를 찾아 떠도는 사막코끼리의 대장정과 만년설이 녹아내리는 킬리만자로와 주변 초원의 사막화 현상을 보여준다. 지구의 온난화가 아프리카 사회 부족들과 개인에게 어떤 영향을 미치는지 담아낸 것이다. 사전 취재 기간 1년, 현지 촬영 기간 307일, 총 제작비 12억 원이 투입된 대작 〈아프리카의 눈물〉은 10% 이상의 시청률을 기록했을 뿐만 아니라 극장에서도 개봉했다(고재열, 2011).

'지구의 눈물' 마지막 시리즈인 MBC 〈남극의 눈물〉(2011)은 남극의 주인인 펭귄, 해표, 고래의 삶을 보여준다. 지구온난화로 인해 위기를 맞은 남극의 생태계를 담담하게 보여주며 지구의 아름다움과 함께 아픔을 전한다. 이 다큐멘터리도 제작비가 25억이 든 대작으로, 10% 이상의 시청률을 기록했으며, 3D 극장판 〈황제펭귄 펭이와 솜이〉로 재제작되어 극장에서 개봉되기도 했다(≪TV리포트≫, 2011.3.10).

SBS의 〈최후의 툰드라〉(2010)도 시베리아 툰드라 7000km를 13개월의 사전 조사와 300여 일에 달하는 현장 취재를 하면서 제작비 9억 원을 들여 제작했는데, 10% 이상의 시청률을 기록했을 뿐 아니라 TV에서 방송하지 않은 장면을 담아 극장에서도 개봉했다(고재열, 2011). SBS 〈최후의 바다, 태평양〉(2011)은 북극에서 남극까지 지구 면적의 3분의 1을 차지하는 세계 최대의 해양, 태평양에 대해 제작비 총 13억 원, 제작 인원 50명을 동원해 1년 동안 촬영했다. SBS 〈최후의 제국〉(2012)은 최적의 시스템이라 불렸던 자본주의가 왜 이렇게도 많은 부작용을 야기하는 것인가에 대한 질문에서 시작해 전 세계 곳곳에서 목소리가 높아지고 있는 고장 난 자본주의와 그에 대한 해결책을 모색한다, 남태평양 솔로몬 제도의 아누타Anuta섬 외에도 미국을 비롯해 중국과 히말라야 산자락, 파푸아뉴기니 등 6만 5000km를 돌며 약 1년간 촬영했으며, 약 10억 원의 제작비가 들었다(≪OSEN≫, 2012.11.14).

EBS 〈한반도의 공룡〉(2008)은 제작 기간 약 8개월, 제작비 총 50억 원이 소요된 대작 중의 대작이다. 이미 그림책 70만 부, 전시회 40만 명의 위력을 보여준 데 이어, 다큐멘터리를 기반으로 3D 애니메이션 〈점박이: 한반도의 공룡 3D〉로 재탄생해 100만 명에 육박하는 관객을 동원했다(이문원, 2012). 영화 〈점박이: 한반도의 공룡 3D〉는 개봉 전 해외 33개국에 판매된

그림 8-1 TV 프로그램 　　　　그림 8-2 도서 　　　　그림 8-3 영화 포스터

데 이어 베를린 국제영화제를 통해 영국과 프랑스, 이집트 등 23개국에 추가로 수출되었으며, 북미는 물론 유럽, 아시아, 라틴아메리카 등 전 세계로 수출되었다(≪방송문화≫, 2012.4). 그리고 IPTV와 DVD 등에서도 부가 수익을 창출하며 한국과 글로벌 시장에서 큰 성과를 거두었다.

이상에서 살펴본 바와 같이, 경쟁이 치열한 방송 환경에서 살아남기 위해 방송사들은 대규모 제작비를 투입한 블록버스터급 대형 다큐멘터리를 제작함으로써 그 나름의 경쟁력을 확보하고자 노력하고 있다. 다큐멘터리 제작비를 살펴보면, EBS 〈한반도의 공룡〉 50억 원, MBC 〈남극의 눈물〉 25억 원, MBC 〈북극의 눈물〉 20억 원, KBS 〈슈퍼피쉬〉 20억 원, SBS 〈최후의 바다, 태평양〉 13억 원이 투입되었다. 이렇듯 대규모 제작비가 투입되는 이유는 갈수록 높아지는 시청자들의 눈높이에 맞추기 위해 최첨단 촬영 기법이 동원되고 촬영 기간도 방대해졌기 때문이다. 이들 대형 다큐멘터리는 많은 돈을 투입해 공들여 제작한 만큼, 전 세계에 수출해 막대한 수익을 내고 있다. 이는 기본적으로 다큐멘터리에는 문화적 장벽이 없기 때문에 가능한 일이다. 다큐멘터리의 경우 순간 매출은 폭발적이지 않지만 지속적인 수익을 창출할 수 있으며 방송사의 이미지를 제고해준다는 점 또한 주목할 만하다.

또한 막대한 제작비를 투입한 블록버스터급 대형 다큐멘터리는 '원 소스 멀티 유즈one-source mulit-use'를 통해 파급효과를 극대화하고 있다. '원 소스 멀티 유즈'는 하나의 콘텐츠를 출판, 영화, 게임, 음반, 애니메이션, 캐릭터 상품 등 다양한 장르로 변용해 판매함으로써 부가가치를 극대화하는 것이다.

먼저, 방송사들이 막대한 돈을 투자해 제작한 블록버스터급 대형 다큐멘터리는 다큐멘터리 영화로 재편집되어 극장에서 상영되는 경향이 있다. 2007년 〈차마고도〉, 2008년 〈한반도의 공룡〉, 〈북극의 눈물〉, 2009년 〈아마존의 눈물〉, 2011년 〈아프리카의 눈물〉, 〈남극의 눈물〉 등 TV 다큐멘터리의 극장판 버전이 관객들에게 큰 사랑을 받으면서 TV 다큐멘터리의 영화 진출은 증가하는 추세이다. 디지털 방송의 도입으로 HD 방송 제작이 보편화되면서 방송용 프로그램을 HD 방식의 디지털 시네마용 영화로 쉽게 활용할 수 있게 된 덕분이다. 즉, 방송 다큐멘터리용 촬영물을 매체 전환 과정 없이 단순히 재편집하는 과정을 통해 영화용 다큐멘터리로 쉽게 재활용할 수 있게 된 것이다. 또한 다큐멘터리를 기반으로 3D 영화로 재탄생하기도 하는데, EBS 〈점박이: 한반도의 공룡 3D〉, MBC 〈남극의 눈물〉, KBS 〈슈퍼피쉬〉가 그 예이다. 이와 같이 방송 다큐멘터리들이 영화로 개봉되는 것은 콘텐츠의 또 다른 확장을 의미한다.

그뿐 아니라 책으로 출간되거나 전시회를 열기도 하고, IPTV와 DVD 출시를 통해 부가가치를 창출하기도 한다. 한 예로, MBC 〈북극의 눈물〉은 책과 DVD로도 출시되어 높은 인기를 얻었고, 유럽 각국의 지상파 방송사에 판권이 판매되기도 했다. 또 다른 예로, EBS 〈한반도의 공룡〉은 그림책으로 출판되고, 전시회를 열기도 했으며, IPTV와 DVD 등을 통해 부가가치를 창출했다. 이와 같이 요즘 제작되는 대형 다큐멘터리들은 동일한 콘텐츠의 유통 범위를 전폭적으로 확장시킴으로써 추가적인 비용 부담은 최소화하면서 높은 부가가치를 창출하는 것이다. 바로 이러한 '원 소스 멀티 유즈' 전략은 현재 다매체·다채널 시대의 경쟁 상황에서 문화산업의 효과적인 전략으로 각광받고 있다.

4. 21세기 한국 다큐멘터리와 사실의 재현성

이 장에서는 디지털 기술의 비약적인 발달과 다매체·다채널 미디어 환경에서 다큐멘터리가 겪는 변화에 대해 살펴보았다. 2000년대에 접어들면서 디지털 기술의 비약적인 발전으로, 인간의 상상으로만 가능했던 많은 장면들이 실재實在 영상처럼 제작되고 이로 인해 더 풍요로운 체험이 가능해졌다.

캠코더의 소형화·경량화로 기동성과 현장성을 확보하면서, 일상적인 소재를 재발견하여 구성한 '생활밀착형 현장성' 프로그램들이 등장하기도 했다. 또한 초소형 정밀 카메라, 초고속 카메라, 최첨단 의학 장비와 촬영 장비들의 등장은 그간 영상화할 수 없어서 주제 또는 소재로 채택할 수 없었던 인체 내부의 기능과 작용을 다룰 수 있게 됨으로써 과학과 의학 다큐멘터리의 소재 영역을 대폭 확장해주었을 뿐만 아니라, 인간 심리 영역까지 과학적으로 다룰 수 있게 해주었다.

또한 디지털 특수 영상기술의 발전으로 현실 세계에 존재하지 않는 가상 생물체의 형상을 컴퓨터 그래픽 기술로 가시화하고 이들의 움직임을 생동감 있게 표현할 수 있게 되었다. 현장성을 중요한 표현 방식으로 삼으며 현실 전달을 위해 리얼리즘을 추구해왔던 다큐멘터리 제작 현장에 가상의 디지털 이미지가 상용화되기 시작된 것이다. 다큐멘터리는 이제 사실을 효과적으로 보여주기 위해 '현장성'에 집착하는 단계를 넘어, 사실을 효과적으로 보여주기 위해서라면 가상 이미지까지도 적극적으로 사용하는 단계로 들어선 것이다.

그뿐만 아니라 미디어 기술의 발달로 수많은 미디어와 채널이 등장하고, 수많은 프로그램과 경쟁하면서 다큐멘터리의 상업화·오락화 경향은 더욱 심화되고 있다. 즉, 전통 다큐멘터리의 '정보성'에 '오락성'이 더해지면서 세미다큐멘터리, 소프트 다큐멘터리, 변형 다큐멘터리 등으로 불리는 다큐멘터리가 등장한 것이다. 또한 더 폭넓은 시청자층을 확보하기 위해 역사, 과학, 그리고 문화 등 다큐멘터리 장르 간의 혼합 경향이 나타나고 있다. 자연과 역사 장르가 혼합된 자연사 다큐멘터리, 자연과 기행 장르가 혼합된 자연기행 다큐멘터리 등은 각 분야를 좋아하는 두 시청자층을 모두 유인할 수 있다는 점에서 구사되어지는 상업적 전략인 것이다. 여기에서 한 발 더 나아가 최근에는 다큐멘터리 영역에서 그간 서로 불가침의 영역으로 인식되던 '사실'과 '허구', '실제 세계'와 '가상 세계'의 구분마저도 혼합하는 양상이 나타났다. 이야기의 진정성과 사실성은 고수하면서도 이야기를 표현하는 데 허구적인 장치를 사용하기도 하고, 정반대로 허구적인 이야기를 다큐멘터리적인 기법을 사용하여 담아내기도 하는 것이다.

이처럼 경쟁이 치열한 방송 시장에서 다큐멘터리는 다양한 상업적 전략을 추구하고 있는데, 여기서 중요한 것은 다큐멘터리가 이제 '사실의 재현'에만 집착하지 않는다는 점이다. 기계적이고 표피적인 사실의 재현을 고집하기보다는 오히려 진실을 드러내기 위해서라면 '허구적 세계'나 '가상의 이미지'까지도 사용할 수 있다는 다각적이고도 폭넓은 접근을 시도하고 있다. 하지만 이러한 시도는 다큐멘터리와 픽션 간의 경계를 모호하게 하며 다큐멘터리의 정체성을 훼손한다는 비판을 불러일으키기도 한다.

*

다큐멘터리와 사실의 재현성에 대한
논의를 정리하며

 이 책에서는 다큐멘터리의 탄생과 발전 과정을 초창기부터 가장 최근에 등장한 '애니메이션 다큐멘터리'와 '웹 다큐멘터리' 등 21세기 다큐멘터리의 새로운 양상까지 통시적으로 접근했다. 하지만 단지 연대기적으로 기술하는 것이 아니라, 다큐멘터리의 가장 핵심적인 개념인 '사실의 재현성'이라는 개념을 중심으로 다큐멘터리의 역사적 변화의 흐름을 고찰했다. 사회적·역사적·기술적 요인들에 의해 다큐멘터리의 가장 핵심 키워드인 '사실의 재현성'이라는 개념이 어떻게 변화하게 되었는지를 살펴본 것이다.

 제1부에서는 다큐멘터리의 역사를 서구 세계를 중심으로 하여 통시적으로 고찰하며, 다큐멘터리의 변화와 더불어 다큐멘터리의 핵심 개념인 '사실의 재현성'에 대한 인식론적 변화를 살펴보았다. 제1장에서는 1920년대 다큐멘터리 역사가 시작될 때 사실의 재현성은 어떤 개념이었는지 고찰했다. 세계 최초의 내러티브 다큐멘터리로 일컬어지는 로버트 플래허티의 다큐멘터리, 이와 더불어 초기 다큐멘터리의 양대 산맥으로 일컬어지는 존 그리어

슨의 다큐멘터리 등을 중심으로 초기 다큐멘터리에 내재된 사실의 재현성 개념을 살펴보았다.

초창기 다큐멘터리에서 '사실의 재현'이라는 개념은 현실의 한 단면을 있는 그대로 보여주는 것에 한정되지 않는다. 영화를 창시했던 뤼미에르 형제는 현실의 단편을 있는 그대로 기록함으로써 '현실의 단편에 대한 즉시적인 재현'을 이루어냈다. 하지만 내러티브가 있는 최초의 다큐멘터리를 제작한 플래허티에게 사실의 재현이라는 것은 촬영 당시의 현재적 시점에 국한되지 않는다. 과거에 존재했었던, 현재에는 이미 사라진 것도 그 내용이 사실이라면 재연을 통해 표현했다는 점에서, 플래허티에게 사실의 재현은 과거나 현재라는 시점의 한계를 넘어 전달하고자 하는 내용의 '사실성'을 담보로 한 재현으로 확장된다.

그리어슨은 플래허티와 상당히 다른 양식의 다큐멘터리를 만들었지만, 사실의 재현이 현재적 사실에 국한되지 않는다는 점에서는 유사한 생각을 갖고 있음을 알 수 있다. 즉, 그리어슨은 명백한 관점을 바탕으로 사실들을 나열하고 의미를 부여했다는 점에서 사실을 있는 그대로 보여주려고 했던 플래허티와 다르지만, 현실의 재현만 고수하는 것이 아니라 과거의 기록, 과거에 재현된 사실의 기록도 의미 있는 자료로 사용했다는 점에서는 공통점을 찾을 수 있다. 따라서 플래허티와 그리어슨에게 '사실의 재현'이라는 개념은 과거와 현재라는 시점의 한계를 넘어 재현하고자 하는 내용이 사실이라면 과거 사실의 기록 또는 재연까지도 포괄하는 개념이라고 할 수 있다.

제2장에서는 1930년대에서 1940년대에 이르기까지 미국과 유럽을 중심으로 세계의 다큐멘터리가 어떻게 발전하고, 사실의 재현성 개념이 이들 다큐멘터리에서 어떻게 확대·발전했는가를 살펴보았다. 1930년대 대공황

시기를 맞게 되는데, 이러한 사회적·역사적 상황에서 미국 정부의 정책을 홍보하고 설득하는 다큐멘터리가 등장했다. 다큐멘터리는 이러한 상황에서 등장하게 된 뉴딜 정책을 효과적으로 수행하기 위한 도구로 활용된 것이다. 비슷한 시기에 유럽, 특히 독일에서는 히틀러의 등장과 함께 나치 정권의 선전·선동의 다큐멘터리가 등장한다. 레니 리펜슈탈의 〈의지의 승리〉(1935)와 〈올림피아〉(1938)가 그것인데, 이들은 인류 역사상 가장 잔혹했던 히틀러의 나치정권체제를 옹호하는 대표적인 선전 다큐멘터리라고 일컬어진다. 히틀러의 요청으로 만들어진 이 영화들에는 현실을 있는 그대로 기록한 것과 같은 외양을 취하고 있지만, 현실에 대한 은밀한 왜곡과 조작으로 히틀러를 독일의 영웅으로 부각시키고 있다. 따라서 이 영화는 나치와 히틀러에 대한 정치 선전의 도구로 평가받는다. 1940년대에 접어들면서는 제2차 세계대전 동안 각국에서 정부의 제작 지원을 받아 애국심을 고취하는 선전 다큐멘터리가 다수 제작되었다.

이와 같이 1930년대에서 1940년대에 이르기까지 전 세계는 대공황과 제2차 세계대전의 소용돌이 속에 휘말리는데, 이러한 역사적 상황 속에서 세계 각국에서는 정부 정책의 홍보, 정치체제에 대한 선전, 애국심을 고취하기 위한 선전 등 설득을 목적으로 하는 다큐멘터리가 주로 제작되었다. 사실의 재현을 기본 바탕으로 하지만, 국가적인 차원에서 정부가 국민들의 관심과 협조를 얻기 위한 설득의 방편으로 다큐멘터리를 이용한 것이다. 선전과 홍보를 위한 설득의 다큐멘터리에서 '사실의 재현'이라는 개념은 초창기 영국의 존 그리어슨의 다큐멘터리에서 정립된 개념을 이어가고 있다. 영국의 존 그리어슨, 미국의 페어 로렌츠, 독일의 레니 리펜슈탈은 모두 자국 정부의 제작 후원을 받아 당시의 정부 정책이나 정치적 이데올로기 등을 지원하기 위해 다큐멘터리를 제작한 것이다. 이들 영화에서 다큐멘터리의 개념은 전달하는 내용이 사실이라면 과거 사실의 재현이냐 현재 사실의 재현이냐에 상관없이 '사실의 재현'으로 받아들이며, 그리어슨의 다큐멘터리와 마찬가지로, 이러한 사실의 재현은 제작자의 명백한 관점을 바탕으로 엮어졌다.

제3장에서는 초창기 다큐멘터리에서 크나큰 변화를 보여준 1960년대 다큐멘터리의 두 조류에 대해 고찰하며, 이들 다큐멘터리에서 사실의 재현성 개념이 어떻게 변화했는지 살펴보았다. 1960년대에는 그 당시 등장한 새로운 기술에 의해 카메라 앞에서 펼쳐지는 상황을 포착할 수 있게 되었는데, 이로 인해 새로운 형식의 다큐멘터리가 등장한다. 미국에서는 객관적인 관찰을 강조함으로써 사람들의 외적 진실을 포착하려는 '다이렉트 시네마'의 경향으로, 유럽에서는 제작진과 촬영 대상 간의 상호작용을 통해 사람들의 내적 진실을 포착하려는 '시네마 베리테'의 경향으로 나타났다.

다이렉트 시네마는 사람들을 간섭 없이 있는 그대로 촬영함으로써 '순간 포착의 미학'을 보여주고자 한다. 다이렉트 시네마에서 감독은 투명 인간과 같은 '관찰자'로서 카메라를 상황 속에 배치해놓고 진실을 포착하기 위해 기다린다. 다이렉트 시네마는 '객관적인 관찰'을 통해 주제를 '기록'하고 드러내는 작업에 충실하고자 사건을 해석하거나 설명하는 내레이션이나 인터뷰를 사용하지 않는다. 인터뷰나 내레이션이 없어서 관객들은 인물과 사건에 관해 단지 관찰할 수 있을 뿐이다.

반면에 시네마 베리테는 감독이 인터뷰, 토론 등을 통해 사람들의 삶에 직접 개입해 촬영 대상자의 내면적인 진실을 포착하고자 한다. 시네마 베리테 감독은 카메라 앞에서 촬영 대상과 인터뷰를 통해 상호작용하며 그들이 자신들의 삶에 대해 생각해볼 수 있게 하는 '촉매자'의 역할을 하길 바란다. 즉, 카메라에 진실이 포착되기를 기다리는 사람이 아니라 진실의 노출을 촉진하는 적극적인 '참여자'가 된다. 따라서 시네마 베리테에서 감독은 카메라 앞에 종종 등장하는데, 이는 이 영화가 제작자의 시각에서 구성된 하나의 영화임을 관객들이 인식하게 해준다.

여기서 '사실의 재현성' 개념은 초창기 다큐멘터리에 내재된 개념과는 다르다. 초창기 다큐멘터리에서는 과거 또는 현재라는 시점보다는 그 내용이 사실인가의 여부가 훨씬 더 중요했다. 따라서 그 내용이 사실이라면 과거 내용을 재연하든, 현재 내용을 재현하든 별 문제가 되지 않았다. 하지만 1960년대 현실을 기동성 있게 포착할 수 있는 촬영 장비가 발달되면서, '사실의 재현성' 개념은 오히려 훨씬 더 엄밀해졌다. 촬영기술의 발달로 '순간 포착'이 가능해지면서, '사실의 재현성'은 현재 시점에서 카메라 앞에서 벌어지고 있는 상황의 기록으로 그 개념이 더욱 엄밀해졌다. 즉, 지금 현재 카메라 앞에서 벌어지는 현실을 있는 그대로 포착하는 것이 이들 작품 속에 내재된 '사실의 재현성' 개념인 것이다.

'현실을 있는 그대로 포착하는 것' 즉, 그들은 모두 촬영 대상이 처한 현실을 있는 그대로 포착하는 것을 목표로 함으로써 카메라 앞에서 포착하는 현실의 '현재 시점'이 중요하다. '객관적인 관찰'을 강조하는 다이렉트 시네마의 경우, '현재' 카메라 앞에서 펼쳐지는 외적 진실을 포착하려는 것이다. 반면에 인터뷰 등을 통해 인위적인 상황을 유발하여 사람들 내면에 숨겨진 내적 진실을 끄집어내려 하는 시네마 베리테의 경우, '현재' 카메라 앞에서 사람들이 토로하는 그들의 내적 진실을 포착하고자 추구했던 것이다. 1960년대 다큐멘터리의 두 주류를 형성한 다이렉트 시네마와 시네마 베리테에서 '사실의 재현성'은 현재 카메라 앞에서 벌어지고 있는 사실, 즉 현재 시점의 사실로 제한됨으로써 다큐멘터리의 영역을 매우 좁게 만들었다.

제4장에서는 1980년대 이후 등장한 다큐멘터리에서 사실의 재현성 개념

이 다큐멘터리 감독의 주관성과 충돌하며 어떻게 수정되는지를 보여주었다. 인간의 손이 개입되지 않은 채 기계적으로 현실 세계를 재현하는 카메라의 속성과 감독이 개입하지 않고 있는 그대로 기록한다는 객관적 재현에 대한 믿음을 토대로, 다큐멘터리는 전통적으로 공적인 이슈를 객관적인 시선으로 묘사하는 역할을 담당해왔다. 이러한 전통은 1930년대 존 그리어슨의 사회적 다큐멘터리에서 비롯되어, 1960년대에 이르면 절대적 객관성을 추구하는 다이렉트 시네마에서 절정을 이룬다.

하지만 1960년대 이후 등장한 포스트모더니즘 담론에 의해 '과연 절대적인 객관성이 가능한가?'라는 근본적인 문제가 제기되기 시작했다. 있는 그대로의 현실을 카메라가 투명하게 보여주는 것은 환영에 불과하다는 것이다. 그래서 어차피 객관적인 진실을 담보할 수 없다면, 다큐멘터리에서 보여주는 '사실의 재현'이 감독에 의해 선택된 기록, 만들어진 기록이라는 점을 영상에 그대로 보여주는 것이 '진실'을 드러내는 이상적인 방법이라고 보게 되었다. 이에 1980년대 이후에는 전지적이고 객관적인 전통적 방식에서 벗어나 감독 자신의 주변 소재를 주관적인 입장에서 다룬 다큐멘터리가 등장했다. 작품 속에 감독의 존재를 드러내고 아이러니, 풍자, 패러디 등을 이용함으로써, 전통적으로 다큐멘터리가 사실을 있는 그대로 재현한다는 믿음을 깨트리고 오히려 이러한 믿음의 전복을 이용해 수용자 스스로 다큐멘터리가 주장하는 진실의 상대적 가치를 생각하도록 만드는 것이다. 이에 그동안 진실을 객관적으로 전달하는 장치로 받아들여졌던 여러 가지 관습의 사용을 거부하고, 다큐멘터리 속에 제작자의 시각이나 특정한 이데올로기가 숨어 있다는 것을 의도적으로 드러내어, 관객들이 스스로 진실을 구성할 수 있도록 하는 다큐멘터리가 등장했다.

이러한 양식의 다큐멘터리를 '성찰적 양식'이라고 하는데, 이는 다큐멘터리가 실제 세계를 객관적으로 재현한다는 전통적인 다큐멘터리의 '사실의 재현' 방식이 절대적으로 불가능한 것이라고 믿고, 오히려 제작자의 관점임을 의도적으로 드러내는 것이다. 이를 위해 기존 다큐멘터리가 제작의 결과만을 보여준 것과 달리, 제작 과정을 드러낸다. 영화 제작 과정을 드러내 영화와 현실의 관계를 지속적으로 관객에게 인식시키는 것이다. 관객이 보는 것은 사실 자체가 아니고 사실의 일부일 뿐이며 영화일 뿐이라는 점을 강조한다. 즉, 다큐멘터리 작품 내에 다큐멘터리가 사실을 있는 그대로 객관적으로 재현한다는 바로 그 점에 관객들이 의문을 제기하게 하고, 다큐멘터리 작품 내에서 감독이 주관적으로 구성한 메시지를 보며 관객 스스로 진실을 구성하도록 하는 것이다.

성찰적 다큐멘터리는 크게 두 가지 경향으로 나타나는데, 첫 번째는 다큐멘터리의 감독 자신을 작품에 적극적으로 드러내는 것이다. 마이클 무어의 〈로저와 나〉(1989)와 같이, 감독 자신이 카메라 앞에 등장하며 관련된 사람들을 직접 인터뷰하기도 하고 1인칭 내레이션을 사용하며 작품에 적극적으로 개입하는 주관적 다큐멘터리 스타일인 것이다. 두 번째 경향은 에롤 모리스의 〈가늘고 푸른 선〉(1988)처럼 진실을 구성하는 과정을 작품에 드러내는 것이다. 전통적인 다큐멘터리에서는 철저한 조사를 바탕으로 내린 결론을 논리적으로 제시하는 방식을 사용했다. 반면에 이 작품에서는 새롭거나 모순적인 증거가 등장할 때마다 범죄 장면을 다시 변화된 설정으로 재연해 제시함으로써, 재연의 구성적 허구성을 의도적으로 드러낸다. 즉, 이 작품은 사건에 대한 모순된 재연 장면의 나열을 통해 진실이 구성되는 과정을 펼쳐 보여주는데, 이러한 과정 속에서 관객 스스로 '진실을 구성하도록 요구한다.

1980년대 이후 새롭게 등장한 다큐멘터리 중 또 다른 하나는 감독 자신이 하나의 '가설' 또는 '계획'을 세우고 이를 수행하는 과정을 담아내는 '수행적 양식'이다. 수행적 다큐멘터리는 감독이 체계적이고 치밀한 상황을 계획해 연출하고, 감독 스스로 그 계획을 수행하는 과정을 담아낸다. 상황은 철저한 계획과 통제하에 만들어지지만, 일단 의도했던 상황이 발생하고 나면 그 계획이 수행되는 과정 및 결과에 대해서는 어떠한 통제나 조종을 개입하지 않고, 있는 그대로 관찰한다. 수행적 다큐멘터리는 객관적인 지식의 결과물을 전달하는 것이 아니라, 감독이 기획한 수행적 사실을 통해 관객 스스로 진실을 구축하도록 하는 것이다.

즉, 1980년대 이후에 등장한 성찰적 다큐멘터리와 수행적 다큐멘터리는 객관적인 사실의 재현성을 부정하고, 주관적인 사실의 재현성을 노골적으로 드러냄으로써 관객 스스로 다큐멘터리에서 주장하는 진실의 상대적 가치에 대해 고민하고 관객 스스로 진실을 구축하는 다큐멘터리를 추구하는 것이다.

제5장에서는 2000년대 이후 다큐멘터리가 '사실'과 '허구'의 경계를 무너뜨리며 영역을 확장해가고 있는 것을 보여주었다. 21세기에 접어들면서 다양한 다큐멘터리가 등장하는 가운데 주목해야 할 점은 '사실의 재현'을 기본 토대로 하는 다큐멘터리에서 '허구'와 결합한 다큐멘터리가 등장했다는 것이다. 모큐멘터리와 애니메이션 다큐멘터리가 바로 그것이다. 사실의 재현을 목표로 하는 다큐멘터리가 '허구적 내용'과 결합한 것이 모큐멘터리이며, '허구적 표현 형식'과 결합한 것이 애니메이션 다큐멘터리이다. 즉, 다큐멘터리의 기본 토대라고 할 수 있는 '사실성'과 그 대척점에 있는 '허구성'이 모순적으로 결합한 형태의 다큐멘터리가 등장한 것이다.

먼저, 모큐멘터리는 허구적인 이야기를 다큐멘터리의 기법으로 제작한 것으로, 다큐멘터리의 코드와 관습을 완전히 허구적 내용에 적용한 것이다.

다큐멘터리에서 사용하는 사실성을 담보하는 여러 장치를 사용하지만 실상 그것들이 담아내는 내용은 허구적 내용이었다는 것을 엔딩 크레딧이 올라갈 때에 비로소 관객들이 알아차리게 함으로써, 다큐멘터리의 표현 관습들이 과연 '사실성'을 담보할 수 있는 것인지에 의문을 제기한다. 다큐멘터리가 현실 세계의 실제 이야기를 객관적으로 재현하거나 재구성할 수 있다는 '다큐멘터리의 사실성'에 도전하는 것이다.

모큐멘터리에는 상업적인 관점에서 관객을 끌어들이기 위해 다큐멘터리의 관습이 지니는 극사실감을 이용하는 유형(페이크 다큐멘터리)이 있고, 진실 추구의 관점에서 진실을 얻기 위한 하나의 전략으로 '허구'를 사용하는 유형(모큐멘터리)이 있다. 전자는 페이크 다큐멘터리라고 할 수 있으며, 후자가 진정한 의미에서 모큐멘터리라고 할 수 있다. 모큐멘터리에서는 현실을 다룬다는 형식적 의미에 얽매이는 것이 아니라 관객들에게 전달되는 '내용의 진실'을 추구하는 것이다. 즉, 리얼리티가 아닌 것을 통해서도 진실을 보여줄 수 있다는 점에서 '허구'를 차용하는 것이다. 하지만 제작자의 의도가 성찰적 목적인가 아니면 상업적 목적인가와 상관없이, 다큐멘터리의 관습을 이용해 제작한 허구의 다큐멘터리는 모두 다큐멘터리 장르와 그것이 기초하는 사실성 담론에 대해 수용자가 비판적으로 성찰할 수 있도록 이끌어준다. 즉, 다큐멘터리에서 관습적으로 사용하는 사실적인 기법을 사용했다고 해서 모두 '사실성'을 담보하는 것은 아니라는 것을 보여주는 것이다.

두 번째로, 애니메이션 다큐멘터리는 '허구적·주관적인 표현'을 토대로 하는 애니메이션 표현 형식을 사용하여 실제 이야기를 담아내는 것이다. 애니메이션 다큐멘터리가 본격화된 것은 테크놀로지의 발전과 관련이 깊다. 디지털 테크놀로지의 발전으로 영상과 음향의 조작과 변형이 손쉬워지면서, 현실의 물리적인 기록이 지니는 '진실성'에 대한 회의가 생기게 되었다.

이에 따라 다큐멘터리에서 '진실'을 드러내기 위해 더 이상 현실의 물리적인 기록, 즉 '리얼리티'에 한계를 둘 필요가 없다는 인식이 생겨났다. 이러한 인식의 변화와 함께 실사 영상으로 표현하기 어려운 내면적 의미와 무의식의 세계를 애니메이션 다큐멘터리로 효과적으로 표현하게 되었다.

〈바시르와 왈츠를〉(2008)과 같은 애니메이션 다큐멘터리는 실제로 벌어진 역사적 사건과 그에 관한 주관적 기억을 애니메이션 이미지를 통해 재현함으로써, 실사 영상이 담아낼 수 없는 진실을 표현하고 있다. 이 작품은 실존했던 역사적 사실을 실사 영상이 아닌 애니메이션 표현 방식을 통해 재현함으로써, 표면적인 리얼리티가 아니라 이면에 존재하는 내면적 진실을 드러내고자 한 것이다. 즉, 실제로 일어났던 사건의 객관적인 재현에 얽매이기보다 표현이 자유로운 애니메이션의 제작 방식을 사용함으로써 현실과 실재에 대한 재현의 영역을 무한히 확장한 것이다.

21세기에 접어들면서 새롭게 부상하고 있는 또 다른 유형의 다큐멘터리가 바로 '웹 다큐멘터리'이다. 웹 다큐멘터리는 발전된 인터랙티브 인터페이스를 통해 웹을 기반으로 한 인터랙티브 다큐멘터리로 진화했다.

이 책에서는 〈가자-스데롯〉(2008), 〈석탄 끝으로의 여행〉(2008), 〈프리즌 밸리〉(2010) 등의 웹 다큐멘터리를 꼼꼼히 분석해본 결과, 이들 웹 다큐멘터리는 특정 주제에 대해 독특하면서도 유기적인 서사 구조를 엮어내고 있음을 발견할 수 있었다. 따라서 사용자의 선택에 따라 각기 자신이 원하는 방식으로 콘텐츠를 경험하게 하며 이전에는 경험할 수 없었던 새로운 정서적 체험을 제공한다. 인터랙티브 다큐멘터리에서 관객(웹 이용자)은 일방적으로 제공된 영상을 수동적으로 관람하는 것이 아니라, 적극적이고 능동적으로 텍스트를 탐험하는 주체가 된다.

이와 같은 웹 다큐멘터리는 이전의 전통적 다큐멘터리와는 전혀 다른 리얼리티 경험을 제공하면서, 다큐멘터리의 전통적 인식론을 뒤흔들고 있다. 관객의 상호작용적 선택을 통해 구성되는 리얼리티는 전통적인 다큐멘터리가 지지해왔던 리얼리티 개념과는 다르다.

인터랙티브 다큐멘터리는 관객이 각기 자신만의 방식으로 현실을 체험하도록 자유와 선택권을 부여함으로써 다양한 리얼리티를 스스로 구성하도록 이끈다. 따라서 인터랙티브 다큐멘터리에서 제공하는 리얼리티는 감독에 의해 일방적으로 만들어지는 것이 아니라, '관객들에 의해 구성된 리얼리티'이다. 인터랙티브 다큐멘터리에서는 이용자들이 선택하는 순서나 과정에 따라 다큐멘터리가 재현하는 현실이 달리 구성되기 때문에, 하나의 관점에 의한 객관적인 지식이 아니라, 관객 각각의 관점에 의해 달리 구성되는 다중 관점적 지식을 생산한다. 즉, 관객의 관여와 선택에 따른 결과물로써 이야기를 경험하게 되는 것이므로 개인적 선택의 결과에 따라 이용자 개인이 체험하는 이야기가 각기 달라지는 것이며, 이로 인해 얻게 되는 리얼리티 경험 또한 달리 구성된다.

이를 토대로 제2부에서는 한국의 상황에서 다큐멘터리의 생성과 변화에 대해 살펴보며 '사실의 재현성' 개념이 어떻게 변화하고 있는지 고찰했다. 제6장에서는 1960년대 한국 다큐멘터리가 어떤 사회문화적 상황에서, 그리고 어떤 방송 환경에서 등장했는가를 살펴보았다.

한국에 TV 방송사가 등장한 것은 1960년대에 이르러서이다. 1961년에 KBS-TV가 개국했으며, 1964년에는 TBC-TV(동양방송)가, 1969년에는 MBC-TV가 개국했다. 1960년대 초반에는 제작 및 기술상의 어려움으로 인해 방송사에서 자체 제작되는 프로그램이 상당히 제한되어 있었다. 이런 가운데 1963년 KBS가 광고 방송을 시작하고, 1964년에는 민간 상업방송인 TBC가 등장함으로써 오락 프로그램이 더욱 강화되었다. 이러한 상황에서 1964년

KBS-TV가 유일하게 자체 제작한 다큐멘터리 프로그램이 〈카메라 초점〉이다. 이는 정부의 건설 사업과 여러 가지 중요 활동을 필름으로 제작한 것으로, 한국 텔레비전에서 최초의 다큐멘터리 형식의 프로그램이라고 할 수 있다.

1970년대에 접어들면서 유신 정권의 정당성 확보와 정책 홍보를 위해 다큐멘터리가 적극 활용되었다. 이로 인해 다큐멘터리는 사실을 단순히 나열해 전달하는 것이 아니라, 현실 사회에 대한 명확한 주장을 담고 있었다. 즉, 이 시기의 다큐멘터리는 기계적이고 객관적인 '사실의 재현'을 추구했다기보다는 제작자의 명확한 관점에 토대를 둔 '사실의 재현'을 추구했던 것이다.

제7장에서는 1980년대 이후 등장한 다양한 한국 다큐멘터리 장르의 변화에 대해 탐색했다. TV 다큐멘터리의 장르별 변화뿐만 아니라, 한국 독립 다큐멘터리가 등장한 사회문화적 배경과 역할에 대한 고찰도 함께 했다. 다큐멘터리의 이러한 역사적 발전 과정 속에서 사실의 재현성 개념에 대한 인식론적 변화에 대한 탐색은 계속되었다.

한국의 다큐멘터리는 시사 다큐멘터리부터 시작되었다고 할 수 있다. 1960년대부터 시작해 1980년대 말까지 한국의 시사 다큐멘터리는 정권에 의해 정책 홍보적·사회 계도적 목적으로 활용되어왔다. 1990년대에 이르러서야 다양한 사회적인 문제에 대해 진지하게 접근하는 시사 프로그램이 나타나기 시작했다. 정치적으로는 문민정부 수립으로 인해 군사 정권이 종식되었고, 경제적으로는 국민의 관심이 생존 그 자체에서 '삶의 질' 문제로 자연스럽게 옮겨갔기 때문이다. 그 결과, 시사 다큐멘터리에서도 사회복지나 교통 문제, 환경문제, 아동과 여성 같은 소수자 문제, 탁아 문제, 고령화 시대 노인 문제, 해외입양아 문제, 장애인 문제, 산업안전 문제 등 이전에는 제대로 다루어지지 않았던 다양한 소재를 자주 다루게 되었다.

시사 다큐멘터리는 언제든 정치적 목적으로 활용될 가능성을 지니고 있는데, 이는 다큐멘터리 장르가 사람들에게 부여하는 '진실 효과' 때문이다 (김균·전규찬, 2003: 93). 하지만 시사 다큐멘터리에서 '사실의 재현'은 절대적으로 객관적인 재현이 아니라, 분명한 관점과 주장을 담은 재현임을 명백히 알 수 있다. 따라서 다큐멘터리에 부여된 '사실의 재현성'이라는 것은 다큐멘터리가 절대적인 객관성을 담보하는 것에서 비롯된 것이 아니라 다큐멘터리가 사실을 재현한다고 믿는 사람들의 믿음에서 비롯된 것이다.

역사 다큐멘터리는 특정한 관점, 특정한 사관에 기초하여 과거의 사실을 선택하고 해석할 수밖에 없다. 그럼에도 불구하고, '사실의 재현'이라는 다큐멘터리의 장르 관습에 의해 다큐멘터리가 사실에 근거하여 역사적 사실을 있는 그대로 반영한 것이라고 믿게 된다. 21세기에 접어들면서 디지털 특수효과의 발달로 역사 다큐멘터리 제작이 기존의 실재 현장 영상 중심에서 디지털 이미지를 통한 가상세계의 표현으로 그 표현 영역을 확대해가고 있다. 사실의 재현이 실제 세계의 재현에 얽매이지 않고 디지털 이미지를 통한 역사적 상상력의 표현으로 확대되고 있는 것이다.

휴먼 다큐멘터리는 1960년대 말 한국 텔레비전의 등장과 함께 시작되었다. 먼저 텔레비전이 등장한 직후인 1960~1970년대에는 박정희 정권의 근대화 프로젝트로 인해 휴먼 다큐멘터리에서도 사회봉사자, 불우한 환경 극복, 새마을 운동가 등 국가의 근대화 정책에 호응하는 주제 유형에 속하는 인물을 다룬 계도적(사회계몽적) 성격의 다큐멘터리가 등장했다. 1980년대 중반을 넘어서서는 보통 사람들의 일상적 삶을 조명하는 프로그램들이 속속 등장함을 발견할 수 있다. 1980년대 경제성장에 따른 중산층의 성장은 경제성장에 따른 중산층의 성장은 본격적인 시민사회의 형성을 가져왔고, 결국 권위주의가 해체되며 '보통 사람들'이 휴먼다큐멘터리의 주인공으로

등장하게 된 것이다. 그뿐만 아니라 ENG, 6mm 캠코더의 등장 등 다큐 제
작의 기동성과 현장성을 확보할 수 있는 기술 발달의 영향도 크다. 또한
1980년대 중반 이후 근대화 개발의 그늘 아래 감춰졌던 사회적 소외계층이
나, 사회적·정치적 사건의 희생자나 연루자에 대한 다큐멘터리가 늘어났는
데, 이는 1987년 6월 항쟁으로 이룩해낸 정치적 민주화의 영향이라고 할 수
있다.

1990년대 들어 SBS가 방송 시장에 진입하면서 경쟁이 가열되는데, 이러
한 변화는 휴먼 다큐멘터리의 내용과 형식에도 반영되었다. 내용상 좀 더
개인적이고 드라마틱한 주제 유형이 증대되었으며, 형식상 다큐드라마 형
식이 등장하면서 극적 재구성 경향이 강화되었다.

2000년대 이후 디지털 테크놀로지의 발달로 소형의 경량화된 디지털 캠
코더가 등장하면서 이러한 기동성을 십분 활용하여 현장 포착을 최대화하
는 다큐멘터리 프로그램이 등장하기 시작했다. 6mm 디지털 캠코더는 기존
방송용 카메라와 비교해볼 때, 더 가볍고 조작이 쉬우며 특별한 조명과 기
타 장비의 도움 없이 촬영이 가능하도록 설계되어 있다. 언제 어디서든 현
장을 쉽게 포착할 수 있는 기동성과 현장성을 확보할 수 있는 기술적 환경
의 영향으로 관찰적 요소가 급격히 증대된 다큐멘터리 프로그램들이 등장
했다. 또 다른 한편에서는 드라마와 같은 미니시리즈 형식을 혼용해 일일드
라마처럼 다음 편을 기다리게 함으로써 시청자를 유입하는 휴먼 다큐멘터
리가 등장했다. 이처럼 최근에는 휴먼 다큐멘터리에서 다양한 형식적 실험
이 등장하고 있는데, 일상생활'을 지속적으로 관찰·기록함으로써 '사실의
재현성'을 주요 장치로 사용하면서도 한편으로는 극적인 구성과 연출이 더
욱 적극적으로 개입되고 있다.

자연 다큐멘터리는 자연 속에서 살아가는 동식물의 생태를 그린 것으로,

사실을 바탕으로 한 중립적인 목소리를 갖고, 사회성(목적성)보다는 순수성(예술성)이 강조되며, 주관적 현실 창조보다는 자연의 객관적 현실 묘사를 지향하는 장르로 간주되었다. 하지만 사회 전반적으로 환경문제가 중요하게 부각되면서 개발의 가치보다는 환경 보존의 가치가 훨씬 크다는 점을 설득하고자 하는 주창자적 스타일의 환경 다큐멘터리가 등장했다. 이는 사회의 환경문제에 초점을 둔 것으로, '환경의 중요성' 또는 '환경 보존'의 가치에 대해 다른 사람들의 지지를 얻으려는 명확한 목적을 가지고 있다. 이 때문에 현존하는 사실을 있는 그대로 보여주고 드러내는 '사실주의적 재현'에 머무르는 것이 아니라, 사실적 재현을 바탕으로 현실을 창조적으로 재구성해내고 있다.

한국의 독립 다큐멘터리는 등장할 때부터 '민주화 투쟁', '노동권 투쟁'과 같은 갈등의 현장을 기록하여 제도권 방송이나 상업영화가 담아내지 못하는 현실을 전달해주었다. 하지만 격동의 시기가 지나고 1990년대에 이르러서는 '민주화 투쟁'이나 '노동권 투쟁'과 같은 거대 담론이 차츰 사라지고 일상생활과 관련된 다양한 이슈가 다큐멘터리에서 제작되기 시작했다. 2000년대에는 디지털 영상 테크놀로지가 등장하면서 그 외연을 더욱 확대하게 된다. 디지털 장비에 대한 손쉬운 접근성과 편리함은 누구나 작품을 제작할 수 있게 했고, 이로 인해 다큐멘터리가 다루는 주제가 사회적이고 정치적인 공적 이슈부터 지극히 개인적이고 사적인 내용까지 그 폭을 넓히게 되었다.

제8장에서는 2000년대 이후 한국 다큐멘터리에 나타난 새로운 변화들을 살펴보며, 이러한 변화가 일어나게 된 기술적·방송 환경적 변화를 고찰하고, 이로 인해 야기된 사실의 재현성 개념 변화를 살펴보았다.

2000년대에 접어들면서 디지털 기술의 발달로 소형 관찰 카메라와 컴퓨터 그래픽 기술이 발전하여 인간의 눈으로 볼 수 없는 것들을 표현해낼 수 있게 되면서 다큐멘터리에도 새로운 바람이 불었다. 캠코더의 소형화·경량화에 의해 기동성과 현장성을 확보하면서, 일상적인 소재를 재발견해 구성한 프로그램이 등장하기도 했다. 또한 인체 내부를 촬영할 수 있는 초소형 정밀 카메라, 눈으로 포착할 수 없는 움직임을 영상으로 담아내는 초고속 카메라, 인간 인식의 영역을 영상으로 표현할 수 있는 최첨단 의학 장비와 촬영 장비들의 등장은 그간 영상화할 수 없어서 주제 또는 소재로 채택할 수 없었던 부분들을 다룰 수 있게 해주었다. 특히 인체 내부의 기능과 작용을 다룰 수 있게 됨으로써 과학과 의학 다큐멘터리의 소재 영역을 확장해주었을 뿐만 아니라, 인간 심리 영역까지 과학적으로 다룰 수 있게 해줌으로써 '심리 다큐멘터리'라는 장르가 탄생하게 되었다.

또한 디지털 특수 영상기술은 과거의 광학적인 특수효과로는 표현하지 못했던 영상을 가능하게 하여, 상상적인 내용을 사실적으로 묘사함으로써 시청자의 시선을 사로잡았다. 현실 세계에 존재하지 않는 가상 생물체의 형상을 컴퓨터 그래픽 기술로 가시화하고 이들을 생동감 있게 움직이게 하는 가상 캐릭터 기술의 개발로, 공룡의 진화와 같은 상상의 영역을 실제적인 영상 영역에서 표현할 수 있게 되면서 〈한반도의 공룡〉과 같은 '자연사 다큐멘터리'도 등장했다.

이렇듯 테크놀로지의 발달은 다큐멘터리의 표현 영역을 확장시킴으로써 다큐멘터리의 영역을 넓혀나가고 있다. 디지털 테크놀로지가 '생활밀착형 현장성'과 '가상현실의 미학'을 다큐멘터리에 부여하면서 다큐멘터리 장르의 외연을 넓혀나가고 있는 것이다. 다큐멘터리는 이제 사실을 효과적으로 보여주기 위해 '현장성'에 집착하는 단계를 넘어, 사실을 효과적으로 보여주기 위해서라면 가상 이미지의 효과적인 사용까지도 적극적으로 수용하는 단계로 들어선 것이다.

또한 다매체·다채널로 대변되는 미디어 환경에서 다큐멘터리가 겪는 변화에 대해 살펴보았다. 수많은 채널 속에서 시청자들은 분산화·파편화될 수밖에 없고, 이러한 상황은 다큐멘터리의 상업화·오락화 경향을 더욱 심화시켰다. 다큐멘터리는 시청률 제고를 위해 재미있는 요소 및 기법들을 도입하는데, 이로 인해 다큐멘터리는 자연스럽게 변형되고 있다. 즉, 전통 다큐멘터리의 '정보성'에 '오락성'이 더해지면서 세미 다큐멘터리, 소프트 다큐멘터리, 변형 다큐멘터리 등으로 불리는 다큐멘터리가 등장했다. 또한 역사, 과학, 그리고 문화 등 다큐멘터리 장르 간에 서로 혼합되는 경향이 나타나고 있다. 자연과 역사 장르가 혼합된 자연사 다큐멘터리는 자연과 역사를 좋아하는 두 시청자층을, 자연과 기행 장르가 혼합된 자연기행 다큐멘터리는 자연과 기행을 좋아하는 두 시청자층을 모두 유인할 수 있다는 점에서 구사되어지는 상업적 전략인 것이다.

여기에서 한 발 더 나아가 최근에는 다큐멘터리 영역에서 그간 서로 불가침의 영역으로 인식되던 '사실'과 '허구', '실제 세계'와 '가상의 세계'의 구분마저도 혼합하는 양상이 나타나고 있다. 이야기의 진정성과 사실성은 고수하면서도 이야기를 표현하는 데 허구적인 장치를 사용하는 다큐드라마가 있는가 하면, 정반대로 허구적인 이야기를 다큐멘터리적인 기법을 사용해 담아내는 페이크 다큐멘터리도 있다.

이처럼 경쟁적인 방송 시장에서 다큐멘터리는 다양한 상업적 전략을 추구하는데, 이러한 다큐멘터리를 관통하는 핵심적인 사항은 다큐멘터리가 이제 '사실의 재현'에만 집착하지는 않는다는 점이다. 표면적인 사실의 재현을 고집하기보다는 오히려 진실에 접근할 수 있다면 '허구적 세계'이건 '허구적 장치'이건 모두 사용할 수 있다는 유연한 자세를 취하는 것이다. 이는 다큐멘터리와 픽션 간의 경계를 모호하게 하며 다큐멘터리의 정체성을 불분명하게 한다는 비판의 여지를 준다. 하지만 다큐멘터리가 '진실을 드러내는 작업'이라는 점에 주목한다면, 진실에 대한 기계적이고 표피적인 접근에서 벗어나 진실을 드러낼 수 있는 다각적인 접근을 한다는 측면에서 다큐멘터리는 개념적인 면에서도 영역을 더욱 확장해가고 있다.

참고문헌

강대영. 1992. 「한국 TV 다큐멘터리와 변천」. ≪방송개발≫, 창간호, 6~21쪽.

강민서. 2007. 「TV 다큐멘터리의 새로운 방향성 모색을 위한 모크 다큐멘터리 연구」. 국민대학교 테크노디자인 전문대학원 석사학위논문.

강승묵. 2001. 「텔레비전 휴먼 다큐멘터리의 서사구조 변화에 관한 연구」. 서강대학교 대학원 석사학위논문.

강종훈. 2007.2.5. "KBS 다큐 '차마고도', 스페인에 선판매". ≪연합뉴스≫.

_____. 2007.4.16. "KBS, 다큐 '차마고도' NHK와 공동제작". ≪연합뉴스≫.

_____. 2007.11.26. "한국 다큐 가능성 보여준 '차마고도'". ≪연합뉴스≫.

_____. 2008.12.1. "세계시장 노리는 국수 다큐 KBS '누들로드'". ≪연합뉴스≫.

강지원·박세영. 2011. 「애니메이티드 다큐멘터리에 재현된 리얼리티: 〈바시르와 왈츠를〉을 중심으로」. ≪애니메이션연구≫, 7권 3호, 7~24쪽.

강태영·윤태진. 2002. 『한국 TV 예능.오락 프로그램의 변천과 발전: 편성 및 사회문화적 의미와 평가』. 한울.

강태호. 2011. 「다큐멘터리와 정치선전: 리펜슈탈의 〈의지의 승리〉」. ≪독어교육≫, 52권, 235~262쪽.

강형철. 2007. 「탐사보도 프로그램의 내용 다양성에 관한 연구: 한국 주요 탐사보도 프로그램 내용분석」. ≪한국방송학보≫, 2(1), 7~46쪽.

고재열. 2011.12.16. "툰드라는 잊어라, 이번엔 '최후의 태평양'이다". ≪시사IN≫.

구윤회·이진혁. 2009. 「형식을 통한 리얼리즘 영상의 다층성 1: 페이크 다큐멘터리와 드라마적 다큐멘터리를 중심으로」. ≪기초조형학 연구≫, 10권 6호.

권경성. 2008.8.28. "TV 다큐 '차마고도', 극장판 재탄생". ≪미디어오늘≫.

_____. 2008.12.18. "다큐, 새 지평 열다 … 정통부터 실험까지 '백화제방'". ≪미디어오늘≫.

김고은. 2009.9.18. "'북극의 눈물' 다음달 15일 극장 개봉." ≪PD저널≫.

김구철. 2016.1.22. "〈명작의 공간〉 480만 관객에 잔잔한 감동 … 역대 다양성 영화 최고 흥행 기록". ≪문화일보≫.

김균·전규찬. 2003. 『다큐멘터리와 역사: 한국 TV 다큐멘터리의 형성』. 서울: 한울.

김기덕. 2002. 「역사가와 다큐멘터리: 〈역사스페셜〉의 사례를 중심으로」. ≪사학연구≫, 65권,

99~129쪽.

김도영. 2010.4.2. "KBS '누들로드' 미국 피버디상 수상." ≪PD저널≫.

김민수. 2016.11.15. "데 라 페냐 "V`R 저널리즘, 독자에게 생생한 현장 보여줄 것"". ≪노컷 뉴스≫.

김상기. 2014.11.3. "'정부와 검찰은 밝히지 못하는 세월호의 진실' 웹다큐 보셨어요? ⋯ 페북지기 초이스". ≪국민일보≫.

김상호. 2005. 「벗어나기 힘든, 그러나 넘어서야 하는 환경보도의 구조와 딜레마」. ≪저널리즘 평론: 환경보도≫, 통권 20호, 26~62쪽.

김서중. 1991. 「다큐멘터리의 이데올로기성에 있어서의 영상의 역할」. ≪영상포럼≫, 통권2호, 12~16쪽.

김선진. 2013. 「자연·환경 다큐멘터리의 매체 확장에 대한 비판적 성찰」. ≪디지털디자인학연구≫, 13(2), 473~484쪽.

김수안. 1999. 「한국 텔레비전 다큐멘터리의 역사적 변천에 관한 연구」. 충남대학교 대학원 석사학위논문.

김수정. 2013.10.29. "KBS '슈퍼피쉬', '이카로스의 꿈' ABU 최우수상". ≪미디어스≫.

김연식. 2003. 「TV 프로그램에 있어서 6mm 디지털 제작의 의미와 전망」. ≪언론과학 연구≫, 3권 1호, 69~98쪽.

김연희. 2012.5.11. "웹 다큐멘터리 '만화, 영화', 웹 다큐멘터리 제작기 이야기: 이제야 싹을 틔우는 융합 예술". http://www.sciencetimes.co.kr

김은진. 2009.8.7. "'암호 세계' 육아의 문을 열다". ≪세계일보≫.

김이찬·김화범·이인숙. 2003. 「모색의 시기를 넘어 변화의 움직임으로 세상을 찍다: 1990년대 독립 다큐멘터리의 모색과 변화」. 60~90쪽.

김지영. 2016.4.6. "UHD로 즐기는 '무림기행'". ≪서울경제≫.

김지현. 2010. "〈글로벌 리포트〉 공영방송, 웹 다큐멘터리 포털사이트 개설". ≪방송문화≫, March, 58~59쪽.

김진령. 2010.1.20. "찬바람 맞던 다큐멘터리, 봄날 맞는가". ≪시사저널≫.

김 현. 1997. 「시사 다큐멘터리의 사회적 역할 및 바람직한 방향 모색」. ≪방송개발≫, 5(2), 71쪽.

김현주. 2011. 「생활밀착형 휴먼 다큐멘터리의 제작행태에 관한 연구: KBS 2TV '다큐멘터리 3일'을 중심으로」. 한양대학교 언론정보대학원 석사학위논문.

김훈순. 1997. 「선정적 소재 개인화된 관점으로 접근: 시사 다큐멘터리 프로그램의 실태와 과제」. ≪신문과 방송≫, 4월호.

_____. 2000. 「영상매체의 역사 쓰기: KBS 역사스페셜」. ≪프로그램/텍스트≫, 3호.

김희섭. 2009.4.25. "독립영화 '똥파리'. 워낭소리보다 빨리 관객 5만 돌파. ≪조선일보≫.

나미수·전오열. 2006. 「TV 시사다큐멘터리의 서사 비교연구」. ≪언론과학연구≫, 6권 4호,

8~132쪽.

남성우. 1992. 「TV다큐멘터리: 그 논의를 위한 사적고찰(1)」. ≪방송시대≫, 2호, 202~216쪽.

_____. 1995. 「TV 다큐멘터리: 그 논의를 위한 사적 고찰(3)」. ≪방송시대≫, 7호, 114~123쪽.

_____. 2004. 「한국 TV 역사 다큐멘터리의 형식변화에 관한 연구」. 고려대학교 언론대학원 석사학위논문.

남인영. 2004. 「한국독립다큐멘터리 영화의 재현양식연구」. 중앙대학교 첨단영상대학원 석사학위논문.

_____. 2012. 「액티비즘, 작가, 장르? 한국 독립 다큐멘터리 영화의 성취와 가능성」. ≪방송작가≫, 3월호, 32~35쪽.

남태제·이진필. 2003. 「격동의 현실 속에서 피어난 독립 다큐멘터리: 1980~90년대 초반의 영상운동과 다큐멘터리」. 19~59쪽. 독립 다큐멘터리 연구모임. 『한국 독립 다큐멘터리』. 예담.

노진철. 1995. 「언론과 환경운동: 계몽과 갈등의 이중주」. 한국언론정보학회. ≪한국사회와 언론≫, 제6권, 28~64쪽.

니콜스, 빌(Bill Nichols). 2005. 『다큐멘터리 입문』. 이선화 옮김. 서울: 한울아카데미〔2001. *Introduction to Documentary. Bloomington & Indianapolis*, IN: Indiana University Press〕.

독립다큐멘터리 연구모임. 2003. 『한국 독립다큐멘터리』. 고양: 예담.

라재기. 2012. 「여의도가 밀어주고, 충무로가 끌어주는 한국 다큐의 성공」. ≪방송작가≫, 3월호, 24~27쪽.

래비거, 마이클(Michael Rabiger). 1997. 『다큐멘터리(Directing the documentary)』. 조재홍·홍형숙 옮김. 서울: 지호.

맹수진. 2010. 「다큐멘터리와 리얼리티: 〈워낭소리〉를 중심으로」. ≪작가세계≫, 가을호(통권 제86호), 316~328쪽.

맹수진·모은영. 2008. 『진실 혹은 허구, 경계에 선 다큐멘터리』. 도서출판 소도.

문석. 『세계영화작품사전: 다큐멘터리영화』. 씨네21. http://terms.naver.com/entry.nhn?docId= 2070065&cid=42621&categoryId=44425

문원립. 2011. 「모크 다큐멘터리는 패러디인가」. ≪영화연구≫, 48호, 185~206쪽.

_____. 2013. 「애니메이션 다큐멘터리에 대한 한 고찰」. ≪영화연구≫, 57호, 61~80쪽.

박록삼. 2015.1.2. "독립영화 흥행작 '님아 …'·'워낭소리' 개봉 환경 비교해보니". ≪서울신문≫.

박명진. 1991. 『한국 TV탐사보도 프로그램에 관한 연구』. 서울: 언론연구원.

박미선·이재준. 2012. 「인터랙티브 다큐멘터리: 미학적 분석과 그 의미」. ≪영화연구≫, 53호, 63~87쪽.

박민경. 2010.1.11. "'아마존의 눈물', 안방 이어 스크린 공략." ≪서울신문≫.

박수선. 2012.2.24. "KBS 국제무대 겨냥한 다큐멘터리 4편 선보인다." ≪PD저널≫.

박용삼. 2016.3.14. "[테드 플러스] 그곳에 당신이 있다". ≪이코노미스트≫, 1325호.

박인규. 2006. 「다큐멘터리의 사실성과 장르 변형: 모큐멘터리를 중심으로」. ≪현상과 인식≫, 봄/여름, 148~170쪽.

_____. 2012.8.14. "10만 년에 걸친 인류와 물고기의 사투 생생하게 담아 … KBS 다큐 '슈퍼 피쉬' 8월 18일 첫 방송". ≪국민일보≫.

박 진. 2010. 「디지털 시대 다큐멘터리의 자기반영성과 윤리적 진실: 애니메이션 다큐멘터리 〈바시르와 왈츠를〉을 중심으로」. ≪문학과 영상≫, 봄호, 33~50쪽.

반한성. 2006. 「디지털 특수영상이 TV역사다큐멘터리에 대한 시청자의 신뢰도에 미치는 영향에 관한 연구: KBS의 역사스페셜 제작사례를 중심으로」. 홍익대학교 영상대학원 석사학위 논문.

배장수. 2003.10.13. "[인디다큐 페스티발] 12년 걸쳐 〈송환〉 만든 김동원 감독". ≪경향신문≫.

백소용. 2008.3.3. "다큐, 시청률 높이고 수익 올려주고 '효자 노릇'". ≪세계일보≫.

서은아. 2002. 「방송환경의 변화가 TV 다큐멘터리 제작에 미치는 영향에 관한 연구: 6mm 캠코 더와 휴먼 다큐멘터리를 중심으로」. 중앙대학교 신문방송대학원 석사학위논문.

서울영상집단 엮음. 1996. 『변방에서 중심으로: 한국독립영화의 역사』. 시각과 언어.

서현석. 2004. 「'진실'의 끔찍한 무게: 마이클 무어와 다큐멘터리의 유동성」. ≪한국언론학보≫, 48권 6호, 397~423쪽.

성민규. 2006. "독립 다큐멘터리 제작과 지적재산권". ≪KBI 동향과 분석≫, 통권 231호.

송광호. 2011.2.8. "영화 '울지마 톤즈' 관객 40만 돌파". ≪연합뉴스≫.

송동준. 1993. 「소외극과 게스투스극으로서의 서사극」. 『브레히트의 서사극』. 서울대학교 출 판부.

스터르큰, 마리타(Marita Sturken)·리사 카트라이트(Lisa Cartwright). 2001/2006. 『영상문화의 이해(Practices of Looking: an Introduction to Visual Culture)』. 윤태진·허현주·문경원 옮김. 서울: 커뮤니케이션북스.

신철하. 2011. 「TV다큐멘터리와 화법: 누들로드: 〈세상의 모든 국수〉편」. ≪한민족문화연구≫, 제37집, 315~342쪽.

신현준. 2006. 「애니메이션과 스토리텔링」. ≪디지털스토리텔링연구≫, 1권 1호, 1~10쪽.

심 훈. 2005. 「'쓰나미'에 대한 한미 양국간의 이야기 구조 서사 분석: MBC의 〈시사매거진 2580〉과 CBS의 〈60 Minutes〉를 중심으로」. ≪한국언론학보≫, 49권 6호, 286~529쪽.

안시환. 『세계영화작품사전: 다큐멘터리영화』. 씨네21. http://terms.naver.com/entry.nhn?docId= 2052821&cid=42621&categoryId=44425

앤더슨, 린지(Lindsay Anderson). 2013. 「오직 연결하라: 험프리 제닝스 작품의 몇 가지 측면」. 마크 커즌스(Mark Cousins)·케빈 맥도널드(Kevin Macdonald) 엮음. 『현실을 상상하다: 다큐멘터리의 철학과 작업』. 서울: 커뮤니케이션북스.

오대성. 2013.7.4. "물고기가 영화의 주인공으로 … 다큐 '슈퍼피쉬' 3D 영화로 재탄생". ≪국민 일보≫.

원용진. 1999. 「담론적 접근으로 풀어본 텔레비전 다큐멘터리」. 『텔레비전 문화연구』. 서울: 한나래.

원용진·주혜정. 2002. 「텔레비전 장르의 중첩적 공진화: 사극 〈허준〉 〈태조왕건〉을 중심으로」. ≪한국방송학보≫, 통권 16권 1호, 300~332쪽.

유현석. 2007. 「다큐멘터리의 다양성에 관한 연구」. 순천향대학교 사회과학연구소. ≪사회과학연구≫, 13권 1호, 101~118쪽.

_____. 2010. 「사실적 영상물에서 다루는 다양한 층위의 현실과 진실들: 다큐멘터리, 다큐소프 (docu-soap) 그리고 리얼리티 프로그램을 중심으로」. ≪커뮤니케이션학 연구≫, 18권 3호, 55~75쪽.

_____. 2011. 「다큐멘터리의 새로운 변화 방향에 관한 연구: 〈북극곰을 위한 일주일〉과 〈재앙을 위한 레시피〉의 사례 분석」. ≪커뮤니케이션학 연구≫, 19권 3호, 31~48쪽.

윤고은. 2008.3.4. "EBS '아이의 사생활' 시청자 반응 폭발". ≪연합뉴스≫.

_____. 2008.5.11. "EBS '아이의 사생활', 앙코르 한 번 더". ≪연합뉴스≫.

_____. 2008.11.28. "잘 만든 다큐 하나 열 드라마 안 부럽다". ≪연합뉴스≫.

이건협. 2013. 「지상파 콘텐츠의 미래, 다큐멘터리 글로벌 마켓으로의 도약이 열쇠」. ≪방송문화≫, 4월호, 18~22쪽.

이경화. 2010. 「TV 다큐멘터리의 디지털 영상과 하이퍼 리얼리티: KBS 대형다큐멘터리 〈누들로드〉 특수영상 분석」. ≪문학과 영상≫, 11권 1호, 107~128쪽.

이기형. 2004. 「마이클 무어의 다큐멘터리: 불안한 시대의 '불온한' 다큐 만들기」. ≪프로그램/텍스트≫, 11월호.

이무열. 2009. "'혁명 조국을 지키자': 내전과 외국간섭(1918년~1920)". 『러시아역사 다이제스트 100』. 가람기획.

이문원. 2012. 「대작 다큐멘터리의 한계와 가능성」. ≪방송작가≫, 10월호, 28~31쪽.

이선민. 2013. 「기술의 진보를 확인하다」. ≪방송문화≫, 12월호, 31~34쪽.

이승환. 2011. 「진실재현을 위한 다큐멘터리의 스토리텔링 전략: 〈경계도시〉와 〈경계도시 2〉를 중심으로」. ≪현대영화연구≫, 제12권, 325~346쪽.

이연희. 2015.9.22. "동의대, '한-불 상호교류의 해' 공식 프로그램 선정 − 파리 에스트대와의 '교차된 시선: 한국과 프랑스' 사업". ≪한국대학신문≫.

이오현. 2005. 「텔레비전 다큐멘터리 프로그램의 생산과정에 대한 민속지학적 연구: KBS 〈인물현대사〉의 인물선정과정을 중심으로」. ≪언론과 사회≫, 제13권 2호, 117~156쪽.

이용철. 2009.1.3. "[이용철의 영화 만화경] 다큐 영화 '워낭소리'". ≪서울신문≫.

이은실. 2006. 「TV 휴먼 다큐멘터리 프로그램의 특성에 관한 연구: KBS2 〈인간극장〉을 중심으로」. 동아대학교 대학원 신문방송학과 석사학위논문.

이종수. 1999. 「텔레비전 뉴스영상 구성: 한국 텔레비전 뉴스의 시각적 이미지와 언어적 텍스트의 연관성 분석」. ≪한국방송학보≫, 12권, 21~252쪽.

_____. 2000. 「영상 다큐멘터리 역사재현의 현실성과 표현성」. ≪한국언론학보≫, 44권 3호, 301~341쪽.

_____. 2002. 「한국 휴먼다큐멘터리의 시대성과 사회성: 다큐멘터리 내용, 형식의 변화와 사회적 맥락과의 연관성을 중심으로」. ≪언론과 사회≫, 10권 2호, 35~72쪽.

_____. 2007. 『멀티플랫폼 시대의 TV 다큐멘터리 글로벌 트렌드 연구: 텍스트·제작·유통 차원의 국제 비교분석』. 2006년 방송문화진흥회 방송연구지원 사업.

_____. 2010. 「자연/환경 다큐멘터리의 대중 서사전략: '아마존의 눈물'(MBC)과 '아마존'(BBC2) 비교분석」. ≪한국언론학보≫, 54권 3호, 374~398쪽.

이주형. 2016.3.7. "노량진수산시장의 마지막 풍경 될까 … SBS 비디오머그 웹다큐 5부작". SBS 홈페이지.

이지영. 2011.4.13. "다큐 '아마존의눈물', 美 뉴욕페스티벌 은상 수상". ≪OSEN≫.

이지용. 2010.5.12. "프랑스는 지금 웹 다큐멘터리 열풍 중". ≪PD저널≫.

이채훈. 2004. "다큐멘터리와 픽션: 사실과 허구의 경계에서". ≪MBC가이드≫, 5월호, 84~87쪽.

이학후. 2016.11.21. "페이크 다큐멘터리의 전설, 이번 리메이크는 성공적? [리뷰] 영화 〈블레어 윗치〉 … 전작에는 못 미치지만, 공포 지수로는 합격선". ≪오마이뉴스≫.

이현석. 2011. 「Animated Documentary 장르의 특성에 대한 탐구: 4가지 유형을 중심으로」. ≪한국영상학회논문집≫, 9권 3호, 53~68쪽.

이형석. 2012. 「다큐멘터리 영화의 양적 확장: 다양성의 진화로 '스테디 셀러'를 넘어 킬러 콘텐츠를 꿈꾸다」. ≪방송작가≫, 3월호, 20~23쪽.

이희용. 2004.5.8. "다큐 〈송환〉, 중앙시네마서 재개봉". ≪연합뉴스≫.

임창수. 2010.7.8. "'아마존의 눈물' 10만 관객 돌파 … 명품 다큐의 힘". ≪중앙일보≫.

장승희. 2007. 「영상을 통해 바라보는 진실과 허구의 간극: 〈Zelig〉, 〈The Blair Witch Project〉, 〈Best in Show〉를 중심으로」. 연세대학교 커뮤니케이션 대학원 석사학위논문.

장해랑·이장종·오진산·황용호. 2004. 『TV다큐멘터리: 세상을 말하다』. 서울: 샘터.

전경란. 2016. 「웹 다큐멘터리의 재현양식과 리얼리티에 관한 연구」. ≪만화애니메이션 연구≫, 45권, 259~282쪽.

전선하. 2012.11.14. "'최후의제국' 제작진, "오지에서 가장 큰 문제는 화장실"". ≪OSEN≫.

전평국. 2008. 「매체 다원화 시대 다큐멘터리 장르의 경계에 관한 연구」. ≪영화연구≫, 제37호, 351~382쪽.

정규호. 2003. 「한국 환경문제의 기원과 전개과정 및 특성」. ≪계간 사상≫, 겨울호, 7~30쪽.

정덕현. 2011. 『방송콘텐츠 스토리텔링』. 한국콘텐츠진흥원 사이버강의자료집.

조원희. 2016.5.2. "'가상현실' 체험하면 입이 쩍 … 기업들 선점 경쟁". ≪미주중앙일보≫.

주창윤. 2003. 「텔레비전 드라마의 서사구조: 동성애에 대한 표현방식을 중심으로」. ≪한국언론학보≫, 47권 3호, 197~222쪽.

_____. 2004. 「역사드라마의 역사서술방식과 장르형성」. ≪한국언론학보≫, 통권48권 1호,

166~188쪽.

진향희. 2009.12.23. "KBS '누들로드', 방송영상그랑프리 대상". ≪매일경제≫.

차민철. 2014. 『다큐멘터리』. 서울: 커뮤니케이션북스.

최민성. 2009. 「다큐멘터리와 스토리텔링」. ≪한국언어문화≫, 제40집, 311~332쪽.

최민재. 2005. 『TV 장르와 방송 저널리즘: 시사보도 프로그램의 형식 변화 현상을 중심으로』. 한국언론재단.

최민지. 2011.3.10. "'눈물' 한학수 PD "'남극의 눈물' 지구시리즈 종결판, 올해 방송"". ≪TV리포트≫.

최영송. 2004. 「빌 니콜스의 다큐멘터리 양식론」. ≪영상포럼≫, 통권23호, 94~108쪽.

최창봉·강현두. 2001. 『우리방송 100년』. 현암사.

최현주. 2005. 「텔레비전 환경 다큐멘터리의 수사적 구조에 관한 연구: KBS 〈환경스페셜: 새만금, 바다는 흐르고 싶다〉에 대한 사례분석을 통하여」. ≪한국언론학보≫, 49권 6호, 471~492쪽.

_____. 2006. 「다큐멘터리 장르에 따른 서사구조 비교분석: '새만금 간척사업'에 대한 KBS의 〈환경스페셜〉과 〈추적 60분〉의 사례분석을 중심으로」. ≪언론과학연구≫, 6권 2호, 415~441쪽.

_____. 2009. 「한국 TV 환경 다큐멘터리에 나타난 환경문제 인식의 변화: KBS 〈환경스페셜〉과 EBS 〈하나뿐인 지구〉를 중심으로」. ≪언론과학연구≫, 9권 2호, 569~606쪽.

_____. 2013. 「디지털 테크놀로지의 발달과 다큐멘터리 스토리텔링 방식의 변화」. ≪언론과학연구≫, 13(2), 397~432쪽.

_____. 2014. 「인간 심리 다큐멘터리의 스토리텔링 전략: 〈아이의 사생활〉과 〈인간의 두 얼굴〉을 중심으로」. ≪언론과학연구≫, 14권 1호, 103~134쪽.

_____. 2016. 『사례로 알아보는 커뮤니케이션과 미디어』. 리북.

_____. 2017. 『방송 프로그램의 진화』. 리북.

최현철·길환영·추혜원. 2003. 「텔레비전 방송시간 경쟁과 다큐멘터리 변화에 관한 연구」. ≪커뮤니케이션과학≫, 제20호, 55~83쪽.

페리·가렛. 2012. 「영국의 대작 다큐멘터리는 이렇게 만들어진다」. ≪방송작가≫, 10월호, 24~27쪽.

편집부. 1999. 「독협 자료실」 노동자 뉴스 제작단」. ≪독립영화≫, 통권 1호(창간호). 116~118쪽.

하어영. 2008.12.15. "목숨 건 명품 다큐, 시청자 사로잡다". ≪한겨레≫.

한동준. 2010. 「다큐멘터리 제작기법의 변화와 소재의 일상화에 관한 연구: KBS2의 '감성다큐 미지수'를 중심으로」. ≪한국방송학회 학술대회 논문집≫, 11권, 96~97쪽.

한상정. 2005. 「아리 폴만의 〈바시르와 왈츠를〉에 대한 연구」. ≪애니메이션 연구≫, Vol.5. No.3.(통권 제11호), 263~277쪽.

해먼, 스콧(Scott Hammon). 2013. 「전쟁 시기의 존 휴스턴」. 마크 커즌스(Mark Cousins)·케빈 맥도널드(Kevin Macdonald). 『현실을 상상하다: 다큐멘터리의 철학과 작업』. 서울: 커뮤니케이션북스.

형대조. 2012. 「모크 다큐멘터리는 무엇을 모크(mock)하는가?」. ≪영화연구≫, 54호, 469~ 492쪽.

홍지아. 2002. 「디지털 기술이 다큐멘터리 제작의 방식과 내용에 미치는 영향: First Person Documentary를 중심으로」. ≪한국방송학회 학술대회 논문집≫, 140~153쪽.

황인성. 1996. 「텔레비전 저널리즘 서사구조의 사회적 폭력성에 대하여」. ≪방송학연구≫, 7권, 5~54쪽.

_____. 1999. 「트렌디 드라마'의 서사구조적 특징과 텍스트의 즐거움에 관한 이론적 고찰」. ≪한국방송학보≫, 통권 43권 5호, 221~248쪽.

Armstrong, Richard. 2005. _Understanding Realism_. British Film Institute, Tondon.

Austin, T. and W. de Jong(Eds.). 2008. _Rethinking Documentary: New Perspectives_. New Practices. Maidenhead, UK: OPU.

Barnouw, Erik. 1993. _Documentary: A History of the Non-fiction Film_ (2nd rev. ed.). New York: Oxford University Press.

Barsam, Richard M. 1992. _Nonfiction film: A Critical History_. Bloomington and Indianapolis, IN: Indiana University Press.

Bernard, Sheila C. 2007. _Documentary Storytelling: Making Stronger and More Dramatci Nonfiction Films_ (2nd rev. ed.)〔양기석 옮김. 2009. 『다큐멘터리 스토리텔링: 논픽션 영화를 더욱 강력하고 극적으로 만드는 방법』. 서울: 커뮤니케이션북스〕.

Bluem, W. A. 1965. _Documentary in American Television_. New York: Hastings House.

Carroll, Noel. 1983. "From real to reel: Entangled in the nonfiction film." _Philosophic Exchange_, Vol.14, p.24.

Curtin, M. 1993. "Packaging Reality: The influence of fictional forms on the early development of television documentary." _Journalism Monographs_, Vol.137.

Davis, Leslie K. 1978. "Controversy and the network documentary: Critical analysis of form." _Communication Quarterly_, Vol.26, No.4(Fall), pp.45~52.

Dancyger, Ken. 2007. _The Technique of Film and Video Editing: History, Theory, and Practice_〔오명훈 옮김. 2011. 『영화편집: 기술, 역사, 이론, 미학』. 서울: 커뮤니케이션북스〕.

Ellis, Jack C. and Besty A. McLane. 2005. _A New History of Documentary Film_〔허욱·김영란·이장욱·김계중·노경태 옮김. 2011. 『다큐멘터리의 새로운 역사』. 비즈앤비즈〕.

Hill, A. 2007. _Restyling Factual TV: The Reception of News, Documentary and Reality Genres_. Abingdon, UK: Routledge.

Kilborn, R. 2003. *Staging the Real: Factual TV Programming in the Age of Big Brother.* Manchester: Manchester University Press.

Macdonald, Kevin and Mark Cousins. 2013. *Imagining Reality* [최정민 옮김. 『현실을 상상하다: 다큐멘터리의 철학과 작업』. 서울: 커뮤니케이션북스].

Nichols, Bill. 1981. *Ideology and the Image: Social Representation in the Cinema and other Media.* Bloomington, IN: Indiana University Press.

_____. 1983. "The Voice of Documentary." *Film Quarterly*, Vol.36(Spring), No.3, pp.17~30.

_____. 1991. *Representing Reality: Issues and Concepts in Documentary.* Bloomington, IN: Indiana University Press.

_____. 1994. *Blurred Boundaries: Questions of meaning in Contemporary Culture.* Bloomington, IN: Indiana University Press.

Real, Michael. 1996. *Exploring Media Culture.* Sage.

Roscoe, Jane and Craig Hight. 2001. *Faking it: Mock Documentary and the subversion of factuality.* Manchester University Press [맹수진·목혜정 옮김. 2010. 『모크 다큐멘터리』. 서울: 커뮤니케이션북스].

Ward, Paul. 2005. *Documentary: The Margins of Reality.* Wallflower Press [조혜영 옮김. 2011. 『다큐멘터리: 리얼리티의 가장자리』. 서울: 커뮤니케이션북스].

Winston, Brian. 1995. *Claiming the real: The Griersonian Documentary and Its Legitimations.* London: British Film Institute.

Zoellner, Anna. 2009. "Professional Ideology and Program Conventions: Documentary Development in Independent British Television Production." *Mass Communication and Society*, 12, pp.503~536.

연감 및 자료집

교육방송. 1990~2009. 『교육방송 연지』.
문화방송. 1990~2009. 『문화방송 연지』.
서울방송. 1994~2009. 『SBS방송 프로그램 목록집』.
한국방송공사. 1990~2009. 『KBS 연지』.

웹 다큐멘터리 사이트

http://www.koreanwar.org 〈한국전쟁 프로젝트(Korean War Project)〉(1995, 미국).
http://www.oneworldjourneys.com 〈원 월드 저니(One World Journeys)〉(2000, 미국).
http://gaza-sderot.arte.tv 〈가자-스데롯(Gaza-Sderot)〉(2008, 프랑스).
http://www.honkytonk.fr/index.php/webdoc/ 〈석탄 끝으로의 여행(Journey to the End of Coal)〉(2008, 프랑스).

http://prisonvalley.arte.tv 〈프리즌 밸리(Prison Valley)〉(2010, 프랑스).

http://pinepoint.nfb.ca/#/pinepoint 〈웰컴 투 파인포인트(Welcome to Pinepoint)〉(캐나다, 2011).

http://mlv.djehouti.com/projet2 동의대 영화학과와 프랑스 에스트대 웹문화기술학과 인터랙티브 다큐멘터리

http://tvcast.naver.com/v/816248/list/71041 웹 다큐멘터리 〈천하무림기행〉(2016).

웹사이트

두산백과사전 두피디아. '알제리 전쟁'. http://terms.naver.com/entry.nhn?docId=1123003&cid=40942&categoryId=31787

KBS 〈누들로드〉 홈페이지. http://www.kbs.co.kr/end_program/1tv/sisa/insightasia/noodleroad/diary/vfx/index.html

최홍규 EBS 연구위원. '언론학박사 웹 다큐멘터리 등장의 의미'. http://blog.naver.com/nter_analytics/220951530710(검색일: 2016.8.12)

http://ncinepia.com/100/nanook.htm

http://www.xpert.co.kr/main/jsp/ArticleRead.jsp?id=26000&xid=allisone&category=3653&totcnt=1&tpl=0&mode=u

http://www.cinephile.co.kr/Schedule/past_festivals/200008.htm

http://ncinepia.com/movie_1.htm#3

http://cm.donga.com/movieline/people/hall/4/4.htm

http://moviejoy.com/themem/e_view.asp?db=qna5&num=14507 2016.2.7.

https://namu.wiki 〈블레어 윗치 프로젝트〉와 〈파라노말 액티비티〉의 예산과 흥행 수익.

https://ko.wikipedia.org/wiki/%EB%9F%AC%EC%8B%9C%EC%95%84_%EB%82%B4%EC%A0%84) 위키백과 러시아 내전.

지은이

최 현 주

현재 계명대학교 언론광고학부에서 다큐멘터리 및 영상이론을 가르치고 있다. 경북
대학교에서 신문방송학을 전공했고, 미국 템플대학교(Temple University)에서 언론학
석사 및 박사학위를 받았다. 다큐멘터리를 주제로 박사학위 논문을 쓴 이후 다큐멘터
리 및 영상커뮤니케이션에 관한 논문과 프로젝트에 참여해오고 있다.
언론중재위원, KBS대구방송총국 시청자위원, 대구방송(TBC) 시청자위원, 대구MBC
시청자미디어센터 운영위원장, 한국방송협회가 주최하는 한국방송대상 다큐멘터리
부문 심사위원, 한국지역방송연합회가 주최하는 지역방송대상 다큐멘터리 부문 심사
위원을 역임했으며, 현재 'TV조선'의 시청자평가원, 대구시 홍보물·영상물 및 간행물
심의위원으로 활동하고 있다.
주요 저서 및 역서로는『영상 커뮤니케이션의 이해』(2015),『영상문법: 영상연출과
편집을 위한 기본원리』(2011),『왜 저널리즘은 항상 제자리걸음이었나?』(2010, 공역)
가 있으며,「다큐멘터리 장르에 따른 서사구조 비교분석」,「텔레비전 환경 다큐멘터
리의 수사적 구조에 관한 연구」외 다수의 논문이 있다.

한울아카데미 2068

다큐멘터리와 사실의 재현성

ⓒ 최현주, 2018

지은이 ㅣ 최현주
펴낸이 ㅣ 김종수
펴낸곳 ㅣ 한울엠플러스(주)
편   집 ㅣ 조인순

초판 1쇄 인쇄 ㅣ 2018년 4월 15일
초판 1쇄 발행 ㅣ 2018년 4월 20일

주소 ㅣ 10881 경기도 파주시 광인사길 153 한울시소빌딩 3층
전화 ㅣ 031-955-0655
팩스 ㅣ 031-955-0656
홈페이지 ㅣ www.hanulmplus.kr
등록번호 ㅣ 제406-2015-000143호

Printed in Korea.
ISBN 978-89-460-7068-4 93680(양장)
      978-89-460-6479-9 93680(학생판)

※ 책값은 겉표지에 표시되어 있습니다.
※ 이 책은 강의를 위한 학생용 교재를 따로 준비했습니다.
   강의 교재로 사용하실 때에는 본사로 연락해주시기 바랍니다.